CW01626559

DICTIONNAIRE TSIGANE

Louis de Gouyon Matignon

DICTIONNAIRE TSIGANE

Dialecte des Sinté

français-tsigane
tsigane-français

Préfaces de Jack Lang et Pierre Hérisson
Avant-propos de Marcel Campion

L'Harmattan

© L'Harmattan, 2012
5-7, rue de l'Ecole-Polytechnique, 75005 Paris

http://www.librairieharmattan.com
diffusion.harmattan@wanadoo.fr
harmattan1@wanadoo.fr

ISBN : 978-2-336-00096-1
EAN : 9782336000961

À Jean " Pim-Pim " Haerter et sa famille

Remerciements

Je tiens à remercier tous les Sínté, sans qui ce dictionnaire n'aurait pu exister, et plus particulièrement Pim-Pim Haerter et sa famille, Steven Haerter, Jason Winterstein, Lévy Haerter et sa famille, Moko Heilig et sa famille, Vaky Reinhardt et sa famille, Trésor Haerter et sa famille, Stallone Doerr et sa famille, Kenny Haerter et sa famille, Latchi Haerter et sa famille, Liti Haerter et sa famille, Mickael Winterstein, Sabrina Winterstein, Nicky Winterstein, Chriss Campion, Dody Dissemberg et sa famille, Yankee Winterstein et sa famille, Verset Winterstein, Gogo Rosenberg et sa famille, Fils Haerter, Fils Dissemberg, Touline Haerter, Garçon Haerter et sa famille, Ésaïe Rivière et sa famille, Balo Helfrick, Téjy Helfrick et sa famille, Goses Meinhardt, Cristou Haerter, Garçon Hortica et sa famille, Sony Helfrick et sa famille, Garçon Steinbach, Mito Loeffler, Moïzo Urgargowitch, Blondin Urgargowitch, Tchéno Urgargowitch, Paki Urgargowitch, Ánglo Urgargowitch et sa famille, Pralo Urgargowitch et sa famille, Palma Lafertin et sa famille, Litso Adam, May Bittel et sa famille, Steve Hoffmann et sa famille, Fléko Lafertin, Papla Lafertin, Loubli Cousantier et sa famille, Kim Florès, Gaiti Lagrène et sa famille, Évian Lagrène, Hono Winterstein, Yankee Ziegler et sa famille, Brady Winterstein, Chili Lagrène, Mamatsi Jungheim et sa famille, Tchouman Schumaker, Sony Dauber, Isaïe Steinbach, Nonnie Rosenberg et sa famille, Nous'che Rosenberg et sa famille, Tivaï Steinbach, Marcel Loeffler, Titi Bamberger, Gigi Loeffler, Wawau Adler, Josélito Loeffler, Pato Herter, Naïm Lagrain, Lolo Weiss, Gaston Weiss, Bobo Doerr, Fanto Reinhardt, Jamais Lagrène, Jeff Dissemberg et sa famille, Yayo Reinhardt, Kénji Garcia, Biréli Lagrène, Frédo Mouche et sa famille, Yentl Campion, Philippe Campion, Francky Berger et sa famille, Swan Berger, Isaac Winterstein, René Zanellato et sa famille, Steven Zanellato, David Reinhardt, Junior Reinhardt, Laurent Sieso et sa famille, Mao Weiss, Sani Rosenberg, Scott Ziegler, Calimero Metbach et sa famille, Miyé Gargowitch et sa famille, Pouchka Gargowitch, Arthur Laffont et sa famille, Morch Duville, Mandino Reinhardt, Bronson Schmitt, Noah

Schäfer et sa famille, Paulus Schäfer, Youry Winterstein, Fils Duvil, Wana Adel, Ben-Hur Heilig, Yatso Heilig, Payoum Villersteen, Amati Schmitt et sa famille, Émile Scheitz, Dédoul Riva, Céphas Cabas, Jogging Reinhardt, Kolo Reinhardt, Jimmy Meyer, Serge Krief et sa famille, Françoise Gaspard et sa famille, Tony Steis, Dealer Urgargowitch et sa famille, Ninine Garcia, Maxime Frechon et sa famille, Tony Landauer, Angelo Debarre et sa famille, Raymond Rech, Chinois Weiss, Coucou Doerr, Nick Adolphe, Wadel Winterstein, Houlmo Jungheim et sa famille, Chatte Grunholz et sa famille, Kevin Ravoire, Motré Rosenberg et sa famille, Philippe Barus et sa famille, Basile Champ, James Franchitto et sa famille, Matcho Winterstein, Rocky Helfried et sa famille, Trampas Bosson et sa famille, Ralph Heilig, Mambo Adel et sa famille, la famille Baumgartner, la famille Bournet, la famille Le Cossec, Heidi Reinhardt et sa famille, Peter Urgargowitch et sa famille, Jacques Sigot et son travail sur le camp de concentration de Montreuil-Bellay, Élisabeth Clanet dit Lamanit, linguiste ayant fait de remarquables découvertes quand à l'histoire pré-européenne des Tsiganes, Pécha Heilig et sa famille, Kevin Urgargowitch et Joseph Valet " le Rachaï ", aumônier auprès de la population dite des gens du voyage en France, ayant consacré sa vie à défendre la culture et les valeurs des Yéniches et Sínté.

Préface

> " *N'entre pas dans mon âme avec tes chaussures* "
>
> *Maxime manouche*

La langue des Manouches fait partie d'un patrimoine inestimable. S'en tenant à l'anecdote, aux seules mélodies, si magiques, si parlantes soient-elles, du jazz, on n'a pas jusqu'ici suffisamment souligné la richesse linguistique d'un peuple, l'importance, la densité d'une tradition orale ayant tissé, modelé cette langue au fil nostalgique des longues migrations.

" *Tous les hommes naissent nus au hasard du destin* " dit le proverbe manouche. De tant de déplacements, de tant de voyages (Gilles Deleuze convoquait en priorité la *géographie* manouche pour évoquer son histoire), le langage manouche – toujours orienté vers le souvenir des traditions nomades et sédentaires, avec un cœur communautaire battant au rythme de l'Europe mais aussi de l'Universel – s'est imprégné de la saveur de terres plus ou moins fécondes, des *différences*, de l'accent des paysages heureux mais aussi de ceux de souffrance. Bref, il est, par force, devenu diversité du monde.

En nos temps de stigmatisations, l'ouvrage que l'on tient en main réveille fort opportunément une mémoire. Étude approfondie, magistrale, d'un sujet à la fois séculaire et si moderne, il en énonce, en cerne l'inépuisable richesse. Il fait, culturellement, socialement, *politiquement*, œuvre utile.

Jack LANG
Ancien ministre de la Culture et de l'Éducation nationale

Préface

Sa passion pour le peuple du voyage, Manouches, Tsiganes, Sínté, nous a naturellement amené à nous rencontrer.

Louis de Gouyon Matignon a été notre collaborateur-stagiaire, au Sénat, en juin et juillet 2012.

Au cours de cette période, nous avons pu apprécier l'audace de ses 20 ans, son énergie et sa volonté de faire entendre la voix des gens du voyage.

Il s'agit d'un engagement hors du commun, j'en sais quelque chose !

Derrière ce travail de mémoire et de préservation de la culture tsigane, nous ne pouvons qu'admirer le respect porté aux êtres humains quelle que soit leur condition. Mais aussi l'hommage rendu à la Liberté.

Au moment de vous inviter à plonger dans le dictionnaire de Louis, une phrase de Corneille me vient à l'esprit ; " Aux âmes bien nées, la valeur n'attend point le nombre des années ".

Pierre HÉRISSON, Sénateur de la Haute-Savoie
Président de la Commission Nationale Consultative
des Gens Du Voyage

Avant-propos

Ce dictionnaire est un chaînon manquant dans la culture manouche et tsigane en France et j'en remercie Louis de Gouyon Matignon qui en est l'auteur.

Je connais Louis depuis quelques années à travers la musique de Django Reinhardt que nous adorons malgré notre grande différence d'âge et aussi par son approche vivante des communautés de gens du voyage. Je sais qu'il y aura de nombreux lecteurs attentifs à ce travail colossal qu'il a su mener par son courage, son enthousiasme et sa manière d'aller à la rencontre des ethnies du voyage à travers la France, accompagné de sa guitare jazz manouche.

Enfin une mémoire écrite de ce peuple vivant français et européen.

Merci Louis.

Marcel CAMPION
Porte-parole du mouvement forain français

Introduction

Les Tsiganes, plus importante minorité d'Europe sur le plan démographique, se composent de différents groupes, réunis sous diverses appellations qu'ils ont choisies eux-mêmes ou qui leur ont été imposées de l'extérieur, ayant certains traits culturels communs, et parlant des variantes d'une même langue d'origine indo-aryenne, le romani. Il existe une confusion générale prévalant à l'emploi des termes pour désigner de nombreuses catégories de personnes avec une grande diversité de situations.

Les Tsiganes établis en Europe de l'Est se donnent le nom de " Rom " au singulier et de " Roma " au pluriel. Les Tsiganes établis en Europe de l'Ouest se donnent le nom de " Sínto " au singulier et de " Sínti " / " Sínté " au pluriel, et en France de " Manouch " au singulier et " Manouch " au pluriel. Les Tsiganes établis en Espagne et au Portugal se donnent le nom de " Kalo " au singulier et de " Kalé " au pluriel.

Les différenciations au sein du groupe des Tsiganes ne sont probablement apparues qu'au début de leur dissémination en Europe au XVe siècle.

Les " Roma ", " Sínté " et " Kalé ", de par une histoire européenne extrêmement variée, forment un ensemble très diversifié partageant des pans d'histoire commune, certaines valeurs, et une langue qui a su traverser les siècles. Beaucoup de ces communautés maintiendront leur langue, certaines valeurs (notions de pureté et différentes formes d'endogamie) ainsi que le concept de " l'autre " : le " gadjo ".

Aujourd'hui, les Tsiganes sont présents partout en Europe, mais également en Australie, aux États-Unis, au Canada et au Brésil, où ils sont très nombreux (2ème pays avec le plus de Tsiganes au monde).

Le but du dictionnaire consiste à donner des informations de base aux Sínté quant à leur langue et à leur histoire. Le dictionnaire s'adresse aux Sínté et aux gadjé qui vivent en contact avec les Sínté et qui voudraient aider ce peuple à conserver culture et racines.

Origine des Tsiganes

Depuis la première apparition des Tsiganes en Europe au XVe siècle, la question de leur origine a été posée à maintes reprises et a parfois provoqué des réponses stupéfiantes. C'est par l'étude du romani (fin du XVIIIe siècle) que débuta la première approche scientifique à la question de l'origine des Tsiganes. En vertu des découvertes des linguistes, des historiens et plus récemment, des généticiens spécialisés dans l'étude des populations, l'origine indienne des Tsiganes est aujourd'hui un fait établi.

Au début du XIe siècle, des populations indiennes, villageois et citadins aux compétences multiples, sont déportées en très grand nombre depuis la moyenne vallée du Gange et réduites en esclavage par des Turcs iranisés. Entraînées en tant qu'esclaves militaires par les Seldjoukides dans leurs guerres de conquête, elles pénètrent en 1071 dans la Romanie Byzantine (actuelle Turquie) dans le sillage des colonisateurs. Il s'agit au départ de personnes aux compétences hétérogènes utiles aux armées turques : forgerons, dresseurs, soigneurs, musiciens (dressage des animaux de guerre), et serviteurs. Les Turcs donnent à certains d'entre eux le surnom de " Çigan ", du persan " chaugān ", terme se rapportant à l'entraînement militaire des chevaux qui donnera " Tsigane " par la suite. Au XIIIe siècle, la déferlante mongole provoque d'importants déplacements de populations vers Constantinople, en Thrace et dans les comptoirs vénitiens. Certains de ces anciens esclaves, désormais affranchis, sont artisans, commerçants ou logisticiens au service de différentes armées. Des compagnies militaires recrutées à Constantinople servent l'armée des Mamelouks d'Égypte alliée aux Latins pour contrer les Mongols. Ils reçoivent le surnom d'Égyptiens, qui donnera le terme " Gitan". Beaucoup de ces troupes " égyptiennes " serviront les armées privées des grands seigneurs féodaux et monarchies en Europe occidentale, et en particulier en France, jusqu'à leur interdiction et leur bannissement sous Louis XIV (XVIIe siècle). Dès lors, ils furent contraints, d'expulsion en expulsion, de développer des stratégies de subsistance au travers de l'itinérance. La majorité de ces populations d'origine indienne restée en Anatolie, toujours sous le statut d'esclave, sera entraînée par les Ottomans vers les Balkans, faisant perdurer dans les principautés roumaines, et sous d'autres formes jusqu'à la deuxième moitié du XIXe siècle, un esclavage commencé près de 850 ans auparavant. Ils représentent l'immense majorité de ces populations qui sont tout simplement sédentaires. Les découvertes linguistiques démontrent l'arrivée dans la Romanie Byzantine d'un groupe assez homogène, car tous les groupes tsiganes recensés aujourd'hui possèdent une base linguistique commune qui englobe aussi des éléments de vocabulaire et de grammaire empruntés au grec.

En 1450, les Tsiganes avaient déjà voyagé dans la quasi-totalité de l'Europe. Dans les villes d'Europe centrale et de l'Ouest, les Tsiganes apparaissent au sein de groupes importants, dirigés par des personnages titulaires de titres nobiliaires, et revendiquant un statut de pèlerin. La situation des Tsiganes se dégrade aux XVIe et XVIIe siècles dans différentes régions d'Europe (Empire ottoman et Europe centrale, Moldavie et Valachie, Europe de l'Ouest). Au XVIIIe siècle, les Tsiganes sont exposés à de nouvelles discriminations (internement en Espagne, lois ordonnant l'assimilation forcée dans l'Empire austro-hongrois). Ces méthodes contrastent avec l'accueil généralement réservé en Russie, où les Tsiganes sont proches du Tsar et jouissent de tous les droits civils. Pendant la deuxième moitié du XIXe siècle, une partie des Tsiganes d'Europe centrale part pour d'autres régions d'Europe, et certains viennent s'installer sur le continent américain (États-Unis, Brésil) et en Asie.

Les anthropologues culturels affirment aussi que les Tsiganes proviennent à l'origine de l'Inde, et se fondent notamment, pour formuler cette conclusion, sur des institutions socioculturelles comme la forme traditionnelle de juridiction (concept de la " kris " chez les Roma), ou certaines règles en vigueur dans les groupes (concept du " palé tchido kova " chez les Sínté).

Le romani, langue des Tsiganes

Le terme (endonyme) " romani " provient de l'indo-aryen " ramana ".

Le romani, langue des Tsiganes, se compose de différents dialectes propres à chacun des groupes tsiganes : le " romanès ", langue des Roma (Tsiganes établis en Europe de l'Est), le " síntikès ", langue des Sínté (Tsiganes établis en Europe de l'Ouest), et le " kalo ", langue des Kalé (Tsiganes établis en Espagne et au Portugal).

Les dialectes tsiganes se conforment systématiquement à la phonétique et à la syntaxe des langues des pays au sein desquels les Tsiganes se sont établis. Les mots en romani ont une grande puissance morphosyntaxique : ils permettent de créer, à l'aide d'un certain nombre de suffixes spécifiques, plusieurs mots supplémentaires sur la base d'un mot source. Par suite de la dispersion des Tsiganes à travers le monde, leur langue se trouve fragmentée en autant de dialectes que de pays où ils habitent.

Le romani est une langue d'origine indo-aryenne enrichie par une contribution étrangère. Les langues indo-aryennes appartiennent au groupe " indo-iranien ", la branche la plus orientale de l'indo-européen, et sont originaires du nord-ouest du sous-continent indien. La masse de vocabulaire étranger (termes techniques, expressions,...) donne l'impression à un observateur superficiel d'une grande diversité de dialectes parlés en Europe, ce qui n'est qu'illusion : le Tsigane qui parle bien sa langue peut communiquer avec les Tsiganes du monde entier. L'origine indo-aryenne du romani prouve que ses locuteurs sont d'origine indienne. Les linguistes supposent aujourd'hui qu'outre la durée de séjour, ce sont surtout les moyens de contact avec les différents groupes de la population qui auraient façonné la linguistique des Tsiganes.

Le lexique du romani se répartit entre deux corps de mots : l'un ancien d'origine pré-européenne et l'autre, plus récent, d'origine européenne. Le lexique pré-européen, plus ou moins commun à tous ses locuteurs, comprend les mots indo-aryens, perses, arméniens et grecs du romani. Le lexique européen s'est formé uniquement dans le cadre de la migration de groupes individuels vers l'Europe autour du XVe siècle, pour devenir ce qu'il est aujourd'hui, et, a donc évolué de manière différente selon les groupes concernés.

Les Sínté, Tsiganes des pays de l'Ouest de l'Europe

Le terme (endonyme) " Sínto " (" Sínti " / " Sínté " au pluriel) provient du mot " Sindh ", fleuve (actuel Indus) prenant sa source dans la chaîne de montagnes du Kailâsa au Tibet (Himalaya) et se jetant dans la mer d'Arabie près de Karachi (capitale de la province du Sindh) au Pakistan (Asie).

Le terme (endonyme) " gadjo " (homme ne faisant ni partie de la communauté des Sínté, ni de celle dite des gens du voyage) provient de l'indo-aryen " grhya " qui signifie " domestique ", terme provenant de l'indo-aryen " grha " qui signifie " maison, habitation " : acception qui prouve que les Sínté (et en général les Tsiganes) s'identifiaient dès le début comme non sédentaires.

L'histoire ancienne des Sínté, nation européenne aux racines indiennes, n'est guère documentée et se prête donc à toutes les spéculations et à toutes les controverses. Les Sínté n'ont pas de mythes ou légendes sur les origines de leur peuple. On peut tenter de retracer le parcours des Sínté sur la base des emprunts étrangers présents dans le romani. L'origine et l'affiliation indienne des Sínté, Tsiganes des pays de l'Ouest de l'Europe, sont linguistiquement patentes si l'on en juge par la langue parlée encore de nos jours par une partie importante des membres de la communauté. La tradition des Sínté est jusqu'à présent largement orale, et la plupart des Sínté considère la question de leur origine comme mineure. Les Sínté n'ont pas d'idée ou de mot pour les désigner tous comme un seul groupe.

Au lieu de reconnaître un peuple, ils reconnaissent plusieurs tribus, et plus localement, des familles.

Une partie importante de la culture des Sínté est la capacité pour chacun des membres de la communauté à s'adapter aux structures économiques et linguistiques des pays dans lesquels ils sont établis, sans pour autant renoncer à leur identité. Les Sínté portent des noms de famille des pays dans lesquels ils habitent ou ont habité. La famille constitue la base de la société des Sínté. La conception du mariage est un élément très important (concept de chasteté fondamental).

La persécution des Sínté, longue de plusieurs siècles, a connu son paroxysme avec le génocide commis pendant l'ère nazie. Le génocide nazi correspond à l'apogée d'une attitude séculaire de discrimination, de stigmatisation et de persécution. En France, 6.500 " nomades " français (dont une majorité de Sínté) sont internés dans des camps en zone occupée et zone libre (environ 400 de ces détenus furent déportés vers les camps de concentration allemands de Oranienburg et Buchenwald). Au lendemain de la Seconde Guerre mondiale, les Sínté ayant survécu aux camps de concentration se voient refuser toute aide ou réparation et, pour nombre d'entre eux, la reconnaissance viendra trop tard. La stigmatisation et la discrimination ne prennent pas fin après l'Holocauste. Les Sínté ont toujours été et restent marginalisés dans la société européenne.

Aujourd'hui, certains gouvernements nationaux et quelques organisations internationales tentent de combattre la ségrégation, la stigmatisation et la marginalisation des Sínté. Grâce à la création d'organisations, à des campagnes de mobilisation et à l'institutionnalisation des questions leur tenant à cœur, les Sínté sont aujourd'hui davantage en mesure d'influencer les processus politiques aux niveaux national et international.

Le síntikès, langue des Sínté

Le terme (endonyme) " síntikès " provient de l'indo-aryen " sindhu ".

Le síntikès, langue des Sínté, est homogène malgré quelques différences entre familles et groupes (influence des particularismes linguistiques locaux). Cette langue est parlée couramment et chez beaucoup, les enfants ne s'expriment que dans cette langue. Comme toute langue vivante non écrite, elle évolue très vite, assimilant les termes et tournures des pays dans lesquels les Sínté se sont établis. Ces évolutions extrêmement rapides sont favorisées par l'introduction permanente de mots nouveaux, qui se substituent à des mots qui, d'abord désuets, finissent par sortir de l'usage, avant de sombrer dans l'oubli. Il existe une grande porosité entre le síntikès et les différentes langues locales. Chaque groupe de Sínté a complété son vocabulaire, soit par dérivation, c'est-à-dire, par de nouvelles formations de mots déjà existants, soit par un emprunt direct à d'autres langues. Les différences entre les pays portent sur de légères différences de prononciation qui n'affectent pas profondément la compréhension intercontinentale. En revanche, dans chaque pays, les Sínté adoptent un grand nombre de mots de la langue nationale, ce qui contribue à différencier bien davantage leurs modes d'expression.

La fonction du síntikès est plus d'exprimer de la sociabilité que d'échanger des idées. Le síntikès, langue très imagée, a essentiellement pour double fonction d'empêcher la compréhension par des personnes tierces, et de favoriser la reconnaissance entre membres d'une même communauté, renforçant par là même la solidarité au sein du groupe.

Les plus gros emprunts du síntikès concernent l'allemand et le grec. Les Sínté vont adopter et simplifier un nombre important de mots allemands et alsaciens.

Phonétique

Pour des raisons pratiques, le dictionnaire, constitué d'après plusieurs listes de mots recueillis dans différentes communautés de Sínté (Belgique, Allemagne, Hollande, Alsace-Lorraine et France), se conforme à la graphie du français.

Les voyelles se prononcent comme en français.

Le " *án* " de " k*án* " se prononce comme le " *ân* " de " *âne* " ou le " *ann* " de " *ann*iversaire ".

Le " *èn* " de " bachrép*èn* " se prononce comme le " *eine* " de " v*eine* " ou le " *aine* " de " pl*aine* ".

Le " *ï* " de " mo*ï*zo " se prononce comme le " *ï* " de " mono*ï* " ou le " *ille* " de " pa*ille* ".

Le " *ín* " de " Z*ín*ko " se prononce comme le " *ine* " de " poitr*ine* " ou le " *ine* " de " cuis*ine* ".

Les consonnes se prononcent avec un son dur (à l'allemande).

Le " *g* " de " férlégo " se prononce comme le " *g* " de " *g*are " ou le " *gue* " de " va*gue* ".

Le " *kh* " de " *kh*ér " est légèrement soufflé.

Le " *rh* " de " *rh*atcho " se prononce comme le " *ch* " allemand de " A*ch*tung " ou le " *j* " espagnol de " *j*amón ".

Le " *s* " de " al*s* " se prononce comme le " *s* " de " *s*amedi " ou le " *s* " de " mor*s*ure ".

Le " *th* " de " *th*out " est légèrement soufflé.

Le " *w* " de " ta*w*a " se prononce comme le " *w* " de " *w*hisky " ou le " *w* " de " *w*arning ".

Abréviations

Les verbes sont conjugués à la 1ère personne du singulier du présent de l'indicatif. Certains mots n'existent pas au singulier ; ils sont au pluriel. Les adjectifs sont accordés au masculin (sauf cas contraire indiqué).

" (adj. excl.) " signifie " adjectif exclamatif ".

" (adj. f.) " signifie " adjectif féminin ".

" (adj. int.) " signifie " adjectif interrogatif ".

" (adj. inv.) " signifie " adjectif invariable ".

" (adj. m.) " signifie " adjectif masculin ".

" (adj. pl.) " signifie " adjectif pluriel ".

" (adj.) " signifie " adjectif ".

" (adv.) " signifie " adverbe ".

" (conj.) " signifie " conjonction ".

" (interj.) " signifie " interjection ".

" (n. f.) " signifie " nom féminin ".

" (n. m.) " signifie " nom masculin ".

" (pl.) " signifie " pluriel ".

" (prép.) " signifie " préposition ".

" (pron.) " signifie " pronom ".

" (v.) " signifie " verbe ".

Étymologie

Les mots présents dans le " DICTIONNAIRE TSIGANE - Dialecte des Sínté - " sont le fruit de recherches auprès de différentes communautés de Sínté en Belgique (Bruxelles, Gent, Kortrijk), en Allemagne (Hamburg, Berlin, Köln), en Hollande (Nuenen, Gerwen, Doorn), en Alsace-Lorraine (Strasbourg, Zillisheim, Soufflenheim) et en France (Pau, Bordeaux, Meaux). La majorité des mots de ce dictionnaire sont communs à chacune des communautés visitées, cependant, quelques mots sont propres à certaines régions et sont suivies de l'abréviation " (b. s.) ", " (g. s.) ", " (h. s.) ", " (p. s.) " et " (v. s.) ", indiquant la communauté dans laquelle le mot est utilisé.

" (b. s.) " signifie que le mot est seulement utilisé au sein de la communauté des " Bélgitiké Sínté " (Belgique).

" (g. s.) " signifie que le mot est seulement utilisé au sein de la communauté des " Gatchkéné Sínté " (Allemagne).

" (h. s.) " signifie que le mot est seulement utilisé au sein de la communauté des " Holántiké Sínté " (Hollande).

" (p. s.) " signifie que le mot est seulement utilisé au sein de la communauté des " Praïstiké Sínté " (Alsace-Lorraine).

" (v. s.) " signifie que le mot est seulement utilisé au sein de la communauté des " Valchtiké Sínté " (France).

Les termes " Bélgitiké Sínté ", " Gatchkéné Sínté ", " Holántiké Sínté ", " Praïstiké Sínté " ou " Valchtiké Sínté " ne doivent aucunement laisser entendre qu'il existerait des variétés proprement belges, allemandes, hollandaises, alsaciennes ou françaises de la langue des Sínté. Ces termes indiquent simplement que certains mots sont propres à la communauté des Sínté de la Belgique, de l'Allemagne, de la Hollande, de l'Alsace-Lorraine ou de la France.

Par suite de la dispersion des Sínté à travers le monde, leur dialecte se trouve influencé par autant de langues que de pays traversés.

" (all.) " signifie que le mot est d'origine " allemande ".

" (als.) " signifie que le mot est d'origine " alsacienne ".

" (arm.) " signifie que le mot est d'origine " arménienne ".

" (esp.) " signifie que le mot est d'origine " espagnole ".

" (fr.) " signifie que le mot est d'origine " française ".

" (gre.) " signifie que le mot est d'origine " grecque ".

" (i-a.) " signifie que le mot est d'origine " indo-aryenne ".

" (it.) " signifie que le mot est d'origine " italienne ".

" (mal.) " signifie que le mot est d'origine " maltaise ".

" (per.) " signifie que le mot est d'origine " persane ".

" (pol.) " signifie que le mot est d'origine " polonaise ".

" (ru.) " signifie que le mot est d'origine " russe ".

" (ser.) " signifie que le mot est d'origine " serbe ".

" (sín.) " signifie que le mot provient du " síntikès ".

" (yén.) " signifie que le mot est d'origine " yéniche ".

" (yid.) " signifie que le mot est d'origine " yiddish ".

FRANÇAIS - SÍNTIKÈS

A

À cause de : vaïkaï (prép.) (all. wegen).
À chacun : akounéské (ser. сваки).
À côté de : lángs (prép.) (all. längs).
À gauche : zérbès (adv.).
À jeun : nirhtar (adj. inv.) (all. nüchtern).
À l'abri du vent : vínchtil (all. Wind + all. still).
À l'envers : lèts (adj. inv.) (als. lenks).
À la graisse de porc : chméltsémèn (adj. inv.) (all. Schmalz).
À la maison : khéré (i-a. grha).
À la manière des gadjé : gadjès (adv.) (i-a. grhya).
À la manière des Sínté : roménès (adv.) / roméno (adj.) (i-a. ramana).
À la manière des Sínté hessois (Hesse) : héségès (adv.) (all. Hesse).
À la vapeur : támpémèn drèn (adj. inv.) (all. Dampf / i-a. antar).
À pied : so fous (adv.) (all. zu Fuß).
À qui : kounéské (i-a. ka).
À ras bord : chpikémèn (adj. inv.) (all. spicken).
À satiété : tchalès (adv.) (i-a. khād).
À ta santé / à tes souhaits : ksountaït (interj.) (all. Gesundheit).
À travers : dourch (prép.) (all. durch).
À vif : vount (adj. inv.) (all. wund).
Abandonné : losémèn (adj. inv.) (all. los).
Abcès : aïzo (n. m.) (als. Aisa).
Abeille : ima (n. f.) (all. Imme).
Abimé : darvédo (adj.) (all. verderben).
Aboiement : bachrépèn (n. m.) (i-a. bhas).
Acacias : agatsi (pl.) (all. Akazie).
Accélérateur (véhicule) : trikari (n. m.) (all. Drücker).
Accent : vaïza (n. f.) (all. Weise).
Accordé : chtimédo (adj.) (all. stimmen).
Accordéon : harmonéïa (n. f.) (all. Ziehharmonika).

Accordéoniste : harmonéïari (n. m.) (all. Ziehharmonika).
Accroché : hokémèn (adj. inv.) (all. Haken).
Accroupi : houkémèn (adj. inv.) (all. hucken).
Acier : chtalo (n. m.) (all. Stahl).
Acte de baptême / acte de naissance : toïchano (n. m.) (all. Taufschein).
Acte sexuel (vulgaire) : borépèn (n. m.) (i-a. bhū).
Adroit : chiktégo (adj.) (all. Schick).
Affaire (commerce) : hándla (n. f.) (all. Handel).
Affaire : chéfta (n. f.) (all. Geschäft).
Affamé / avare : bokélo (adj.) (i-a. bubhuksita).
Affamé : houngrémèn (adj. inv.) (all. hungern).
Agent municipal : trichpoto (n. m.) (all. Trift + all. Bote).
Agile : flínk (adj. inv.) (all. flink).
Agité : vouvlémèn (adj. inv.) (all. wühlen).
Agneau : tarno bakro (n. m.) (i-a. taruna / i-a. bakrā).
Aidé / soigné : hélfrédo (adj.) (all. helfen).
Aide : hélfrépèn (n. m.) (all. helfen).
Aigle : adlari (n. m.) (all. Adler).
Aigre : charf (adj. inv.) (all. scharf) / choutlo (adj.) (i-a. śukta).
Aiguille : soup (n. f.) (i-a. sūcī).
Aiguisé : chlaïfédo (adj.) (all. schleifen).
Ail : knobla (n. f.) (all. Knoblauch) / siri (n. f.) (i-a. laśuna).
Aile : fliga (n. f.) (all. Flügel).
Aile centrale du nez : knorhvla (n. f.) (all. Knochen).
Ailleurs : vavété (adv.) (i-a. apara).
Air : loufta (n. f.) (all. Luft).
Airelles : brombérili (pl.) (all. Brombeere).
Aisselle : kakh (n. f.) (i-a. kaksa).
Alêne : ala (n. f.) (all. Ahle).
Allée : aléïa (n. f.) (all. Allee).
Allemagne : gatchkéno (n. m.) (sín. gadjo).
Allemand (langue) : gatchkénès (n. m.) (sín. gadjo).
Allemand : gatchkéno (adj.) (sín. gadjo).
Allongé : chtrékédo (adj.) (all. strecken).
Allumette : chwébla (n. f.) (all. Schwefel) / héltsa (n. f.) (all. Hölzchen).
Alsace : élzasa (n. f.) (all. Elsass).

Alsacien (langue) : élzastikès (n. m.) (all. Elsässisch).
Alsacien : élzasari (n. m.) (all. Elsässer).
Altiste : fiolari (n. m.) (all. Viola).
Alto : fiola (n. f.) (all. Viola).
Amande : mándlo (n. m.) / mánta (n. f.) (all. Mandel).
Amandier : mándltiko rouk (n. m.) (all. Mandel / i-a. rūkh).
Amant : rhélédo (n. m.) (i-a. krīdā).
Âme : zéla (n. f.) (all. Seele).
Amené : ándlo (adj.) (i-a. ānī).
Amer : bitar (adj. inv.) (all. bitter).
Américain (langue) : amérikántikès (n. m.) (all. Amerikanisch).
Américain : amérikanari (n. m.) (all. Amerikaner).
Américain : amérikántiko (adj.) (all. amerikanisch).
Amérique : amérika (n. f.) (all. Amerika).
Ami : mal (n. m.) (per. دوست).
Amortisseur (véhicule) : fédra (n. f.) (all. Feder).
Amour : kamlépèn (n. m.) (i-a. kāma).
Amoureux : kámlébaskro (n. m.) (i-a. kāma) / pirédo (n. m.) (sín. pirno).
Ampoule (cloque) : bloza (n. f.) (all. Blase).
An : bérch (n. m.) (i-a. varsa).
Andalou : ándalouzari (n. m.) (all. Andalusier) (g. s. / p. s.).
Andorran : ándoranari (n. m.) (all. Andorraner) (g. s. / p. s.).
Âne : ézla (n. f.) (all. Esel).
Âne caractérisé par une croix de Saint-André (couleur noire) au niveau du garrot : kraïtsèz (all. Kreuz).
Ange : bolépaskro (n. m.) (i-a. budh) (g. s. / p. s.) / débléskro bolépaskro (n. m.) (i-a. deva / i-a. budh) / énglo (n. m.) (all. Engel).
Anglais (langue) : íngltikès (n. m.) (all. Englisch).
Anglais : íngländari (n. m.) (all. Engländer).
Anglais : íngltiko (adj.) (all. englisch).
Anguille : ola (n. f.) (all. Aal).
Ankylosé : chtaïf (adj. inv.) (all. steif).
Anniversaire : bourtstago (n. m.) (all. Geburtstag).
Annoncé : án tsaïgrémèn (adj. inv.) (all. an / all. zeigen).
Annonce d'un décès : án tsaïgréba (n. m.) (all. an / all. zeigen).

Annuaire téléphonique : bérchtiko bourho (n. m.) (i-a. varsa / all. Buch).
Anse : hénklo (n. m.) (all. Henkel).
Apiculteur : ímkari (n. m.) (all. Imker).
Apôtre : apochtlo (n. m.) (all. Apostel).
Appareil (radio, ordinateur,…) : aparata (n. f.) (all. Apparat).
Appareil à éplucher l'osier (rudimentaire) : chlaïzari (n. m.) (all. schleißen).
Appareil photo : molari (n. m.) (all. Maler).
Apparence : chaïnépèn (n. m.) (all. Schein) (g. s.) / glaïrha (n. f.) (all. gleichen).
Appétit : apétita (n. f.) (all. Appetit).
Apprentissage / habitude : siklépèn (n. m.) (i-a. śiks).
Après / derrière : pal (prép.) (i-a. para).
Après-demain : pal taïsa (i-a. para / gre. ταχυα).
Après-midi : pal mitago (n. m.) (i-a. para / all. Mittag).
Arabe : arabari (n. m.) (all. Araber).
Araignée : chpina (n. f.) (all. Spinne) / kakli (n. f.) (i-a. krt).
Araméen : araméari (n. m.) (all. Aramäer).
Arbre : rouk (n. m.) (i-a. rūkh).
Arbre fruitier : frourhtiko rouk (n. m.) (all. Frucht / i-a. rūkh) / hopstiko rouk (n. m.) (all. Obst / i-a. rūkh) (g. s. / p. s.).
Arc / archet : bogo (n. m.) (all. Bogen).
Arc-en-ciel : haïlégo bogo (n. m.) (all. heilig / all. Bogen) / régébogo (n. m.) (all. Regenbogen).
Arête : gréta (n. f.) (all. Gräte) / krana (n. f.) (als. Grane).
Argent (métal) : roup (n. m.) (i-a. rūpana).
Argent (monnaie) : lové (pl.) (i-a. lauha) / rhaïéria / rhaïmédé (pl.) (i-a. rājata).
Arme : vafa (n. f.) (all. Waffe).
Armé : vafémèn (adj. inv.) (all. Waffe).
Arme à feu : karamaskri (n. f.) (i-a. kānda).
Armoire : chránka (n. f.) (all. Schrank).
Arrêté : haltrémèn (adj. inv.) (all. halten).
Artiste de cirque : tsirkari (n. m.) (all. Zirkus).
Asiatique : aziato (n. m.) (all. Asiat).
Asie : azia (n. f.) (all. Asien).
Asile psychiatrique : dinélo khér (n. m.) (i-a. dīna / i-a. grha).

Aspect vilain : djoungélépèn (n. m.) (i-a. jukuta).
Aspérule (plante) : valtméchtar (n. m.) (all. Waldmeister).
Assez : dola (adv.) (ser. доста).
Assiette : plato (n. m.) (all. Platte).
Assis : béchto (adj.) (i-a. viś).
Assistance sociale : tchorélo khér (n. m.) (i-a. ksudra / i-a. grha).
Assoiffé : trouchélo (adj.) (i-a. trsā).
Assurément : zirhar (adv.) (all. sicher).
Asthmatique : éng (adj. inv.) (all. eng).
Asthme : énkéba (n. m.) (all. eng).
Attaché : pándo (adj.) (i-a. bandh).
Attelé : chpanémèn (adj. inv.) (all. spannen).
Attention : arhta (interj.) (all. Achtung).
Attitude : préfirounga (n. f.) (all. rügen) (g. s.).
Attrapé : trapélo (adj.) (all. ertappen).
Au fond : télal tsou (loc.) (i-a. tala / all. zu).
Au lard : chpékéré (all. Speck).
Au lieu de (conjonct.) : tas té (+ subjonctif) (all. dass / i-a. te).
Au milieu : machkral (i-a. madhya).
Au retour : oun palé tsou (all. und / i-a. para / all. zu).
Aubépine : raïnarto (n. m.) (all. Rain).
Au-dessus de moi : pral mándé (i-a. ūpar / i-a. aham).
Auge : trogo (n. m.) (all. Trog).
Aujourd'hui : kou divès (sín. kova / i-a. divasa).
Aussi : nina (adv.) (gre. νύν).
Aussitôt : glèrh (adv.) (all. gleich).
Australien : australari (n. m.) (all. Australier) (g. s. / p. s.).
Autel : altara (n. f.) (all. Altar) (g. s.).
Automne : chpotïoro (n. m.) (als. Schpotjohr).
Automobile : awto (n. m.) (all. Auto) / toumbila (n. f.) (fr. automobile) (b. s. / v. s.).
Autour : troumal (adv.) (i-a. dūram).
Autour de : troumal (prép.) (i-a. dūram).
Autre : vavar (pron. ind.) (i-a. apara).
Autrefois : frir (adv.) (all. früher) / jouns (adv.) (als. sunscht).
Autrichien : éstéraïchari (n. m.) (all. Österreicher).
Auvergne : ovérna (n. f.) (fr. Auvergne).

Aux galères (durée indéterminée) : ap o béri (i-a. upari / i-a. ó / i-a. vah).
Avec : mit (prép.) (all. mit).
Avec l'intervention du défunt : moulétanès (adv.) (i-a. mr).
Avec mille efforts : mïara (all. Mühe).
Avec miroir : chpiglémèn (adj. inv.) (all. Spiegel).
Avec plaisir : gèrn (adv.) (all. gern).
Avec précipitation : rénémèn (adv.) (all. rennen).
Averti : varnémèn (adj. inv.) (all. warnen).
Avertissement : varanouga (n. f.) (all. Warnung).
Aveugle : blíndo (adj.) (all. blind).
Avion : fligari (n. m.) (all. Flieger).
Avocat : afokato (n. m.) (all. Advokat).
Avoine : djop (n. f.) (i-a. yava).
Avril : aprilo (n. m.) (all. April).
Ayant appartenu au défunt : moulo (adj.) (i-a. mr).
Ayant l'apparence d'un crapaud : krotégo (n. m.) (all. Kröte).
Ayant la consistance du verre : glazégo (adj.) (all. Glas).

B

Bâche : blana (n. f.) (all. Plane).
Bagarre : kourépèn (n. m.) (i-a. kutt).
Bagarreur : kourémaskro (n. m.) (i-a. kutt).
Bague : goustri (n. f.) (i-a. angustha).
Baignade : padrépèn (n. m.) (all. baden).
Bain : pada (n. f.) (all. Bad) (b. s. / h. s. / p. s.).
Baiser : tchoum / tchoumépèn (n. m.) (i-a. cumb).
Baissé / plié en deux : poukémèn (adj. inv.) (all. bücken).
Bal : bala (n. f.) (all. Ball).
Balai : béza (n. f.) (all. Besen).
Balance : viga (n. f.) (all. Waage).
Baliste (poisson) : kounitcha (n. f.) (ser. кунић).
Balle : bala (n. f.) (all. Ball).
Banc : bánko (n. m.) (all. Bank).
Bandage : vikléchtouro (n. m.) (all. wickeln + all. Tuch).

Bandit : réïbari (n. m.) (all. Räuber).
Banque : bánka (n. f.) (all. Bank).
Baptême (évangélisme) : tofa (n. f.) / toïfo (n. m.) (all. Taufe).
Baptisé (évangélisme) : batizémèn (adj. inv.) (fr. baptiser) (b. s. / v. s.) / tofédo (adj.) / toïfémèn (adj. inv.) (all. taufen).
Baptisé / chrétien : boldo (n. m.) (i-a. budh).
Bar / café : virta (n. f.) (all. Wirt).
Barbe : tchor (n. f.) (i-a. kūrca).
Barbeau : barba (n. f.) (all. Barbe).
Barbu : tchoréngro (n. m.) (i-a. kūrca).
Barque : barka (n. f.) (all. Barke).
Barre d'harmonie (violon) : chtiméchtoko (n. m.) (all. Stimme + all. Stock) / dji (n. m.) (i-a. jiya) (p. s.).
Barre de renfort (guitare) : ripa (n. f.) (all. Rippe).
Bas féminins : chtrímpi (pl.) (all. Strumpf).
Basque : basko (n. m.) (all. Baske) (v. s.).
Bassine : kibla (n. f.) (all. Kübel).
Bataille : chlarhta (n. f.) (all. Schlacht).
Bâtard : bachtardo (n. m.) (all. Bastard) / hourobánko (n. m.) (all. Hure + all. Balg).
Bateau : chifo (n. f.) (all. Schiff).
Bâton : chtoko (n. m.) (all. Stock).
Bâton servant à réaliser le fond d'un panier : podchtéko (n. m.) (all. Boden + all. Stock).
Bâton servant à tuer les hérissons : ránbránto (n. m.) (sín. rán + sín. bránto).
Bavard : paplari (n. m.) (als. Bàbbler).
Bavardage : blaïda (n. f.) (all. Plauderei) / paplépèn (n. m.) (als. Bàbbler).
Bavarois : baïari (n. m.) (all. Bayer) (g. s.).
Bave : bava (n. f.) (fr. bave) (b. s. / v. s.).
Beau : choukar (adj. inv.) (i-a. śukra).
Beaucoup : bout (adv.) (i-a. bahútitha).
Beau-frère : chwogari (n. m.) (all. Schwager).
Beau-père : chtif dat (n. m.) (all. Stief- / i-a. tāta).
Beauté : chanaïta (n. f.) (all. Schönheit) / choukarpèn (n. m.) (i-a. śukra).
Bec : chnablo (n. m.) (all. Schnabel).

Belette : filsa (n. f.) (all. Wiesel).
Belge : bélgiari (n. m.) (all. Belgier) (b. s.).
Belgique : bélgio (n. m.) (all. Belgien) (b. s.).
Bélier : divïo bakro (n. m.) (ser. дивљи / i-a. bakrā).
Belle-mère : chtif daï (n. f.) (all. Stief- / i-a. dāhi).
Belle-sœur : chwaïa (n. f.) (als. Schwäijere).
Béni : véïrémèn (adj. inv.) (all. weihen).
Benne : béna (n. f.) (fr. benne) (b. s. / p. s. / v. s.).
Béquille : krika (n. f.) (all. Krücke).
Bercé : chwánkédo (adj.) (all. schwanken) / véglémèn (adj. inv.) (all. Waage).
Berger (chèvre) : gaïzéngro (n. m.) (als. Gaiss).
Berger (mouton) : bakréngro (n. m.) (i-a. bakrā).
Berger : chéfari (n. m.) (all. Schäfer) / hitari (n. m.) (all. Hüter).
Bergeronnette : pachtéltsa (n. f.) (all. Bachstelze).
Berk : fouï (interj.) (all. pfui).
Berlinois : bérlinari (n. m.) (all. Berliner) (g. s.).
Besoin : nota (n. f.) (all. Not).
Bête (bétail) : firha (n. f.) (all. Vieh).
Bête (insecte) : dirta (n. f.) (all. Tier).
Betterave : tourlipsa (n. f.) / trilipsa (n. f.).
Betterave rouge : rotrana (n. f.) (als. Rotrànn).
Beurre : khil (n. m.) (i-a. ghrta) / poutro (n. m.) (all. Butter) (g. s.).
Biberon : mímlo (n. m.).
Bible : bibla (n. f.) (all. Bibel) / haïlégo bourho (n. m.) (all. heilig / all. Buch).
Biche : divïi gaïza (n. f.) (ser. дивљи / als. Gaiss).
Bicyclette : pélari (n. m.) (i-a. pelaka).
Bidon : kana (n. f.) (all. Kanne).
Bien (placé après un verbe conjugué au futur) : choun (adv.) (all. schon).
Bien : michto (adj. inv. / adv.) (i-a. mista).
Bien que : haz (conjonct.) (all. als).
Bientôt / presque : sigo (adv.) (i-a. śīghra).
Bière : bira (n. f.) (all. Bier) / lovina (n. f.) (g. s. / p. s.).
Billard : chtrémpla (n. f.) (g. s.).
Billet de banque : tsétla (n. f.) (all. Zettel).

Biscuit : prétla (n. f.) (g. s.).
Bistrot : kartchima (n. f.) (ser. гостионица).
Blaireau : takso (n. m.) (all. Dachs).
Blanc : parno (adj.) (i-a. pāndu) / véïs (adj. inv.) (all. weiß).
Blanc de poulet : chpala (n. f.) (it. spalla).
Blancheur : véïsépèn (n. m.) (all. weiß).
Blasphème : flourhépèn (n. m.) (all. fluchen).
Blé : frourhta (n. f.) (all. Frucht) / gip (n. m.) (i-a. gódhūma).
Bleu : bloïto (adj.) (all. blau).
Bloc de bois : ploko (n. m.) (all. Block).
Blond : blount (adj. inv.) (all. blond).
Blotti : tsoukémèn (adj. inv.) (all. zucken).
Bœuf / taureau : okso (n. m.) (all. Ochse) / gourou (n. f.) (i-a. gaurá).
Bois : kacht (n. m.) (i-a. kastha).
Bois d'aubépine : knouro (n. m.) (all. Knorren).
Boisson : pibèn (n. m.) (i-a. pā).
Boîte de conserve : pikslo (n. m.) (all. Büchse).
Boiteux / de travers : bángo (adj.) (i-a. bhagna).
Bol : tcharo (n. m.) (i-a. carú).
Bol en terre cuite : baréno tcharo (n. m.) (i-a. bat / i-a. carú).
Bon : latchès (adv.) / latcho (adj.) (i-a. laksana).
Bon à rien : tchitchéskro (n. m.) (i-a. kucha).
Bon marché : volf (adj. inv.) (all. wohlfeil).
Bon moment : tchatchi ránda (n. f.) (i-a. satya / all. rannte).
Bonbon : bónbo (n. m.) (all. Bonbon).
Bonjour (tôt) : goutamouria fri (als. güat + als. Morga / all. früh).
Bonjour : goutamouria (als. güat + als. Morga).
Bonne aventure : doukrépèn (n. m.) (gre. τυχη).
Bonne Nouvelle : latchi potchafta (n. f.) (i-a. laksana / all. Botschaft).
Bonne nuit : gout narht (all. gut / all. Nacht).
Bonnet : houba (n. f.).
Bonté : latchépèn (n. m.) (i-a. laksana).
Bordure du panier (partie du haut / partie du bas) : toplérín (all. doppelt + all. Riemen).
Borgne : korélo (adj.) (per. کور).

Bosse (déformation vertébrale) : poukla (n. f.) (all. Buckel).
Bossu : pouklégo (adj.) (all. Buckel).
Botte (légume) : boundo (n. m.) (all. Bund).
Botte (osier, foin,…) : véla (n. f.) (als. Wall).
Bottes : chtibli (pl.) (all. Stiefel).
Bouc : poko (n. m.) (all. Bock).
Bouche / visage : mouï (n. m.) (i-a. mukha).
Bouchée : moufla (n. f.) (als. Mumpfel).
Bouchée de pain : moufla maro (n. f.) (als. Mumpfel / i-a. mandaka).
Boucher : maséskro (n. m.) (i-a. āmisa) / métsgari (n. m.) (all. Metzger).
Bouchon : chtoupari (n. m.) (als. schupfa).
Boucles d'oreille : kanéngré (pl.) (i-a. kāna).
Boudin : bloutvourcht (n. m.) (all. Blutwurst).
Boue / saleté : tchik (n. f.) (i-a. cikhalla) / mézla (n. f.) (all. Mus).
Boueux : mézlémèn (adj. inv.) (all. Mus).
Bouffée de cigarette : tsougo (n. m.) (all. Zug).
Bouffon : narh (n. m.) (all. Narr).
Bougie : mouméli (n. f.) (per. موم).
Bouillant : kérdo télé (adj.) (i-a. ghr / i-a. tala).
Bouilli : télé briédo (adj.) (i-a. tala / all. brühen).
Bouillie : bria (n. f.) (all. Brei).
Bouillie à base de farine : pépa (n. f.) (als. Babbala).
Bouillie au lait : thoutéskro rhabèn (n. m.) (i-a. dugdha / i-a. khād).
Bouilloire : lándana (n. f.).
Bouillon : bria (n. f.) (all. Brühe).
Boulanger : maréngro (n. m.) (i-a. mandaka) / pékari (n. m.) (all. Bäcker).
Bouleau (arbre) : birka (n. f.) (all. Birke).
Boulettes faites d'un mélange de purée de pommes de terre et de farine (arrosées d'un jus gras) : flouti (pl.) (als. Pflittla).
Boulon : chrobo (n. m.) (all. schrauben).
Bouquet : chtroso (n. m.) (all. Strauß).
Bourrique : bouzni (n. f.) (ser. zvíře).

Bouteille : boutéïa (n. f.) (fr. bouteille) (b. s. / p. s. / v. s.) / flacha (n. f.) (all. Flasche) / touchni (n. f.) (i-a. trsa).
Bouton (vêtement / appareil) : knépo (n. m.) (all. Knopf).
Bouton : poutso (n. m.) (als. Butza).
Bowling : kéglébana (n. f.) (all. Kegelbahn) (p. s.).
Boxeur : kéchtari (n. m.) (all. Kastanie) (v. s.).
Boyau : koutla (n. f.) (all. Kuttel).
Braise / charbon : kolo (n. m.) (all. Kohle).
Brancard (caravane hippomobile) : lántra (n. f.) (als. Làndra).
Branche : nachta (n. f.) (all. Ast).
Brandon : bránto (n. m.) (all. Brand).
Bras / manche de vêtement : mousi (n. f.) (i-a. musti).
Brave personne cherchant la conversation : livré méncho (all. lieblich / all. Mensch).
Brebis : bakri (n. f.) (i-a. bakrā).
Brèche : chpaltounga (n. f.) (all. Spaltung).
Brésilien : brazilianari (n. m.) (all. Brasilianer) (h. s.).
Bretelle : pándébaskro (n. m.) (i-a. bandh) / trégari (n. m.) (all. Träger).
Bricole (cheval) : zila (n. f.) (all. Siele).
Bride : tsoïmo (n. m.) (all. Zaum).
Brillant : chaïnédès (adv.) / chaïnédo (adj.) (all. Schein) / chtralémèn (adj. inv.) (all. strahlen).
Brin d'osier : vaïda (n. f.) (all. Weide).
Brindille : raïzla (n. f.) (als. Riser).
Briquet : tsilto (n. m.) (all. Zünder).
Broc : khoro (n. m.) (i-a. ghata).
Broche (cuisine) : boucht (n. m.) (i-a. śrā) / chpiza (n. f.) (all. Spieß).
Brochet : hèrhta (n. f.) (all. Hecht).
Brosse : brichta (n. f.) (als. Berschta).
Brouillard : nébla (n. f.) (all. Nebel).
Broussaille : nichta (n. f.) (all. Nest).
Bruit : lérma (n. f.) (all. Lärm).
Brûlant : haïs (adj. inv.) (all. heiß).
Brûlé : rhatchédo (adj.) (gre. κατασκευαζω).
Brûlure : brénta (n. f.) (all. Brennen).
Brume : toufta (n. f.) (als. Duft).

Brun : brawn (adj. inv.) (all. braun).
Bruyère : haïda (n. f.) (all. Heide).
Bu : pilo (adj.) (i-a. pā).
Buis (bois) : poukstiko kacht (n. m.) (all. Buchs / i-a. kastha).
Buis : poukso (n. m.) (all. Buchs).
Buisson : bour (n. m.) (i-a. dru).
Burin : maïzlo (n. m.) (all. Meißel).
Buse : híndrévaïa (n. f.) (all. hindern + all. Weihe) / vaïa (n. f.) (all. Weihe).
But : tsilo (n. m.) (all. Ziel).
Buveur / fumeur : pimaskro (n. m.) (i-a. pā).
Buveur : chloukari (n. m.) (all. Schlucker) / zouglari (n. m.) (all. saugen).

C

C'est / il-y-a : hi (v.) (i-a. hej).
C'est à moi : hi mándé (v.) (i-a. hej / i-a. aham).
C'est pourquoi : doléské (loc.) (i-a. so).
C'est un temps de neige fondue : hi bilédès (i-a. bilā).
C'était / il-y-avait : his (v.) (i-a. hej).
Ça bouillonne : gwaléla (all. quellen).
Ça brûle : rhatchéla (v.) (gre. κατασκευαζω).
Ça cause de l'ennui : laïdéla (all. leiden).
Ça convient : paséla (all. passen).
Ça démange : rhándjéla (arm. կորւելր).
Ça empeste : péchtéla (all. verpesten).
Ça enfume : toubéla (i-a. dhūma).
Ça et là : koï té koï (i-a. kva / i-a. te / i-a. kva).
Ça fait déjà longtemps : kréla choun rara (i-a. kr / all. schon / per. همیشه).
Ça fait mal : doukéla (i-a. dukh).
Ça fait très longtemps : kréla bout rara (i-a. kr / i-a. bahútitha / per. همیشه).
Ça fleurit : blouméla (all. blühen).
Ça fond : biléla (i-a. bilā).

Ça fume : roïrhéla (all. rauchen).
Ça gratte : rándéla (i-a. rās).
Ça jaillit : kwaléla (all. quellen).
Ça m'est égal : mángé ïék (i-a. aham / i-a. eka).
Ça m'étonne : voundréla mán (all. wundern / i-a. aham).
Ça me gratte : rándél mán (i-a. rās / i-a. aham).
Ça ne te regarde pas : gitsél tout tchi án (all. das geht dich nichts an).
Ça pousse (herbe) : vakséla (all. wachsen).
Ça sent le moisi : moukléla.
Ça sent mauvais : khándéla (i-a. gandhá).
Ça serre : trikéla (all. drücken).
Ça sert : patéla (all. bedienen).
Ça sonne : glíngéla (all. klingeln) / laïtéla (all. Lauten).
Ça sort : véla vri (i-a. āyā / i-a. bahih).
Ça souffle (vent) : pourdéla (i-a. sphūrj).
Ça suffit : lángéla (all. langen).
Ça va : djala (loc.) (i-a. ja).
Ça va vite : chnarhéla (all. schnarchen).
Caché : garédès (adv.) / garédo (adj.) (i-a. gah).
Cachette : garémaskri (n. f.) (i-a. gah).
Cadeau : chénka (n. f.) (all. Geschenk).
Café : kaféïa (n. f.) (all. Kaffee) / méli (n. f.) (gre. μέλι).
Café au lait : parni kaféïa (n. f.) (i-a. pāndu / all. Kaffee).
Café noir : kali kaféïa (n. f.) (i-a. kāla / all. Kaffee).
Cafetière : kafékésla (n. f.) (all. Kaffee + all. Kessel).
Cage : kéfégo (n. m.) (all. Käfig).
Caillé : chtokégo (adj.) (all. stocken).
Caisse / cercueil : kichta (n. f.) (all. Kiste).
Calèche : koutcha (n. f.) (all. Kutsche).
Caleçons longs : rholébránto (pl.).
Calice : kélrho (n. m.) (all. Kelch).
Calme : rouvégo (adj.) (all. ruhig).
Calotte (anatomie) (vulgaire) : chétla (n. f.) (all. Schädel) / kapa (n. f.) (all. Kappe).
Camion plateau : chtaradi (n. m.) (i-a. caturas + all. Rad).
Camp (nazisme) : lagra (n. f.) (all. Lager).
Canadien : kanadari (n. m.) (all. Kanadier) (p. s.).

Cananéen : kananitari (n. m.) (all. Kanaaniter) (h. s.).
Canard : rétcha (n. f.) (ru. жаба).
Candidat : kándidato (n. m.) (fr. candidat) (h. s.).
Canne à pêche : gérta (n. f.) (all. Gerte) / rán (n. f.) (i-a. danda).
Canton : kántona (n. f.) (all. Kanton) (v. s.).
Cantonnier : chtrosméchtari (n. m.) (all. Straßenmeisterei).
Caramel : karamélo (n. m.) (all. Karamell).
Caravane : kámpina (n. f.) (fr. camping) / karavana (n. f.) (fr. caravane) (b. s. / v. s.) / vourdoum (n. f.) (i-a. vāha) (p. s.).
Carburant : rhatchébaskro (n. m.) (gre. κατασκευαζω).
Carburateur (véhicule) : brazari (n. m.) (all. Bremser).
Carcasse : géripa (n. f.) (all. Gerippe).
Caresse : chtraïrha (n. f.) (all. Streicheln).
Cargaison : ladounga (n. f.) (all. Ladung).
Carinthie : kántalo (n. m.) (all. Kärnten).
Carnet / lettre : lil (n. m.) (i-a. likh).
Carnet anthropométrique : baléngré kán (pl.) (i-a. varāha / i-a. kāna).
Carnet de circulation : baro lil (n. m.) (i-a. vadra / i-a. likh).
Carotte : gélriba (n. f.) (als. Gälbröb) / karota (n. f.) (all. Karotte).
Carpe (poisson) : karpfo (n. m.) (all. Karpfen).
Carrefour : chtar droma (n. m.) (i-a. caturas / gre. δρόμος) / kraïtschtros (n. m.) (all. Kreuz + als. Schtroos).
Carte (jouer) : karta (n. f.) (all. Karte).
Carte géographique : lándkarta (n. f.) (all. Landkarte) (g. s. / p. s.).
Cartouche : kougla (n. f.) (all. Kugel).
Cascade : vaséfala (n. f.) (all. Wasserfall).
Casque : hélmo (n. m.) (all. Helm) (p. s.).
Casquette : kapa (n. f.) (all. Kappe).
Cassé : pago (adj.) (i-a. bhañj).
Casseur (travaillant dans une casse) : pagari / pagébaskro (n. m.) (i-a. bhañj).
Castor : bibro (n. m.) (all. Biber) (g. s.).
Cave : kéléra (n. f.) (all. Keller).
Caverne : hola (n. f.) (all. Höhle).
Ce que : ho (pron.) (i-a. so).

Ce soir / cette nuit : ki rat (sín. kaïa / i-a. rātri).
Cèdre : tsidari (n. m.) (all. Zeder).
Ceinture : chnala (n. f.) (all. Schnalle) / léïbrha (n. f.) (all. Leibchen).
Célibataire : lédégo (adj.) (all. ledig).
Celle-ci : kaïa (adj. f. / pron.) (i-a. kva) / kaï / ki (adj. f.) (sín. kaïa)
Celle-là : koïa (adj. f. / pron.) (i-a. kim) / koï (adj. f.) (sín. koïa).
Celui qui baptise : toïfébaskro (n. m.) (all. taufen).
Celui qui déchiquète le pain : ropari (n. m.).
Celui qui donne sa parole : chprérhari (n. m.) (all. Sprecher).
Celui qui mord : dándrépaskro (n. m.) (i-a. dānta).
Celui-ci : kava (adj. m. / pron.) (i-a. kva) / ko (adj. m.) (sín. kava).
Celui-là : kova (adj. m. / pron.) (i-a. kim) / kou (adj. m.) (sín. kova).
Cendre : écha (n. f.) (als. Ascha) / tchar (n. m.) (i-a. chār).
Cendrier : achpéchari (n. m.) (all. Aschenbecher) (g. s. / p. s.).
Cendrillon (jeune fille à qui l'on réserve toutes les besognes rebutantes) : échapoutéla (n. f.) (als. Aschabreedla) (p. s.).
Cep : draktiko rouk (n. m.) (i-a. drākṣā).
Cercueil : todélada (n. f.) (all. Totenlade) / zarko (n. m.) (all. Sarg).
Cerf : ircha (n. f.) (all. Hirsch).
Cerf-volant (insecte) : chrétari (n. m.) (all. Schröter).
Cerise : kiriasa (n. f.) (gre. κεράσι).
Cerisier : kiriastiko rouk (n. m.) (gre. κεράσι / i-a. rūkh).
Certainement : alé vèk (adv.) (all. alle / all. weg).
Cerveau : hérna (n. f.) (all. Hirn).
Ces gens-ci : kala ménchi (sín. kala / all. Mensch).
Ces jours-là : kol divès (sín. kola / i-a. divasa).
Ceux-ci : kala (adj. pl. / pron.) (i-a. kva) / kal (adj. pl.) (sín. kala).
Ceux-là : kola (adj. pl. / pron.) (i-a. kim) / kol (adj. pl.) (sín. kola).
Chacun : akoun (pron.) (ser. сваки).
Chaîne : kéta (n. f.) (all. Kette).
Chair de poule : kénshoït (n. f.) (all. Gänsehaut).

Chaise : chtamín (n. f.) (gre. σκαμνί) (g. s. / p. s.) / chtoulo (n. m.) (all. Stuhl).
Chaise bancale : mato chtoulo (n. m.) (i-a. matta / all. Stuhl).
Chaleur : hitsa (n. f.) (all. Hitze) / tatépèn (n. m.) (i-a. tapta).
Chambre : tsímra (n. f.) (all. Zimmer).
Chambre à air : véndri (n. f.) (i-a. antra).
Chameau : kaméla (n. f.) (all. Kamel).
Champ : félda (n. f.) (all. Feld).
Champ cultivé : chtiko (n. m.) (all. Stück).
Champ de blé : flourta (n. f.) (all. Flur).
Champignon (coulemelle / chevalier) : gazélta (n. f.).
Champignon : chwamo (n. m.) (all. Schwamm) / rhourhour (n. m.) (i-a. khūkhdī).
Champignons (lactaires) : rhalédjidé (pl.) (sín. rhalo + sín. djido).
Champignons (peupliers) : péltiké (pl.) (als. Pàppla).
Champignons poussant sous les noyers : koréngré / kortiké (pl.) (i-a. aksota).
Champignons poussant sous les ormes : rouchtiké (pl.) (als. Rüaschta).
Champignons poussant sous les sapins : tané chwém (pl.) (all. Tanne / all. Schwamm).
Chance : barht (n. m.) (per. شانس).
Chanceux : barhtélo (adj.) (per. شانس).
Chanson : gili (n. f.) (i-a. gītā).
Chant : gibèn (n. m.) (i-a. gītā).
Chanteur : gimaskro (n. m.) (i-a. gītā).
Chapeau : chtadi (n. f.) (gre. σκιαδιον).
Chapitre : kapitla (n. f.) (all. Kapitel).
Chaque : ako (adj.) (ser. сваки).
Charbonnier : kolari (n. m.) (all. Kohle) / kolobrénari (n. m.) (all. Kohle + all. Brenn).
Charbons ardents : djidé koli (pl.) (i-a. jīv / all. Kohle).
Charcutier : chwaïnmétsgari (n. m.) (all. Schweinemetzger) (p. s.).
Chardonneret : sonékaskro tchirklo (n. m.) (i-a. suvarna / i-a. cirilla).

Chargé : ladémèn (adj. inv.) (all. laden) / richtémèn (adj. inv.) (all. rüsten).
Chargement : ladépèn (n. m.) (all. laden).
Charrette : karho (n. m.) (all. Karren).
Charrue : plougo (n. m.) (all. Pflug).
Chasse : ïarhta (n. f.) (all. Jagd).
Chasseur : chéngari (n. m.) (i-a. śikāra) / ïarhtari (n. m.) (all. Jäger).
Chat : katsa (n. f.) (all. Katze) / margodja / mourga (n. f.) (i-a. mārjār) (p. s.).
Chat sauvage : goudro (n. m.) (all. Kuder).
Châtaigne : kéchta (n. f.) (all. Kastanie).
Châtaignier : kéchtiko rouk (n. m.) (all. Kastanie / i-a. rūkh).
Château-fort : bourga (n. f.) (all. Burg).
Chatouillé / frissonnant : kritsémèn (adj. inv.) (all. kritzeln).
Chatouille : kritséba (n. m.) (all. kritzeln).
Chaud : tatès (adv.) / tato (adj.) (i-a. tapta).
Chaudron : bouma (n. f.) (als. bummerig).
Chaudronnier : kibléngro (n. m.) (all. Kübel).
Chaussette : patéva (n. f.) (i-a. patava) / zoko (n. m.) (all. Socke).
Chaussures : kirha (pl.) (als. Küacha).
Chauve-souris : flétrémoïzo (n. m.) (all. Fledermaus).
Chef : opmano (n. m.) (all. Hauptmann).
Chemin : chtroso (n. m.) (als. Schtroos).
Chemin de fer : éïzbana (n. f.) (all. Eisenbahn).
Cheminée : hérta (n. f.) (all. Herd) / kamina (n. f.) (all. Kamin).
Chemise : gat (n. m.) (i-a. gātra).
Chêne : érhltiko rouk (n. m.) (all. Eichel / i-a. rūkh) / pipltiko rouk (n. m.) (als. Bibbala / i-a. rūkh).
Chenille : roïpa (n. f.) (all. Raupe).
Cher (terme de respect) : koutch (adj. inv.) (i-a. kuch).
Cher : koutch (adj. inv.) (i-a. kuch) / taïar (adj. inv.) (all. teuer).
Cherté : taïarépèn (n. m.) (all. teuer).
Chétif / étroit : chmal (adj. inv.) (all. schmal).
Cheval : graï (n. m.) (i-a. haya).
Cheval blanc : chímlo (n. m.) (all. Schimmel).
Chevalier : ritari (n. m.) (all. Ritter).

Cheveu / poil : bal (n. m.) (i-a. vāla).
Cheveux avec crans : chtaflébal (als. Schtufa + i-a. vāla).
Chèvre : gaïza (n. f.) (als. Gaiss).
Chevreuil : régaïza (n. f.) (all. Reh + als. Gaiss).
Chez / vers : pach (prép.) (i-a. pās).
Chic : chikta (n. f.) (all. Schick).
Chicorée (surnom) : gatchkéni (n. f.) (sín. gadjo).
Chicorée : tchikoria (n. f.) (all. Zichorie).
Chien : djoukèl (n. m.) (i-a. jukuta).
Chienne : djoukli (n. f.) (i-a. jukuta).
Chiffon / linge : loumpo (n. m.) (all. Lumpen).
Chiffonnier : loumpomano (n. m.) (all. Lumpen).
Chiffons / guenilles : fétsi (pl.) (all. Fetzen).
Chiffre : tsalo (n. m.) (all. Zahl).
Chine (vente au porte à porte) : mángépèn (n. m.) (i-a. mārg).
Chinois (surnom) : rhíndokor (n. m.) (sín. rhíndo + sín. kor) (v. s.).
Chinois : chinézari (n. m.) (all. Chinese) (h. s.).
Chocolat : chokolada (n. f.) (all. Schokolade).
Choisi : rodémèn vri (adj. inv.) (i-a. ruh / i-a. bahih).
Chope (bière) : chopa (n. f.) (all. Schoppen).
Chose / affaire : kova (n. m.) (i-a. gocara).
Chou : charh (n. m.) (i-a. śāka).
Choucas : toulka (n. f.) (all. Dohle).
Choucroute : choutlé charh (pl.) (i-a. śukta / i-a. śāka).
Chouette (surnom) : koumita (all. komm + all. mit).
Chouette : aïla (n. f.) (all. Eule).
Chou-rave : kolrava (n. f.) (all. Kohlrabi).
Christ : kristous (all. Christus).
Chrysomèle (insecte vivant dans les bois) : véchéskro (n. m.) (per. جنگل).
Cicatrice : chmarha (n. f.) (all. Schmarre).
Cidre : tsitra (n. f.) (all. Zider).
Ciel : bolépèn (n. m.) (i-a. budh).
Cierge : kértsa (n. f.) (all. Kerze).
Cigare : tsigara (n. f.) (all. Zigarre) (g. s. / p. s.).
Cigarette : pimaskri (n. f.) (i-a. pā) / toubaskri (n. f.) (i-a. dhūma).

Cigogne : chtorko (n. m.) (all. Storch).
Cimetière : kérofa (n. f.) (all. Kirchhof).
Cinéma (surnom) : chopnak (n. m.) (i-a. sad + i-a. nāka) (v. s.).
Cinéma : chatéchpil (n. m.) (all. Schatten + all. Spiel).
Cinquième (vitesse sur un véhicule) : pántchti (n. f.) (i-a. pañca).
Cintres : raïfi (pl.) (all. Reif).
Cirage : viksa (n. f.) (all. Wichsen).
Cire : vaksa (n. f.) (all. Wachs).
Cirque : tsirka (n. f.) (all. Zirkus).
Cithare : tsitari (n. m.) (all. Zither).
Citron : tsitrona (n. f.) (all. Zitrone).
Citronnier : tsitróntiko rouk (n. m.) (all. Zitrone / i-a. rūkh).
Citrouille : kirbiso (n. m.) (all. Kürbis) (h. s.).
Clair : hèl (adj. inv.) (all. hell).
Clair de lune : móntchaïno (n. m.) (all. Mond + all. Schein).
Clapier : hazéskri chtala (n. f.) (all. Hase / all. Stall).
Claque : patch (n. m.) (all. patschen).
Claquement : patchépèn (n. m.) (all. patschen).
Clef (instrument de musique) : chroïbo (n. m.) (all. Schraube).
Clef : chlislo (n. m.) (all. Schlüssel).
Clignotant : tsíngari (n. m.) (all. zünden).
Cloche : kloka (n. f.) (all. Glocke).
Cloque : plotra (n. f.) (als. Bloodra).
Clou : naglo (n. m.) (all. Nagel).
Coccinelle : maïkéfari (n. m.) (all. Marienkäfer).
Cocher : koutchari (n. m.) (all. Kutscher).
Cochon : balo (n. m.) (i-a. varāha).
Cœur : dji (n. m.) (i-a. jiya).
Coffre : trouha (n. f.) (all. Truhe).
Coin : éko (n. m.) (all. Ecke).
Coins d'une caravane : pochti (pl.) (all. Pfoste).
Col (vêtement) : kraga (n. f.) (all. Kragen).
Colère : naïda (n. f.) (all. Neid) / rholi (n. f.) (gre. χολή).
Colle : laïma (n. f.) (all. Leim).
Collet (piège) : chloupo (n. m.) (als. Schlupf).
Collier (cheval) : kouméta (n. f.) (all. Kummet).
Collier (chien) : halspánta (n. f.) (all. Halsband).

Colline / butte : houkla (n. f.) (all. Hügel).
Colombe (surnom) : débléskro tchirklo (n. m.) (i-a. deva / i-a. cirilla).
Colonne vertébrale : ripi chtángo (pl.) (all. Rippe / all. standhaft).
Colophane (violon) : kalfouna (n. f.) (als. Kolophonium).
Colza : répsa (n. f.) (all. Raps) / roméno charh (n. m.) (i-a. ramana / i-a. śāka) / zota (n. f.) (all. Saat).
Combien : kitchi (adv. int.) (i-a. káti).
Commandé : komtirémèn (adj. inv.) (all. kommandieren).
Comme / complément du comparatif / complément du verbe : har (conjonct.) (i-a. sāra).
Comme ça / tellement : kaké (i-a. yathā).
Comme ci comme ça : kaké té kaké (loc.) (i-a. yathā / i-a. te / i-a. yathā).
Commencement : ánfángo (n. m.) (all. Anfang).
Comment : har (adv. int.) (i-a. sāra).
Commère : paplébaskri (n. f.) (als. Bàbbler).
Communal : trichta (n. f.) (all. Trift).
Complètement cassé : pago télé (adj.) (i-a. bhañj / i-a. tala).
Complètement enfoncé : zíngémèn télé (adj. inv.) (all. sinken / i-a. tala).
Complètement saoul : chtrak mato (adj.) (all. schräg / i-a. matta).
Complètement usé : vri rhalès (i-a. bahih / i-a. khād).
Compositeur : zétsari (n. m.) (all. Setzer).
Compté : tsélémèn (adj. inv.) (all. zählen).
Comte : grafo (n. m.) (all. Graf).
Concernant le temps atmosphérique, situation incertaine avec l'arrivée de nuages : travégo (adj.) (all. trüb).
Conducteur (véhicule) : farari / farébaskro (n. m.) (all. Fahrer).
Confiance : patchépèn (n. m.) (i-a. pratyaya).
Confiant : patchédo (adj.) (i-a. pratyaya).
Confiture / ragoût de légumes : chmira (n. f.) (all. Schmiere).
Confiture : chlékla (n. f.) (als. Schlackaräi).
Connu : bríndjédo (adj.) (i-a. jñā).
Conscience : gwisa (n. f.) (all. Gewissen).
Conseil (formation) : rata (n. f.) (all. Rat).

Considéré : án diklo (adj.) (all. an / i-a. drs).
Constamment : chtéts (adv.) (all. stets).
Constant : chtánt (adj. inv.) (all. standhaft).
Construction : povrounga (n. f.) (all. bauen).
Conte : parmiso (n. m.) (gre. παραμυθι).
Content : fro (adj. inv.) (all. froh).
Contre : katar (prép.) (i-a. atra).
Contrebasse : basa (n. f.) (all. Bass).
Contrebassiste : basari (n. m.) (all. Bass).
Contrôleur (cinéma) (surnom) : chopnakéskro (n. m.) (i-a. sad + i-a. nāka) (v. s.).
Coq : bachno (n. m.) (i-a. bhas) / hano (n. m.) (all. Hahn).
Coquillage : chala (n. f.) (all. Muschel).
Corbeau : korako (n. m.) (gre. κοράκι).
Corbeille à linge : véchkorp (n. m.) (all. Wäsche + all. Korb).
Corbeille à pain : maréskri korba (n. f.) (i-a. mandaka / all. Korb).
Corde (instrument de musique) : zaïta (n. f.) (all. Saite).
Corde : chélo (n. m.) (i-a. śulba).
Cordier (guitare) : chtéga (n. f.) (all. Stiege) (p. s.).
Cordonnier : choumarhari (n. m.) (all. Schuhmacher).
Corne : horno (n. m.) (all. Horn).
Corps : karpro (n. m.) (all. Körper).
Corsage : baïa (n. f.) (i-a. bāhu) / mitsla (n. f.) (all. Mütze).
Costume : ribèn (n. m.) (i-a. vr).
Côte (anatomie) : ripa (n. f.) (all. Rippe).
Côté : rik (n. f.) (i-a. dhig).
Côtes de porc : baléngré ripi (pl.) (i-a. varāha / all. Rippe).
" Côtes serrées " (maladie d'enfant) : ánvakséba (n. m.) / ánvaksémèn (adj. inv.) (all. anwachsen).
Cou : mén (n. f.) (i-a. manyā).
Couché : pachto (adj.) (i-a. pās).
Coucou (fleur / oiseau / chant) : koukouk (n. m.) (all. Kuckuck).
Couenne : chwarta (n. f.) (all. Schwarte).
Couleur / peinture : farba (n. f.) (all. Farbe).
Couleuvre : chlángo (n. m.) (all. Schlange).
Coup : dap (n. f.) (i-a. ghāta).
Coup de couteau : tchourdini (n. f.) (i-a. churikā).

Coup de fusil : kardini (n. f.) (i-a. kānda).
Coup de pied : ladini (n. f.) (i-a. lattī).
Coup de poing (avec une bague) : chlagaïzo (n. m.) (all. schlagen).
Coup de poing : foïchténgo dap (n. m.) (all. Faust / i-a. ghāta).
Coupé : tchíndo (adj.) (i-a. chid).
Coupé avec une lame : tchourdino (adj.) (i-a. churikā).
Coupé en forme de croix : chtar tchíndo (adj.) (i-a. caturas / i-a. chid).
Coupure : chnita (n. f.) (all. Schnitt) / tchinépèn (n. m.) (i-a. chid).
Courage : kouraja (n. f.) (als. kuraschiart).
Courageux : hartsavtégo (adj.) (all. herzhaft).
Courant (électricité) : chtroma (n. f.) (all. Strom).
Courbé : bigémèn (adj. inv.) (all. biegen).
" Coureur de filles " (péjoratif) : hourégo (adj.) (all. Hure).
" Coureuse d'hommes " (péjoratif) : morchéngri (n. f.) (i-a. mūsaka).
Couronne : kourona (n. f.) (fr. couronne) (v. s.) / krona (n. f.) (all. Krone).
Couronne d'épines : disltiki krona (n. f.) (als. Dissel / all. Krone).
Courroie appelée " tour de cou " : kouméchtèl (all. Kummet).
Courroie : rima (n. f.) (all. Riemen).
Course : nachépèn (n. m.) (i-a. naś).
Court : korts (adj. inv.) (all. kurz).
Cousin : néboudo (n. m.) (i-a. napāt).
Cousine : néboutsa (n. f.) (i-a. napāt).
Coussin : kisa (n. f.) (all. Kissen).
Cousu : sido (adj.) (i-a. sīv).
Couteau : chnitsari (n. m.) (als. schnetzla) / tchouri (n. f.) (i-a. churikā).
Couturière : simaskri (n. f.) (i-a. sīv).
Couvent : klawchtra (n. f.) (all. Kloster).
Couvercle : tékla (n. f.) (all. Deckel).
Couvert de pus : poumpélo (adj.) (i-a. pūya).
Couverture : téka (n. f.) (all. Decke).
Crabe : kraba (n. f.) (all. Krabbe) (p. s.).

Crachat / bave : tchoungra (n. f.) (i-a. thūk).
Craie : kreïta (n. f.) (all. Kreide).
Cran (cheveu) : chtafla (n. f.) (als. Schtufa).
Crâne (partie haute) : chétla (n. f.) (all. Schädel).
Crâne : hérnachala (n. f.) (all. Hirn + all. Schädel).
Crapaud : krota (n. f.) (all. Kröte).
Crayon : blaïfédro (n. m.) (all. Bleifeder).
Crème : chmétana (n. f.) (pol. śmietana).
Cresson : djoudjoul (n. m.) (i-a. cuccu).
Crête (coq) : poupléhano (n. m.) (all. Puppe + all. Hahn).
Crète : kréta (n. f.) (all. Kreta) (g. s.).
Crétois : krétari (n. m.) (all. Kreter) (g. s.).
Cretons : gribli (pl.) (all. Griebe).
Creusé / enfoncé : holémèn (adj. inv.) (all. hohl).
Creux : hol (adj. inv.) (all. hohl).
Crevé (pneu) : frékédo (adj.) (all. verrecken).
Cri de la chouette : koumit (all. komm + all. mit).
Cric : hadari (n. m.) (i-a. ūrdhvam).
Criquet : kriksla (n. f.) (gre. ακρίδα).
Cris : goïi (pl.) (i-a. gāli).
Crochet : hoko (n. m.) (all. Haken).
Crocodile : krokodila (n. f.) (all. Krokodil) (g. s.).
Croix : kraïtso (n. m.) (all. Kreuz).
Croûte (pain) : krouchta (n. f.) (all. Kruste).
Croûton de pain : krichla (n. f.) (all. Kruste).
Croyance : klawba (n. f.) (all. Glaube).
Croyant (évangélisme) : patchlo (n. m.) (i-a. pratyaya).
Cru (aliment) / vert (bois) : ïalo (adj.) (i-a. alhad).
Cuillère : roï (n. f.) (i-a. dōī).
Cuillère en bois : kachténi roï (n. f.) (i-a. kastha / i-a. dōī).
Cuir : lédra (n. f.) (all. Leder).
Cuisine : kérha (n. f.) (als. Kische).
Cuisson : pékéba (n. m.) (i-a. pāka).
Cuit : kérdo (adj.) (i-a. ghr) / péko (adj.) (i-a. pāka).
Cuivre : koupro (n. m.) (all. Kupfer).
Cul (vulgaire) : arch (n. f.) (all. Arsch).
Culotté : rotségo (adj.) (all. rotzfrech).
Cultivé / apprivoisé : tsam (adj. inv.) (all. zahm).

Culture : koultoura (n. f.) (all. Kultur).
Cumin : kímla (n. f.) (all. Kümmel).
Curieux : diképaskro (n. m.) (i-a. drs) / naïchirgo (adj.) (all. neugierig) / nakégo / nakval (adj.) (i-a. nāka).
Cuvette : palánkana (n. f.) (esp. palangana) (v. s.).
Cygne : chnégéntsa (n. f.) / chwana (n. f.) (all. Schwan).

D

D'aspect misérable : tchorélès (adv.) (i-a. ksudra).
D'en bas : télal (loc.) (i-a. tala).
Damné : danémèn (adj. inv.) (fr. damné) (v. s.).
Danger : géfara (n. f.) (all. Gefahr).
Dans : án (prép.) (all. an) / drèn (prép.) (i-a. antar).
" Dans l'enfance " : kíntéchpot (all. Kind + all. Spott).
Dans la soirée : ovétakro (als. Oowa).
Dans un instant : án i ránda (all. an / i-a. eka / all. rannte).
Danse : khélépèn (n. m.) (i-a. khel) / tántsa (n. f.) (all. Tanz).
Danseur : khélémaskro (n. m.) (i-a. khel).
De cochon : baléno (adj.) (i-a. varāha).
De cuir : lédrtiko (adj.) (all. Leder).
De cuivre : kouprétiko (adj.) (all. Kupfer).
De devant : glántouno (i-a. āge).
De force : silara (ser. силом).
De haut en bas : pral télé (i-a. ūpar / i-a. tala).
De l'autre côté : vérgal (adv.).
De loin : foun doural (all. von / i-a. dūra).
De nouveau : papsé (adv.) (i-a. para).
De part en part : dourch oun dourch (all. durch / all. und / all. durch).
De temps en temps : taïl rándi (loc.) (als. dail / all. rannte).
De velours : zamétiko (adj.) (all. Samt).
Débauchée : bététsa (n. f.) (i-a. bita).
Debout : chtardo (adj.) (i-a. sthā).
Déchaîné : kételos (adj. inv.) (all. Kette + all. los).
Décharge : roïmo (n. m.) (all. Raum).

Déchargé : vri ladémèn (adj. inv.) (i-a. bahih / all. laden).
Découvert : tchakémèn pré (adj. inv.) (i-a. chad / i-a. ūpar).
Dedans : drèn (adv.) (i-a. antar).
Défait : los (adj. inv.) (all. los).
Défaut : félari (n. m.) (all. Fehler).
Défunt : moulo (n. m.) (i-a. mr) / zélégo (n. m.) (all. selig).
Dégoûtant : zoudlégo (adj.) (all. Sudler).
Dehors : vri (adv.) (i-a. bahih).
Déjà : choun (adv.) (all. schon).
Délivré : vri lino (adj.) (i-a. bahih / i-a. labh).
Demain : taïsa (n. f.) (gre. ταχυα).
Démangeaison : rhántch (n. f.) (arm. կորեկը).
Démarche : djabèn (n. m.) (i-a. ja).
Démarreur (véhicule) : tsardari (n. m.) (i-a. trā).
Demi : pach (adj. inv.) (i-a. pās).
Demi-frère : chtif pral (n. m.) (all. Stief- / i-a. bhrātr).
Demi-heure : pach chtounda (n. f.) (i-a. pās / all. Stunde).
Demi-sœur : chtif pèn (n. f.) (all. Stief- / i-a. bhaginī).
Démon : chlaka (n. f.) (all. Schlacke) / trikmèn (n. m.) (all. drücken).
Dénoncé : poukrédo (adj.) (i-a. brū).
Dénonciateur : poukrémaskro (n. m.) (i-a. brū).
Dent : dánt (n. m.) (i-a. dānta).
Dentelle : chpitsla (n. f.) (all. Spitze).
Départ (véhicule) : farépèn (n. m.) (all. fahren).
Déraciné : vri raïsémèn (adj. inv.) (i-a. bahih / all. reißen).
Dernier : léchto (adj.) (als. Lätscht).
Dernier né : léchkouako (adj.).
Derrière : pal án (adv.) (i-a. para / all. an).
Des / quelques : taïl (art.) (als. dail).
Descendance : chtoufta (n. f.) (all. Stufe).
Descente : bérga télé (n. f.) (all. Berg / i-a. tala).
Désert : moulo thém (n. m.) (i-a. mr / gre. θεμα) / vichta (n. f.) (all. Wüste).
Déshabillé : rándjémèn (adj.) (all. transchieren).
Désigne quelqu'un que l'on ne veut pas nommer : ïék (pron.) (i-a. eka).
Désir : lánga (n. f.) (all. Verlangen).

Désobéissance : oungándépèn (n. m.) (all. ohne + i-a. kāna).
Désobéissant : oungándélo (adj.) (all. ohne + i-a. kāna).
Désolé (inhabité) : dézolémèn (adj. inv.) (fr. désolé) (b. s. / v. s.).
Desserré : louk (adj. inv.) (als. luck).
Dessus : pré (adv.) (i-a. ūpar).
Détruit : nirhtrémèn (adj. inv.) (all. vernichten).
Dette : choulda (n. f.) (all. Schulde).
Deuil : travra (n. f.) (all. Trauer).
Devant : glán (adv.) (i-a. āge).
Développé (corpulence) : vaksémèn (adj. inv.) (all. wachsen).
Devoir impératif / simple souhait : mou (auxil.) (all. müssen).
Diable : bénk (n. m.) (i-a. bheka) / fousouï (n. m.) (mal. fażola).
Diamant : diamánto (n. m.) (all. Diamant).
Diarrhée (vulgaire) : rhinépèn (n. m.) (gre. χύνω) / chaïsa (n. f.) (all. Scheiß).
Dieu : dévèl (n. m.) (i-a. deva).
Différence : oundéchida (n. f.) (all. Unterschied).
Différent : vavartchándès (adv.) / vavartchándo (adj.) (i-a. apara).
Difficile : pés (adj. inv.) (all. böse).
Difficulté : hartépèn (n. m.) (all. hart).
Digne de confiance : patchéno (adj.) (i-a. pratyaya).
Dimanche / semaine : kourko (n. m.) (gre. κυριακή).
Dimension : masa (n. f.) (all. Maß).
Dinde : bouldrédina (n. f.) (all. Puterhahn).
Directeur : komtirari (n. m.) (all. kommandieren).
Direction : richétounka (n. f.) (all. Richtung).
Disciple : hiéngro (n. m.) (all. Jünger).
Discipline : ortounga (n. f.) (all. Ordnung).
Diseuse de bonne aventure : doukrébaskri (v.) (gre. τυχη).
Disparu : vèk chwíndlémèn (adj. inv.) (all. weg / all. schwinden).
Dispute : chtraïta (n. f.) (all. Streit) / faïnta (n. f.) (all. Feind).
Disque (musique) : diksa (n. f.) (fr. disque) (v. s.).
Dit : péndo (adj.) (i-a. bhan).
Divin : débléskrès (adv.) / débléskro (adj.) (i-a. deva).
Divisé : ap taïlémèn (adj. inv.) (i-a. upari / all. teilen).
Division : ap taïlounga (n. f.) (i-a. upari / all. Teilung).

Docteur : doktari (n. m.) (all. Doktor).
Doctrine : lérounga (n. f.) (g. s.).
Doigt : gouchto (n. m.) (i-a. angustha).
Domestique : mirklo (n. m.) (sín. miro).
Dommage : chat (n. f.) (all. schade).
Donc (après le verbe) : mol (conjonct.) (all. mal).
Dos : doumo (n. m.) (i-a. dum) / troupo (n. m.) (ser. труп).
Double : toplémèn (adj. inv.) (all. doppelt).
Douceur : tsamépèn (n. m.) (all. zahm).
Douloureux : doukédo (adj.) (i-a. dukh).
Doute : tswaïfl (n. m.) (all. Zweifel).
Doux / doucement : lokès (adv.) (i-a. dīrgha).
Dragon : baro sap (n. m.) (i-a. vadra / i-a. sarpa) / drarho (n. m.) (all. Drache).
Drap : plarhta (n. f.) (ser. плахта).
Drapeau : fana (n. f.) (all. Fahne).
Dressé : drésémèn (adj. inv.) (fr. dresser) (v. s.).
Droit (morale) : tchatcho (adj.) (i-a. satya).
Droit / raide : chtrak (adj. inv.) (all. schräg) / krat (adj. inv.) (all. gerade).
Droit : rérhto (n. m.) (all. Recht).
Droite : tchatchi rik (n. f.) (i-a. satya / i-a. dhig).
Du dessous : téltouno (i-a. tala).
Du dessus : praltouno (i-a. ūpar).
Du milieu : machkraltouno (i-a. madhya).
Dupé : án firémèn (adj. inv.) (all. an / all. anführen).
Dur (matière) : hart (adj. inv.) (all. hart).
Duvet à l'intérieur d'un édredon : parhtouno (n. m.).

E

Eau : pani (n. m.) (i-a. pānīya).
Eau-de-vie : rhatchédi (n. f.) (gre. κατασκευαζω).
Écaille (poisson) : choupa (n. f.) (all. Schuppe).
Échalote / mandarine : bélrhidi (n. f.) (all. Belchen).
Écharde : chlitra (n. f.) (all. Splitter).

Échaudé : briédo (adj.) (all. brühen).
Échelle / marche : chtéga (n. f.) (all. Stiege).
Éclair : blitza (n. f.) (all. Blitz) / haïlégi ïak (n. f.) (all. heilig / i-a. agni).
Éclairé : klérvémèn (adj. inv.) (all. klären).
Éclaireur / ampoule : hèlari (n. m.) (all. hell).
Éclaté : chpríngémèn (adj. inv.) (all. springen).
Éclisse : china (n. f.) (all. Schiene).
École : choula (n. f.) (all. Schule).
Écorce : ríndra (n. f.) (all. Rinde).
Écrasé : chmétrémèn (adj. inv.) (all. schmettern) / razédo (adj.) (fr. écraser) (v. s.).
Écrevisse : kardini (n. f.) (gre. καραβίδα) / krépsa (n. f.) (all. Krebs).
Écrit : chraïbémèn (n. m.) (all. schreiben).
Écume / mousse : choïmo (n. m.) (all. Schaum).
Écumoire : choïmléfla (n. f.) (all. Schaumlöffel).
Écureuil : foréchka (n. f.) (p. s.) / naïrhézla (n. f.).
Édredon : parhéto (n. m.) / tsirha (n. f.) (als. Ziech).
Effort : mïa (n. f.) (all. Mühe).
Effrayé : chrékégo (adj.) (all. Schreck).
Effronté : frérh (adj. inv.) (all. frech).
Effronterie / insolence : frérhépèn (n. m.) (all. frech).
Églantines (fleurs d'églantier) : débléskré parné (pl.) (i-a. deva / i-a. pāndu).
Église : kángri (n. f.) (i-a. ghanta).
Égyptien : égiptari (n. m.) (all. Ägypter).
Électricien : éléktrikari (n. m.) (all. Elektriker) (p. s.).
Élégance : raïlépèn (n. m.) (all. reinlich).
Élégant : raïlo (adj.) (all. reinlich).
Éléphant : éléfánta (n. f.) (all. Elefant).
Embrassé : tchoumédo (adj.) (i-a. cumb).
Embrouillé / embroussaillé : houdlémèn (adj. inv.) (als. verhuddla).
Emmerdé (moralement) (vulgaire) : rhíndégo (adj.) (gre. χύνω).
Empoisonné : giftégès (adv.) / giftémèn (adj. inv.) (all. vergiften).

Emprisonné : drèn chparémèn (adj. inv.) (i-a. antar / all. sparen).
En argent (métal) : roupéno (adj.) (i-a. rūpana).
En arrière / en retour : palé (adv.) (i-a. para).
En attendant : vaïlar (adv.) (all. Weile).
En bas : télé (adv.) (i-a. tala).
En bois : kachténo (adj.) (i-a. kastha).
En bonne santé : ksount (adj. inv.) (all. gesund) / sasto (adj.) (i-a. sthāna).
En colère : rhoïémèn (adj.) (gre. χολή).
En dessous : tél án (loc.) (i-a. tala).
En diamant : diamántiko (adj.) (all. Diamant).
En été : niïalé (i-a. ni + i-a. kāla).
En fer : sastréno (adj.) (i-a. śastra).
En forme de croix / crucifié : kraïtsémèn (adj. inv.) (all. Kreuz).
En haut / au-dessus : pral (adv.) (i-a. ūpar).
En l'air : án i hèr (all. an / i-a. eka / all. Höhe).
En laine : vouléno (adj.) (all. Wolle).
En or : sonékaskro (adj.) (i-a. suvarna).
En paille : pouséno (adj.) (i-a. bāspa).
En traître : falch (adj. inv.) (all. falsch).
En vain : tchitchéské (i-a. kucha).
Enceinte (euphémisme) : naséli (adj. f.) (i-a. mā + i-a. bala) / vavartchándi (adj. f.) (i-a. apara).
Enclos : pérha (n. f.) (all. Pferch).
Enclume : lamoni (n. f.) (gre. αμόνι).
Encore : norh (adv.) (all. noch).
Encre : tínta (n. f.) (all. Tinte).
Endormi : souto (adj.) (i-a. svap).
Endroit éloigné : vándla (n. f.) (all. wandeln).
Endroit pour pondre : légra (n. f.) (all. legen).
Enduit / barbouillé : makhlémèn drèn (adj. inv.) (i-a. mraks / i-a. antar).
Énervé : narvémèn (adj. inv.) (fr. énerver) (v. s.).
Enfant (garçon) : morch tchavo (n. m.) (i-a. mūsaka / i-a. chavanā).
Enfant de Dieu : débléskro tchavo (n. m.) (i-a. deva / i-a. chavanā).

Enfant emmailloté : viklékínt (n. m.) (all. wickeln + all. Kind).
Enfer : héla (n. f.) (all. Hölle).
Enflure / urticaire : poukni (n. f.) (i-a. phumkā).
Enfoncé : chtékémèn (adj. inv.) (all. stecken).
Enfoncement : tala (n. f.) (all. Tal).
Engourdi : souto drèn (adj.) (i-a. svap / i-a. antar).
Ennemi : faïnto (n. m.) (all. Feind).
Enragé : rajémèn (adj. inv.) (fr. enragé) (v. s.).
Enroué : haïzégo (adj.) (als. haisrig).
Ensemble : kéténé (adv.) (i-a. ekathā).
Ensoleillé : khaméskro (adj.) (i-a. ghām).
Ensorcelé / enchanté : tchovarhémèn (adj. inv.) (arm. ճակատագիր) / héksémèn (adj. inv.) (all. Hexe) / vínchémèn (adj. inv.) (all. wünschen).
Ensorceleur / enchanteur : vínchari (n. m.) (all. wünschen).
Ensuite : palé (conjonct.) (i-a. para).
Enterré : paskrémèn (adj. inv.) (i-a. patākā).
Enterrement : laïrhta (n. f.) (all. Leiche).
Entortillé : rínglémèn (adj. inv.) (all. ringeln).
Entrailles / intestins : véndriïa (pl.) (i-a. antra).
Enveloppé / emmailloté : viklémèn (adj. inv.) (all. wickeln).
Envoyé : bitchédo / bitchémèn (adj.) (i-a. ksip).
Épaule : piko (n. m.) (i-a. pīth).
Épée : rharo (n. m.) (i-a. khadga).
Épicerie : lada (n. f.) (all. Laden).
Épilepsie : foulo kova (n. m.) (i-a. gūtha / i-a. lokāh).
Épinard : chpinata (n. f.) (all. Spinat).
Épine : dislo (n. m.) (als. Dissel).
Épingle : goufa (n. f.) (als. Guff).
Épingle de sûreté : chpéngla (n. f.) (all. Spindel).
Épluchure / coquille : chélta (n. f.) (all. Schale).
Éponge : chwama (n. f.) (all. Schwamm).
Épouvantail : potso (n. m.) (als. Butzamummel).
Épreuve (évangélisme) : proba (n. f.) (all. Probe).
Épuisé : mat (adj. inv.) (all. matt).
Erreur : féléba (n. m.) (all. fehlen).
Escaliers : chtégi (pl.) (all. Stiege).
Escargot : chnéko (n. m.) (all. Schnecke).

Espagne : chpanïa (n. f.) (all. Spanien).
Espagnol (langue) : chpanïoltikès (n. m.) (all. Spanien).
Espagnol : chpanïolo (n. m.) (all. Spanien).
Espérance : hofnounga (n. f.) (all. Hoffnung).
Esprit : gaïchto (n. m.) (all. Geist).
Essence (véhicule) : bénzina (n. f.) (all. Benzin).
Essieu : aksa (n. f.) (all. Achse).
Essuyé : khosémèn (adj. inv.) (i-a. ghrs).
Estomac : maga (n. f.) (all. Magen).
Estropié : kriplo (n. m.) (all. Krüppel).
Et : oun (conjonct.) (all. und).
Et ensuite : oun palé (conjonct.) (all. und / i-a. para).
Étable : chtala (n. f.) (all. Stall).
Étagère : chafta (n. f.) (als. Schàft).
Étalon : éngchto (n. m.) (all. Hengst).
Étang : véïrho (n. m.) (all. Weiher).
État : chtaltounga (n. f.) (all. Staat).
Été : niïal (n. m.) (i-a. ni + i-a. kāla).
Éternel : évégo (adj.) (all. ewig).
Étincelle : founka (n. f.) (all. Funke).
Étoile : chtarna (n. f.) (all. Stern).
Étouffant : touftégès (adv.) / touftégo (adj.) (als. Duft).
Étouffé : chtikémèn (adj. inv.) (all. sticken).
Étourdi : chouslo (adj.) (als. schussli).
Étourneau : chtoro (n. m.) (all. Star).
Étrange : hartégès (adv.) / hartégo (adj.).
Étranger : frémto (adj.) (all. fremd).
Étranglé / noyé : tasédo (adj.) (i-a. hasta).
Évadé : nachdino (adj.) (i-a. naś).
Évangile : débléskro lap (n. m.) (i-a. deva / i-a. lapa) (g. s. / h. s.).
Evènement : baro kova (n. m.) (i-a. vadra / i-a. gocara).
Expérience : érfarounga (n. f.) (all. Erfahrung) (h. s.).
Exprime l'idée de traverser : dourch (adv.) (all. durch).
Extérieur : oïzira (n. f.) (all. Äußere).

F

Facteur (campagne) : droméngro (n. m.) (gre. δρόμος).
Facteur (ville) : brifpoto (n. m.) (all. Brief + all. Bote).
Facteur : liléngro (n. m.) (i-a. likh).
Faible : chwarh (adj. inv.) (all. schwach).
Faiblesse : chwarhaïta (n. f.) (all. Schwäche).
Faim : bok (n. f.) (i-a. bubhuksita).
Fainéant : foïlo (adj.) (all. faul).
Faisan : fazana (n. f.) (all. Fasan).
Fait : kérdo (adj.) (i-a. kr).
Fameux : hartlégo (adj.) (all. herrlich).
Famille : familïa (n. f.) (all. Familie).
Fantôme malfaisant causant de nombreux méfaits aux Sínté (croyance qui tend à disparaître depuis le réveil évangélique au sein de la communauté des Sínté) : faïrémano (n. m.) (all. Feuer + all. Mann) / moulo (n. m.) (i-a. mr).
Farine : ïaro (n. m.) (i-a. ātā).
Farine cuite (sèche ou avec du lait) : ribla (n. f.).
Farouche : chaï (adj. inv.) (all. scheu).
Fatigué : khino (adj.) (i-a. khinna).
Faucheux (arachnide aux longues pattes) : rani (n. f.) (i-a. rājñī).
Faucille : zirhla (n. f.) (all. Sichel).
Faucon : falko (n. m.) (all. Falke).
Faute : doch (n. f.) (i-a. dosa).
Fauteuil : fotéïa (n. f.) (als. Fodel).
Fauvette : grasmouka (n. f.) (all. Grasmücke).
Faux (outil) : maïa (n. f.) (all. Mäher).
Faux : falch (adj. inv.) (all. falsch).
Femme (faisant partie de la communauté des Sínté) / épouse : romni (n. f.) (i-a. ramana).
Femme : djouvèl (n. f.) (i-a. yuvatī).
Femme bavarde : rétchébaskri (n. f.) (ru. жаба).
Femme ne faisant ni partie de la communauté des Sínté, ni de celle dite des gens du voyage : gadji (n. f.) (i-a. grhya) / rhali (n. f.) (i-a. khād).
Femme qui soigne en faisant des prières : makhémaskri (n. f.) (i-a. mraks).

Femme rondelette : boumbli (n. f.) (als. bummerig).
Femme sauvage (surnom) : divïétsa (n. f.) (ser. дивљи).
Fendoir (osier) : chpaltari (n. m.) (all. Spalter).
Fendu : chpaltémèn (adj. inv.) (all. spalten).
Fenêtre : fénchtra (n. f.) (all. Fenster).
Fente / cicatrice : chpalta (n. f.) (all. Spalte).
Fer / ferraille : sastar (n. m.) (i-a. śastra).
Ferme : hofa (n. f.) (all. Hof).
Fermé : tsou (adv.) (all. zu).
Fermé à clef : tsou chlislémèn (adj. inv.) (all. zu / all. Schlüssel).
Fermeture (panier) : tsoulégéba (n. m.) (all. zu).
Fermier : hofégo (adj.) (all. Hof).
Ferrailleur : sarsténgro (n. m.) (i-a. śastra).
Ferré : chlagédo (adj.) (all. schlagen).
Fesses (vulgaire) : boul (n. f.) (i-a. bul).
Fête : féchta (n. f.) (all. Fest).
Fête du pain : martiko kirbo (n. m.) (i-a. mandaka / all. Kirbe).
Fête foraine : kirbo (n. m.) (all. Kirbe).
Feu : ïak (n. f.) (i-a. agni).
Feuille : féïa (n. f.) (fr. feuille) (b. s. / v. s.).
Feuille d'arbre / feuille de papier : loïba (n. f.) (all. Laub) / patri (n. f.) (i-a. pattra).
Fève : bobo (n. m.) (ser. боб).
Fiancé : pirno (n. m.) (i-a. priyā).
Ficelle : dori (n. f.) (i-a. dōraka).
Fidèle : traï (adj. inv.) (all. treu).
Fiel : gala (n. f.) (all. Galle).
Fier : givézo (adj.) (i-a. garvita).
Figue : faïga (n. f.) (all. Feige).
Figuier : faïgtiko rouk (n. m.) (all. Feige / i-a. rūkh).
Figurine : figoura (n. f.) (all. Figur).
Fil : thap (n. m.) (per. رشته).
Fil de fer : trota (n. f.) (als. Droht).
Filet (pêche) : grana (n. f.) (all. Garn).
Filet : nétsa (n. f.) (all. Netz).
Fille : tchaï (n. f.) (i-a. sūnu).
Fillette : tín tchaï (n. f.) (sín. tikni / i-a. sūnu).

Fils / enfant : tchavo (n. m.) (i-a. chavanā).
Fils de l'Homme : ménchéskro Tchavo (n. m.) (all. Mensch / i-a. chavanā).
Fin (plan physique) : faïn (adj. inv.) (all. fein).
Fin : léchto (n. m.) (als. Lätscht).
Flamant rose : flamíngo (n. m.) (all. Flamingo) (g. s.).
Flamme : flama (n. f.) (all. Flamme).
Flanc (anatomie) : véïrha (n. f.) (all. weich).
Flasque : loumérgo (adj.) (als. lumlig).
Flatterie : chmérléna (n. f.) (all. Schmeichelei).
Fleur (arbre) : blichta (n. f.) (als. Blüascht).
Fleur : blouma (n. f.) (all. Blume).
Fleur de mai (muguet) : maïbloum (n. f.) (all. Maiblume).
Fleur sauvage : krichblouma (n. f.) (all. Christ + all. Blume).
Fleurs d'aubépine : débléskré bloumi (pl.) (i-a. deva / all. Blume).
Floraison : blichtépèn (n. m.) (als. Blüascht).
Flûte : fléta (n. f.) (all. Flöte).
Foie : bouko (n. m.) (i-a. būkkā).
Foin : khas (n. m.) (i-a. kaksa).
Foire / brocante : voula (n. f.) (all. wühlen).
Fois : molo (n. m.) (als. mol).
Folie : dinélépèn (n. m.) (i-a. dīna).
Fonceur : chisémèn (adj. inv.) (all. schießen).
Fond (panier) : podo (n. m.) (all. Boden).
Fondu : bilédo (adj.) (i-a. bilā).
Fontaine : brouna (n. f.) (all. Brunnen).
Forain (fête foraine) : kirbari (n. m.) (all. Kirbe).
Force : krafta (n. f.) (all. Kraft) / zor (n. f.) (i-a. sāra).
Forêt : véch (n. m.) (per. جنگل).
Forêt de bouleaux : birktiko véch (n. m.) (all. Birke / per. جنگل).
Forgeron : chmito (n. m.) (all. Schmied).
Forme / genre : mouchtra (n. f.) (all. Muster).
Fornication (vulgaire) : bouïbouï (n. f.) (i-a. yābha).
Fort / solide : zorélo (adj.) (i-a. sāra).
Fort : fécht (adj. inv.) (all. fest).
Fortement : fécht (adv.) (all. fest).
Fossé : grabo (n. m.) (all. Graben).

Fosse : grouba (n. f.) (all. Grube).
Fou : dinélès (adv.) / dinélo (adj.) (i-a. dīna) / narvélo (adj.) (all. Narr) / zénglo (adj.) (als. Senn) / chtérhémèn (adj. inv.) (all. stechen).
Fouet : païtcha (n. f.) (all. Peitsche).
Fougère : fornhaïda (n. f.) (all. Farn + all. Heide) / roméno pous (n. m.) (i-a. ramana / i-a. bāspa).
Fouillé : voulémèn (adj. inv.) (all. wühlen).
Foulard : diklo (n. m.).
Four : pakovo (n. m.) (all. Backofen).
Fourchette : gabla (n. f.) (all. Gabel).
Fourmi : kiri (n. f.) (i-a. kīdī).
Fourrage : foutra (n. f.) (all. Futter).
Fraîchin : loudra (n. f.).
Frais : frich (adj. inv.) (all. frisch).
Framboises / fraises : lolé mouria (pl.) (i-a. lālī / gre. μουρο).
Franc (monnaie) : fránka (n. f.) (all. Franke).
Français (langue) : valchtikès (n. m.) (all. Walisisch).
Français : valchtiko (adj.) (all. walisisch).
France : valchi (n. m.) (all. walisisch).
Frange (vêtement) : frántsla (n. f.) (all. Franse).
Frayeur : chrèk (n. m.) (all. Schreck).
Frein (véhicule) : mékanika (n. f.) (all. Mechanik) / brémzi (pl.) (all. Bremse).
Frêle / fragile : sano (adj.) (i-a. śānita).
Frelon : arnoso (n. m.) (all. Hornisse).
Frère : pral (n. m.) (i-a. bhrātr).
Frileux : groïzégo (adj.) (all. Graus).
Frise : friza (n. f.) (all. Fries) (g. s.).
Frisé : groulégo (adj.) (i-a. krul).
Frisson : groïza (n. f.) (all. Graus).
Frit : krichlémèn (adj. inv.) (all. Kruste).
Frite : frita (n. f.) (fr. frite) (v. s.).
Froid : chila (n. f.) (i-a. śīta) / chilo (adj.) (i-a. śīta).
Fromage : kiral (n. m.) (i-a. kilāta).
Fromage blanc : parno kiral (n. m.) (i-a. pāndu / i-a. kilāta) / topfa (n. f.) (all. Topf).

Fromage de chèvre : gaïzakro kiral (n. m.) (als. Gaiss / i-a. kilāta).
Fromager : kézari (n. m.) (all. Käser).
Froment / blé : véïzo (n. m.) (als. Waiza).
Front (militaire) : frónta (n. f.) (all. Front) (p. s.).
Front : kétchak (n. m.) (per. جلو).
Frontière : grénza (n. f.) (all. Grenze).
Fruit / blé : frourhta (n. f.) (all. Frucht).
Fruit : hopso (n. m.) (all. Obst) (g. s. / p. s.).
Fruits d'aubépine : débléskré brola (pl.) (i-a. deva / per. گلابی).
Fruits d'églantier : rhándjébouïa (pl.) (i-a. rās + i-a. yābha).
Fuite : flirhtéba (n. m.) (all. flüchten).
Fumée : roïrho (n. m.) (all. Rauch) / toup (n. m.) (i-a. dhūma).
Fumier / dépotoir : michto (n. m.) (all. Mist).
Furoncle : chwéro (n. m.) (all. Schwäre).
Fusil : pouchka (n. f.) (ser. пушка).

G

Gai (saoul) : dol (adj. inv.) (all. toll).
Gale : géra (pl.) (per. گال) / grínta (n. f.) (all. Grind).
Galette : plategi kourha (n. f.) (all. Kuchen) (p. s.).
Galeux : gérélo (adj.) (per. گال) / gríntégo (adj.) (all. Grind).
Gallois : valizari (n. m.) (all. Waliser) (p. s.).
Galoche : galocha (n. f.) (all. Galosche).
Gammare : gitsa (n. f.).
Ganache : ganacha (n. f.) (fr. ganache) (b. s. / v. s.).
Gants : hèndtchíngi (pl.) (als. Hanschig).
Garagiste : vagéskro (n. m.) (all. Wagen).
" Garçon manqué " : tsvitro (n. m.) (all. Zwitter).
" Gens des 7 roulottes " (relatif à l'histoire des 7 familles de Sínté vivant au début du 20ème siècle en Alsace) : éfta vagéngré (pl.) (gre. εφτά / all. Wagen).
Garçon pas débrouillard : mizégo tchavo (n. m.) (all. Mus / i-a. chavanā).
Garçonnet : toun tchavo (n. m.) (sín. tikno / i-a. chavanā).

Garde (militaire) : varha (n. f.) (all. Wache).
Garde (municipal) : chitso (n. m.) (all. Schütze).
Garde forestier : véchéskro (n. m.) (per. جنگل).
Gardon : rotoïba (n. f.) (all. Rotauge).
Gare ferroviaire : bánhofo (n. m.) (all. Bahnhof).
Gâteau : kourha (n. f.) (all. Kuchen).
Gauche : lèts (adj. inv.) (als. lenks) / lèts rik (n. f.) (als. lenks / i-a. dhig) / zérbo (adj.).
Geai : hérha (n. f.) (als. Hàher).
Géant : rizo (n. m.) (all. Riese).
Gelé : djaïdo (adj.) (i-a. jada) / frorégo (adj.) (all. frieren).
Gelée (météorologie) : frorépèn (n. m.) (all. frieren).
Gendarme / policier : klisto (n. m.) (i-a. krs).
Gendarme : chéléskro (n. m.) (all. schellen) / lolari (n. m.) (i-a. lālī) / lolé kapéngré (pl.) (i-a. lālī / all. Kappe).
Gendarmerie / commissariat : klisténgro khér (n. m.) (i-a. krs / i-a. grha).
Génération : génératsiona (n. f.) (all. Generation) (g. s.).
Genêts : brémti (pl.).
Genou : kniïa (n. f.) (all. Knie) / tcháng (n. f.) (i-a. janghā).
Gentil : kamlo (adj.) (i-a. kámala).
Geôlier : chlislari (n. m.) (all. Schlüssel).
Gésier : hart bouko (n. m.) (all. hart / i-a. būkkā).
Giboulée : routa (n. f.) (als. Kurtza).
Giboulée de mars : marts routa (n. f.) (all. März / als. Kurtza).
Gifle : tchámdini (n. f.) (i-a. jambhá).
Gilet : pántsnari (n. m.) (all. Panzer) / véchlo (n. m.) (all. Weste).
Girafe : chtrékédi mén (n. f.) (all. strecken / i-a. manyā) (v. s.).
Gironde (Bordeaux et ses alentours) : jirónda (n. f.) (fr. Gironde) (v. s.).
Glace : parho (n. m.) (gre. πάγος).
Gland (fruit) : érhla (n. f.) (all. Eichel) / pipla (n. f.) (als. Bibbala).
Glorifié (évangélisme) : praïzémèn (adj. inv.) (all. preisen).
Goda : spécialité de quelques familles (à la farine de maïs) (n. f.) (fr. gaude) (v. s.).
Gonflé : chwélémèn / chwélto (adj.) (all. schwellen).

Gorge : kourlo (n. m.) (all. Gurgel).
Gorgée : chlouko (n. m.) (all. Schluck).
Gosier : gropa (n. f.) (all. Grube).
Gourdin : héblo (n. m.) (als. Höwwel) / kniplo (n. m.) (all. Knüppel).
Goût : chmaka (n. f.) (all. Geschmack).
Goutte : chtropsa (n. f.) (all. Tropfen).
Gouttière : chtropsarétsa (n. f.) (all. Tropfen) (v. s.).
Grâce : débléskro latchépèn (n. m.) (i-a. deva / i-a. laksana) / knada (n. f.) (all. Gnade).
Grain : kérna (n. f.) (all. Kern).
Graisse (porc) : chmaltso (n. m.) (all. Schmalz).
Graisse : thoulépèn (n. m.) (i-a. thūlā).
Grammes : grami (pl.) (all. Gramm).
Grand : baro (adj.) (i-a. vadra) / bour / bro (adj. m.) (sín. baro).
Grande : bri (adj. f.) (sín. bari).
Grande chaleur : haïsépèn (n. m.) (all. heiß).
Grand-mère : mami (n. f.) (i-a. māmī).
Grand-père : papou (n. m.) (gre. παππούς).
Grange : chorna (n. f.) (ru. сарай).
Gras : dik (adj. inv.) (all. dick) / thoulo (adj.) (i-a. thūlā).
Grave : chlim (adj. inv.) (all. schlimm).
Gravement : hart (adv.) (all. hart).
Grec (langue) : grièrhtikès (n. m.) (all. Griechisch).
Grec : grièrhtiko (adj.) (all. griechisch).
Grêle : hagla (n. f.) (all. Hagel).
Grêlon : chloza (n. f.) (all. Schlosse).
Grelot : chéldra (n. f.) (all. Schelle).
Grenier : chpaïrhari (n. m.) (all. Speicher).
Grenouille : djámba (n. f.) (gre. τζάμπα) (p. s.) / frécha (n. f.) (all. Frosch).
Griffure : kratséba (n. m.) (all. kratzen).
Grillé : richtémèn (adj. inv.) (all. rösten).
Grille : rochto (n. m.) (all. rösten) (p. s.).
Grillon : grila (n. f.) (all. Grille).
Grimace : chnouta (n. f.) (all. Schnute).
Grippe / bronchite : rhasépèn (n. m.) (i-a. kāsa).
Gris : grao (adj. inv.) (all. grau).

Grive : drochla (n. f.) (all. Drossel).
Gros : péso (adj.) (i-a. pustānga).
Gros et rond : boumblégo (adj.) (als. bummerig).
Grotte : grota (n. f.) (all. Grotte).
Groupe familial : chtama (n. f.) (all. Stamm).
Grumeau : knotla (n. f.) (all. Knoten).
Guéri : haïlémèn (adj. inv.) (all. heilen).
Guérison : haïlounga (n. f.) (all. Heilung).
Guérisseur (Sínto) : haïlégo méncho (n. m.) (all. heilig / all. Mensch).
Guérisseur : drapaskro (n. m.) (i-a. dawā) (p. s.).
Guérisseur ne faisant ni partie de la communauté des Sínté, ni de celle dite des gens du voyage : haïlégo gadjo (n. m.) (all. heilig / i-a. grhya).
Guerre : krigo (n. m.) (all. Krieg).
Gueulard : goïéngro (n. m.) (i-a. gāli).
Guide : firari (n. m.) (all. Führer).
Guides (cheval) : laïtsi (pl.) (pol. lejce).
Guirlande : gwínta (n. f.) (all. Gewinn).
Guitare / contrebasse : bachrémaskri (n. f.) (i-a. bhas).
Guitare : gitara (n. f.) (all. Gitarre).
Guitariste : gitarari (n. m.) (all. Gitarre).

H

Habillé : rido (adj.) (i-a. vr).
Habillé pauvrement : tchorélo rido (i-a. ksudra / i-a. vr).
Habitude : gwanaïta (n. f.) (all. Gewohnheit).
Habitué / dressé : siklo (adj.) (i-a. śiks) / gwanémèn (adj. inv.) (all. Gewohnheit).
Hache : tovar (n. m.) (per. تبر).
Hachette : hámrésa (n. f.) (all. Hammer).
Haï : hasémèn (adj. inv.) (all. hassen).
Haie : héko (n. m.) (all. Hecke).
Haletant : kaïrhlémèn (adj. inv.) (all. keuchen).
Halte (lieu) : ánhalta (n. f.) (all. Anhalt).

Hambourgeois : hámbourgari (n. m.) (all. Hamburger).
Hameçon : ánglo (n. m.) (all. Angel).
Hamster : hámstari (n. m.) (all. Hamster).
Hanche : hifta (n. f.) (all. Hüfte).
Hangar : chopa (n. f.) (all. Schuppen).
Hanneton : maïkéfro (n. m.) (all. Maikäfer).
Hareng : héríngo (n. m.) (all. Hering).
Haricot : bona (n. f.) (all. Bohne).
Haricots verts : bónchortli (pl.) (all. Bohne + i-a. śukta) / chifléboni (pl.) (als. Schiffel + all. Bohne).
Harmonisation : harmonatsiona (n. f.) (all. Harmonisierung) (g. s.).
Harnais : chiri (pl.) (all. Geschirr).
Harpe : harfa (n. f.) (all. Harfe) (p. s.).
Harpiste : harfari (n. m.) (all. Harfe) (p. s.).
Haut : horh (adj. inv.) (all. hoch).
Hauteur : horhépèn (n. m.) (all. hoch).
Hawaiien : avaïanari (n. m.) (all. Hawaiianer) (g. s. / p. s.).
Hébreu (langue) : hébrétikès (n. m.) (all. Hebräisch).
Hébreu : hébréari (n. m.) / hébrétiko (adj.) (all. Hebräer).
Herbe : graza (n. f.) (all. Gras).
Hérisson : niglo (n. m.) (all. Igel).
Héritage : hérbrépèn (n. m.) (all. erben).
Hernie : brourha (n. f.) (all. Bruch).
Hêtre : roméno rouk (n. m.) (i-a. ramana / i-a. rūkh).
Heure : chtounda (n. f.) (all. Stunde).
Hier : taïsa (n. f.) (gre. ταχυα).
Hier soir : taïsa rati (gre. ταχυα / i-a. rātri).
Hirondelle : chwalma (n. f.) (all. Schwalbe).
Histoire : chirta (n. f.) (all. Geschichte).
Hiver : vént (n. m.) (all. Winter).
Hollandais : holándari (n. m.) (all. Holländer) (p. s.).
Hollande : holánto (n. m.) (all. Holland).
Homard : houmari (n. m.) (all. Hummer) (h. s.).
Homme (faisant partie de la communauté des Sínté) / mari : rom (n. m.) (i-a. ramana).
Homme : morch (n. m.) (i-a. mūsaka).
Homme malheureux / femme malheureuse : popo (n. m.) (all. Popel).

Homme ne faisant ni partie de la communauté des Sínté, ni de celle dite des gens du voyage : gadjo (n. m.) (i-a. grhya) / rhalo (n. m.) (i-a. khād).
Homme ne faisant pas partie de la communauté des Sínté mais de celle dite des gens du voyage (péjoratif) : pirdo (n. m.) (sín. piro) / rhulo (n. m.) (i-a. gūtha).
Homme rondelet : boumblo (n. m.) (als. bummerig).
Homosexuel : béda (péjoratif) (n. m.) (i-a. bita).
Hongrois (langue) / langue des Tsiganes originaires des pays de l'Est de l'Europe : oungartikès (n. m.) (all. Ungarisch).
Hongrois / Tsigane (homme) originaire des pays de l'Est de l'Europe : oungari (n. m.) (all. Ungar).
Hongroise / Tsigane (femme) originaire des pays de l'Est de l'Europe : oungarétsa (n. f.) (all. Ungar).
Honneur : éra (n. f.) (all. Ehre).
Honoré : érédo (adj.) (all. ehren).
Honte : latch (n. f.) (i-a. lajjā).
Hôpital : chpitala (n. f.) (all. Spital).
Horloger : ourmarhari (n. m.) (all. Uhrmacher).
Hotte : kétsa (n. f.).
Houblon : hopa (n. f.) (all. Hopfen).
Housse de couette : tsirha (n. f.) (all. Zier).
Houx : chtérhpalma (n. f.) (all. Stechpalme).
Huile : djét (n. m.) (i-a. zaitūn).
Humide : féïrht (adj. inv.) (all. feucht).
Hussard : houzari (n. m.) (all. Husar) / bángé méniéngré (pl.) (i-a. bhagna / i-a. manyā).

I

Ici : katé (adv.) (i-a. átra).
Ici et tout autour : katé kaï (i-a. atra / i-a. kva).
Il arrive (quelque chose) : péréla (i-a. pad).
Il bruine : chpritséla (all. spritzen).
Il fait frais : kréla frich (i-a. kr / all. frisch).
Il fait froid : kréla chila (i-a. kr / i-a. śīta).

Il fait humide : kréla féïrht (i-a. kr / all. feucht).
Il fait lourd : kréla chmoutégès (i-a. kr / als. schwühl).
Il fait un temps étouffant : kréla chtikédès (i-a. kr / all. sticken).
Il faut (invariable) (souvent employé avec le subjonctif) : hounti.
Il faut : togéla (all. taugen).
Il gèle : froréla (all. frieren).
Il grêle : chlozéla (all. schlossen).
Il manque : féléla (all. fehlen).
Il me manque : félél mán (v.) (all. fehlen / i-a. aham).
Il me semble : fanél mán (v.) (gre. φαίνομαι / i-a. aham).
Il neige : chnaïéla (als. schnäija).
Il pleut : déla pani (i-a. dā / i-a. pānīya) / péréla pani (i-a. pad / i-a. pānīya).
Il se trouve : tréfél pès (all. treffen).
Il semble : fanéla (gre. φαίνομαι).
Il tonne : chlagéla (all. schlagen) / tímléla (all. Donner).
Île : ínsla (n. f.) (all. Insel).
Image / photo : bilda (n. f.) (all. Bild).
Imbécile : pélari (n. m.) (sín. pélo).
Important : férlégès (adv.) / férlégo (adj.) (all. gefährlich).
Impossible : ouméglarh (adj. inv.) (all. unmöglich).
Impôts : chtaïri (pl.) (all. Steuer).
Impur : marhédo (adj.) (gre. μολύνει).
Indien (Amérique) : índianari (n. m.) (all. Indianer) (p. s.).
Indien (Inde) : índari (n. m.) (all. Inder) (p. s.).
Indique la provenance / précède le complément des formes passives et de certains verbes : foun (+ ablatif) (prép.) (all. von).
Indique le départ, l'absence / indique la continuation : fort (adv.) (all. fort).
Injecteur (véhicule) : chpritsari (n. m.) (all. Einspritzer).
Innocent : froum (adj. inv.) (all. fromm) / ounchouldigo (n. m.) (all. Unschuldige).
Inquiétude : zorga (n. f.) (all. Sorge).
Inscrit : markémèn (adj. inv.) (all. merken).
Insecte noir (nourriture du hérisson) / crotte de nez : popo (n. m.) (all. Popel).
Insecte volant : okso (n. m.) (all. Ochse).

Instant :ránda (n. f.) (all. rannte).
Instituteur / écolier : choulari (n. m.) (all. Schüler).
Institutrice / écolière : choularétsa (n. f.) (all. Schüler).
Instrument (musique) : vèrtsaïgo (n. m.) (all. Werkzeug).
Insulte : prasépèn (n. m.) (i-a. bharts).
Intelligence : godjépèn (n. m.) (i-a. grdhū).
Intelligent : godjébro (adj.) (i-a. grdhū).
Interdit : potémèn (adv.) (all. verboten).
Invité : gladémèn (adj. inv.) (all. einladen).
Irlandais : irlèndari (n. m.) (all. Irländer) (p. s.).
Irritation : vount (n. m.) (all. Wunde).
Israélite : israélito (n. m.) (all. Israelit).
Italien (langue) : italiéntikès (n. m.) (all. Italienisch).
Italien : italiénari (n. m.) (all. Italiener).

J

J'abats : zégo télé (v.) (all. sägen / i-a. tala).
J'abime : darvo (v.) (all. verderben).
J'aboie : bachro (v.) (i-a. bhas).
J'accepte : lo án (v.) (i-a. labh / all. an).
J'accompagne (instrument de musique) : haltro vri (v.) (all. aushalten / i-a. bahih).
J'accorde (instrument de musique) : chtimo (v.) (all. stimmen).
J'accorde (mariage) : do tsou (v.) (i-a. dā / all. zu).
J'accroche : hoko pré (v.) (all. Haken / i-a. ūpar).
J'achète : gino (v.) (i-a. krī).
J'ai : hi mán (v.) (i-a. hej / i-a. aham).
J'ai besoin de : brorho (v.) (all. brauchen).
J'ai chaud / j'ai de la fièvre : hitso (v.) (all. Hitze).
J'ai de la répugnance : chaïvo (v.) (all. scheuen).
J'ai du goût pour : chmakél mán (v.) (all. Geschmack / i-a. aham).
J'ai honte : ladjo (+ ablatif) (v.) (i-a. lajjā).
J'ai peur : daro (v.) (i-a. dara) / tracho (v.) (i-a. trāsa).
J'aide / je soigne : hélfro (v.) (all. helfen).

J'aiguise : chlaïfo (v.) (all. schleifen).
J'aille : knoblo án (v.) (all. Knoblauch).
J'aime : kamo (+ datif) (v.) (i-a. kāma).
J'allonge : chtréko (v.) (all. strecken).
J'allume : kro án (v.) (i-a. kr / all. an) / tsíndro án (v.) (all. zünden / all. an).
J'allume un feu (pique-feu) : kritlo (v.) (all. kritzeln).
J'amasse : lo kéténé (v.) (i-a. labh / i-a. ekathā).
J'amène : ano (v.) (i-a. ānī).
J'amollis : vaïrho (v.) (all. weichen).
J'annonce : tsaïgro (v.) (all. zeigen).
J'annonce un décès : tsaïgro án (v.) (all. zeigen / all. an).
J'appelle (téléphone) : oufro án (v.) (all. rufen / all. an).
J'appelle : kharo (v.) (i-a. khyā).
J'applaudis : plétcho (v.) (all. plätschern).
J'apprécie : féltél mán (v.) (all. gefallen / i-a. aham).
J'apprends / j'étudie : siklo (v.) (i-a. śiks).
J'appuie fort / je serre : triko (v.) (all. drücken).
J'arrache / je cueille : raïso vri (v.) (all. reißen / i-a. bahih).
J'arrête : haltro (v.) (all. halten).
J'arrive : vo án (v.) (i-a. āyā / all. an).
J'assemble : tchivo kéténé (v.) (i-a. ksip / i-a. ekathā) / zamlo (v.) (all. sammeln).
J'assois : bécho (v.) (i-a. viś).
J'attache : pándo (v.) (i-a. bandh).
J'attache en fermant : pándo tsou (v.) (i-a. bandh / all. zu).
J'attelle : chpano (v.) (all. spannen).
J'attends : haltro (+ datif) (v.) (all. halten) / vatro (+ datif) (v.) (all. warten).
J'attrape : trapo (v.) (all. ertappen).
J'avale : chlouko (v.) (all. schlucken).
J'avale d'un coup : chlouko télé (v.) (all. schlucken / i-a. tala).
J'avance : houfo glán (v.) (all. hufen).
J'avertis : do trat (v.) (i-a. dā) / varno (v.) (all. warnen).
J'échaude : brio (v.) (all. brühen).
J'éclaire : do hèl (v.) (i-a. dā / all. hell) / klérvo (v.) (all. klären).
J'éclate (en faisant du bruit) : klarho (v.) (all. krachen).
J'éclate : chpríngo (v.) (all. springen) / pario (v.) (i-a. pat).

J'éclate en m'ouvrant : klarho pré (v.) (all. krachen / i-a. ūpar).
J'économise : chparo (v.) (all. sparen).
J'écoute / j'entends : chouno (v.) (i-a. śru).
J'écrase : krazo (v.) (fr. écraser) (v. s.).
J'écris : chraïbo (v.) (all. schreiben).
J'écume / je mousse : choïmo (v.) (all. schäumen).
J'éduque : tsardo pré (v.) (i-a. trā / i-a. ūpar).
J'élargis : braïto (v.) (all. breiten) / kro braït (v.) (i-a. kr / all. breit).
J'élève : hado pré (v.) (i-a. ūrdhvam / i-a. ūpar).
J'emballe : pako pré (v.) (all. packen / i-a. ūpar).
J'embrasse (enfant) : mimo (v.).
J'embrasse : tchoumo (v.) (i-a. cumb).
J'embrouille : chmiro télé (v.) (all. anschmieren / i-a. tala).
J'empoche : rántsiro (v.) (all. Ranzen).
J'empoisonne : gifto (v.) (all. vergiften).
J'emporte : ano fort (v.) (i-a. ānī / all. fort).
J'énerve : narvo (v.) (fr. énerver) (v. s.).
J'enfante : tchivo ap o vélto (v.) (i-a. ksip / i-a. upari / i-a. ó / all. Welt).
J'enfile : chloupo (v.) (als. Schlupf).
J'enfonce (marteau) : triko drèn (v.) (all. drücken / i-a. antar).
J'enfonce : chtéko (v.) (all. stecken) / do drèn (v.) (i-a. dā / i-a. antar) / zínko (v.) (all. sinken).
J'enlève (vêtement) : rándjo vri (v.) (all. transchieren / i-a. bahih).
J'enlève : lo télé (v.) (i-a. labh / i-a. tala) / lo vèk (v.) (i-a. labh / all. weg).
J'ensorcelle : hékso (v.) (all. Hexe) / tchovarho (v.) (arm. ճակատագիր).
J'enterre (suivi de l'incendie de la caravane) : paskro (v.) (i-a. patākā).
J'entortille : rínglo (v.) (all. ringeln).
J'entre : djo drèn (v.) (i-a. ja / i-a. antar).
J'enveloppe / j'emmaillote : viklo (v.) (all. wickeln).
J'envoie : bitcho (v.) (i-a. ksip).
J'épingle : goufo án (v.) (als. Guff / all. an).
J'épluche : chlaïzo (v.) (all. schleißen).

J'épointe : chtoumpfo (v.) (all. Stumpf).
J'essaye : proviro (v.) (all. probieren).
J'essuie : khoso (v.) (i-a. ghrs).
J'éteins : kro vri (v.) (i-a. kr / i-a. bahih).
J'étonne : voundro (v.) (all. wundern).
J'étrangle / je noie : taso (v.) (i-a. hasta).
J'étrangle : chtiko (v.) (all. sticken).
J'évite : véro (+ datif) vri (v.) (all. wehren / i-a. bahih).
J'excuse : tsaïro (v.) (all. zeihen).
J'explose : chwolo pré (v.) (all. schwellen / i-a. ūpar).
J'habite : vono (v.) (all. wohnen).
J'halète : kaïrhlo (v.) (all. keuchen).
J'hâte : toumlo (v.) (all. tummeln).
J'hennis : ínro (v.) (all. wiehern).
J'hérite : hérbro (v.) (all. erben).
J'honore : éro (v.) (all. ehren).
J'inscris : markiro (v.) (all. merken).
J'insulte : praso (v.) (i-a. bharts).
J'invite : glado (v.) (all. einladen).
J'obéis : gándo (v.) (i-a. kāna).
J'ose : travo (v.) (all. trauen).
J'oublie : bistro (v.) (i-a. bisar).
J'ouvre (avec les dents) : dándro pré (v.) (i-a. dānta / i-a. ūpar).
J'ouvre : kro pré (v.) (i-a. kr / i-a. ūpar).
J'ouvre en coupant : tchino pré (v.) (i-a. chid / i-a. ūpar).
J'ouvre en déchirant : raïso pré (v.) (all. reißen / i-a. ūpar).
J'urine : moutro (v.) (i-a. mūtra).
Jalousie : zilbépèn (n. m.) (gre. ζήλια).
Jamais : nigar (adv.) (all. nie + all. gar).
Jamais de la vie : nimour léva (all. nie in meinem Leben).
Jambe : héri (n. f.) (i-a. hadda).
Jambe d'acier : chtolfous (n. m.) (all. Stahl + all. Fuß).
Jambon / cuisse : chounka (n. f.) (all. Schinken).
Japonais : japanari (n. m.) (all. Japaner).
Jardin : garta (n. f.) (all. Garten).
Jardinier : gartnari (n. m.) (all. Gärtner).
Jaune : djilto (adj.) (pol. żółty).
Jaunisse : girzoulta (n. f.) (all. Gelbsucht).

Je baigne : padro (v.) (all. baden).
Je baisse : kro télé (v.) (i-a. kr / i-a. tala).
Je balaie : fégo vri (v.) (all. ausfegen / i-a. bahih).
Je baptise (évangélisme) : tofo / toïfo (v.) (all. taufen) / batizo (v.) (fr. baptiser) (b. s. / v. s.).
Je bas : kouro (v.) (i-a. kutt).
Je bâtis : povro (v.) (all. bauen).
Je bave : bavo (v.) (fr. baver) (b. s. / v. s.).
Je bénis : véïro (v.) (all. weihen).
Je berce : chwánko (v.) (all. schwanken) / goundjo (v.) (it. culla) / véglo (v.) (all. Waage).
Je blasphème : flourho (v.) (all. fluchen).
Je bois / je fume : pio (v.) (i-a. pā).
Je boite : djo bángo (v.) (i-a. ja / i-a. bhagna).
Je brille : chaïno (v.) (all. scheinen) / chtralo (v.) (all. strahlen) / glitsro (v.) (all. glitzern).
Je brise : chmétro (v.) (all. schmettern).
Je brosse : bichro (v.) (als. birschte).
Je brûle : rhatcho (v.) (gre. κατασκευαζω).
Je cabre : poko (v.) (all. bocken).
Je cache : garo (v.) (i-a. gah).
Je caramélise : broïno (v.) (all. bräunen).
Je casse : pago (v.) (i-a. bhañj).
Je change / j'échange : hándlo (v.) (all. handeln).
Je change : chánjiro (v.) (als. schàngeere).
Je chante : givo (v.) (i-a. gītā).
Je charge (arme) : richto (v.) (all. rüsten).
Je charge : lado (v.) (all. laden).
Je chasse : ïarhto (v.) (all. jagen).
Je chatouille : kritso (v.) (all. kritzeln).
Je chauffe : tatcho (v.) (i-a. tap).
Je cherche : rodo (v.) (i-a. ruh).
Je cherche ma nourriture : chnopévo (v.) (all. schnappen).
Je chine : mángo (vente au porte à porte) (v.) (i-a. mārg).
Je choisis : rodo vri (v.) (i-a. ruh / i-a. bahih).
Je chute : péro télé (v.) (i-a. pad / i-a. tala).
Je claque des dents / je craque : krarho (v.) (all. krachen).
Je cloue : naglo (v.) (all. nageln).

Je cogne de la tête (à la manière d'un bouc) : boko (v.) (all. bocken).
Je colle : klévo (v.) (als. klawe).
Je commande / je fais la commande de : komtiro (v.) (all. kommandieren) / chalto (v.) (all. schalten).
Je commence : fángro án (v.) (all. anfangen / all. an).
Je comprends / je ressens : haïvo (v.) (i-a. khyāna).
Je compte (argent) : gino (v.) (i-a. gan).
Je compte : tsélo (v.) (all. zählen).
Je conjure : brorho (v.) (yid. בענטשן).
Je connais / je reconnais : bríndjo (v.) (i-a. jñā).
Je considère : diko án (v.) (i-a. drs / all. an).
Je couche : pacho (v.) (i-a. pās).
Je couds : sivo (v.) (i-a. sīv).
Je coule : rino (v.) (all. rinnen).
Je coupe : tchino (v.) (i-a. chid).
Je coupe avec une paire de ciseaux : chéro (v.) (all. scheren).
Je courbe : bigo (v.) (all. biegen).
Je cours : nacho (v.) (i-a. naś).
Je coûte : kouchto (v.) (all. kosten).
Je couve : bridlo (v.) (all. brüten).
Je couvre / j'abrite : tchako tsou (v.) (i-a. chad / all. zu).
Je crache / je bave : tchoungro (v.) (i-a. thūk).
Je crève (pneu) : fréko (v.) (all. verrecken).
Je crève : pario pré (v.) (i-a. pat / i-a. ūpar).
Je cris : do goïi (v.) (i-a. da / i-a. gāli).
Je critique : rako ap (+ datif) (v.) (i-a. vac / i-a. upari).
Je critique quelqu'un : rako ap komonésté (i-a. vac / i-a. upari / i-a. kaścit).
Je crois : patcho (v.) (i-a. pratyaya).
Je croise l'épée : képro (v.) (all. köpern).
Je crucifie : kraïtso (v.) (all. kreuzen).
Je danse : khélo (v.) (i-a. khel).
Je déborde : djo pral (v.) (i-a. ja / i-a. ūpar).
Je débranche : triko vèk (v.) (all. drücken / all. weg).
Je décharge : lado vri (v.) (all. laden / i-a. bahih).
Je déchiquette : ropo (v.) / raïso télé (v.) (all. reißen / i-a. tala).
Je déchire : raïso (v.) (all. reißen).

Je découpe : tchino vri (v.) (i-a. chid / i-a. bahih).
Je découvre / j'enlève la couverture : tchako pré (v.) (i-a. chad / i-a. ūpar).
Je défais : kro los (v.) (i-a. kr / all. los).
Je défends (parole) : véro (v.) (all. wehren).
Je défèque (vulgaire) : rhino (v.) (gre. χύνω).
Je dégorge : do vèk (v.) (i-a. dā / all. weg).
Je délie : pándo pré (v.) (i-a. bandh / i-a. ūpar).
Je demande : boutcho (v.) (i-a. praś) / mángo (v.) (i-a. mārg).
Je démarre : djo án (v.) (i-a. ja / all. an).
Je démêle : ángro vri (v.) (i-a. snā / i-a. bahih).
Je dénonce : poukro (v.) (i-a. brū).
Je dépéris : tséro vri / zirho vri (v.) (all. zehren / i-a. bahih).
Je dépouille (hérisson, poule,...) : mouro (v.) (i-a. mundayati) / pélso télé (v.) (all. Pelz / i-a. tala).
Je dérobe : chmouko (v.) (all. schmuggeln).
Je descends : djo télé (v.) (i-a. ja / i-a. tala) / vo télé (v.) (i-a. āyā / i-a. tala).
Je descends de voiture : chtaïgo télé (v.) (all. steigen / i-a. tala).
Je désire : lángo (v.) (all. verlangen).
Je dételle : chpano vri (v.) (all. spannen / i-a. bahih).
Je détruis : chtértso (v.) (all. stürzen) / nirhtro (v.) (all. vernichten).
Je deviens : vo (v.) (i-a. āyā).
Je dévore : fréso (v.) (all. fressen).
Je dis : péno (v.) (i-a. bhan).
Je disparais : chwíndlo vèk (v.) (all. schwinden / all. weg).
Je dois : dévro (v.) (fr. devoir) (b. s. / p. s. / v. s.).
Je donne / je frappe : do (v.) (i-a. dā).
Je donne / je rends : do vri (v.) (i-a. dā / i-a. bahin).
Je donne à boire : do té pil (v.) (i-a. dā / i-a. te / i-a. pā).
Je donne à chacun : do akounéské (v.) (i-a. dā / ser. сваки).
Je donne à manger : do té rhal (v.) (i-a. dā / i-a. te / i-a. khād).
Je donne du fourrage à : fitro (v.) (all. füttern).
Je dors : sovo (v.) (i-a. svap).
Je doute : tswaïflo (v.) (all. zweifeln).
Je dresse : dréso (v.) (fr. dresser) (v. s.).
Je dupe : firo án (v.) (all. anführen / all. an).

Je fais : kro (i-a. kr).
Je fais attention : do arhta (v.) (i-a. dā / all. Achtung) / riko mán (v.) (i-a. raks / i-a. aham).
Je fais boire : trínko (v.) (all. trinken).
Je fais bouillir : brio télé (v.) (all. brühen / i-a. tala) / kérvo télé (v.) (i-a. ghr / i-a. tala).
Je fais crédit : kro zïán (v.) (i-a. kr / i-a. jiyān).
Je fais cuire (grille) : béko (v.) (all. backen).
Je fais cuire : kérvo (v.) (i-a. ghr) / péko (v.) (i-a. pāka).
Je fais de grandes enjambées : chtapo (v.) (all. stapfen).
Je fais de l'œil : do ïakara (v.) (i-a. dā / i-a. aksa).
Je fais du commerce / je change de l'argent : paro (v.) (i-a. pari).
Je fais frire : krichlo (v.) (all. Kruste).
Je fais griller : richto (v.) (all. rösten).
Je fais l'amour (vulgaire) : boro (v.) (i-a. bhū).
Je fais la bise : moutso (v.) (all. mucksen).
Je fais le clown (cirque, fête foraine,…) : kro o divïo (n. m.) (i-a. kr / i-a. ó / ser. дивљи).
Je fais les lignes de la main : doukro (v.) (gre. τυχη).
Je fais mal : douko (v.) (i-a. dukh).
Je fais partir : trado fort (v.) (i-a. tarj / all. fort).
Je fais reposer : roro vri (v.) (i-a. bahih).
Je fais semblant : kro mín (v.) (i-a. kr).
Je fais serment : do mán sovél (v.) (i-a. dā / i-a. aham / i-a. śap).
Je fais signe : vínko (v.) (all. winken).
Je fais sortir : ano vri (v.) (i-a. ānī / i-a. bahih).
Je fais traverser / je fais passer : ano dourch (v.) (i-a. ānī / all. durch).
Je fatigue : khino (v.) (i-a. khinna).
Je fends : chpalto (v.) (all. spalten) / tchino dourch (v.) (i-a. chid / all. durch).
Je fends en déchirant : raïso dourch (v.) (all. reißen / all. durch).
Je ferme (panier) : légo tsou (v.) (all. legen / all. zu).
Je ferme (paquet) : pako tsou (v.) (all. packen / all. zu).
Je ferme : kro tsou (v.) (i-a. kr / all. zu).
Je ferme à clef : chlislo tsou (v.) (all. Schlüssel / all. zu).
Je ferme en clouant : naglo tsou (v.) (all. nageln / all. zu).

Je ferre (cheval) : chlago (v.) (all. schlagen).
Je filtre : zigo (v.) (all. sieben).
Je finis : finiro (v.) (fr. finir) (v. s.).
Je flaire : chmako (v.) (als. Schmäcker) / soungo (v.) (i-a. śiñj).
Je flambe : flamo (v.) (all. Flamme).
Je flatte / je caresse : flatiro (v.) (fr. flatter) (b. s. / p. s. / v. s.).
Je fonce : chiso (v.) (all. schießen).
Je fonds : bilo (v.) (i-a. bilā).
Je fouette : païtcho (v.) (all. peitschen).
Je fouine : chnouflo (v.) (all. schnüffeln).
Je frappe à la porte : toplo (v.) (als. bobbla).
Je freine : brémzo (v.) (all. bremsen).
Je frémis : chlodro (v.) (all. schlottern).
Je frissonne : tsouko (v.) (all. zucken).
Je frotte : réïbo (v.) (all. reiben).
Je gagne / je devine : gwino (v.) (all. gewinnen).
Je gagne : dínro (v.) (all. verdienen).
Je gambade : pokévo (v.) (all. bocken).
Je garde : riko (v.) (i-a. raks).
Je gèle : djaïo (v.) (i-a. jada).
Je gémis : krékso (v.) (all. krächzen).
Je gêne : híndro (v.) (all. hindern).
Je gifle : tchamédo (v.) (i-a. jambhá).
Je glisse : routcho (v.) (all. rutschen).
Je glorifie (évangélisme) : praïzo (v.) (all. preisen).
Je gonfle : chwolo (v.) (all. schwellen).
Je goûte : zourho (v.) (all. suchen).
Je graisse / je soigne en faisant des prières : makho (v.) (i-a. mraks).
Je grandis : vakso (v.) (all. wachsen) / vo baro (v.) (i-a. āyā / i-a. vadra).
Je gratte / je griffe : kratso (v.) (all. kratzen) / rándo (v.) (i-a. rās).
Je grimace : chnouto (v.) (all. Schnute).
Je grimpe : chtaïgo (v.) (all. steigen) / grablo (v.) (all. krabbeln).
Je guéris : haïlo (v.) (all. heilen).
Je guide : firo (v.) (all. führen).
Je hais : haso (v.) (all. hassen).

Je jaillis : kwalo (v.) (all. quellen).
Je jalouse : zilbo (v.) (gre. ζήλια).
Je jette : tchivro (v.) (i-a. ksip) / vitso (v.) (i-a. vic).
Je jeûne : fachtro (v.) (all. fasten).
Je joue (instrument de musique) : bachro (v.) (i-a. bhas).
Je joue : chpilo (v.) (all. spielen).
Je joue aux cartes : karto (v.) (all. Karte).
Je joue du violon : géïgo (v.) (all. Geige).
Je juge : rirhto (v.) (all. richten).
Je jure : chwéro télé (v.) (all. schwören / i-a. tala).
Je jure sur les défunts : kocho (v.) (i-a. kutsā).
Je lace : tsogo (v.) (all. zügeln).
Je lâche : mouko los (v.) (i-a. muc / all. los).
Je laisse : mouko (v.) (i-a. muc).
Je lapide : chtaïno (v.) (all. Stein).
Je lave : thovo (v.) (i-a. dhāv).
Je lèche : chléko (v.) (all. schlecken).
Je lève : hado (v.) (i-a. ūrdhvam).
Je libère : lo vri (v.) (i-a. labh / i-a. bahih).
Je lis : lézo télé (v.) (all. lesen / i-a. tala).
Je livre : lifro (v.) (all. liefern).
Je louche : diko chèl (v.) (i-a. drs / all. scheel) / hi mán bángé ïaka (v.) (i-a. hej / i-a. aham / i-a. bhagna / i-a. aksa).
Je loue (éloge) : lovro (v.) (all. loben).
Je loue : lénlo (v.) (als. lehna).
Je loupe : riflo (v.) (all. verfehlen).
Je m'accroche : hoko mán (v.) (all. Haken / i-a. aham).
Je m'agenouille : kniko mán (v.) (all. knicken / i-a. aham).
Je m'agite / je fouille : voulo (v.) (all. wühlen).
Je m'agrippe à : kraïfo mán án ap (v.) (all. greifen / i-a. aham / all. an / i-a. upari).
Je m'allonge : chtréko mán (v.) (all. strecken / i-a. aham).
Je m'amuse : chpilo mángé (v.) (all. spielen / i-a. aham).
Je m'appelle : kharo mán (v.) (i-a. khyā / i-a. aham).
Je m'apprends : siklo mán (v.) (i-a. śiks / i-a. aham).
Je m'approche : vo norh (v.) (i-a. āyā / all. noch).
Je m'arrête : haltro mán (v.) (all. halten / i-a. aham).
Je m'assois : bécho mán (v.) (i-a. viś / i-a. aham).

Je m'effraye : chréko mán (v.) (all. erschrecken / i-a. aham).
Je m'élargis : braïto mán (v.) (all. breiten / i-a. aham).
Je m'élève (spirituellement) : hado mán pré (v.) (i-a. ūrdhvam / i-a. aham / i-a. ūpar).
Je m'empoisonne : gifto mán (v.) (all. vergiften / i-a. aham).
Je m'en doute : biltro mángé drèn (all. bilden / i-a. aham / i-a. antar).
Je m'en fiche : do bout (v.) (i-a. dā / i-a. bahútitha).
Je m'en vais (véhicule) : faro mángé (v.) (all. fahren / i-a. aham).
Je m'en vais : djo mángé (v.) (i-a. ja / i-a. aham) / djo vèk (v.) (i-a. ja / all. weg).
Je m'en vais vite : chnarho fort (v.) (all. schnarchen / all. fort).
Je m'endors : chlofo mángé (v.) (als. Schloof / i-a. aham) / sovo drèn (v.) (i-a. svap / i-a. antar).
Je m'enfonce : zínko mán (v.) (all. sinken / i-a. aham).
Je m'enfuis : flirhto (v.) (all. flüchten) / nacho mángé (v.) (i-a. naś / i-a. aham).
Je m'engage : chprérho mán (v.) (all. sprechen / i-a. aham).
Je m'enlise : zoumpo drèn (v.) (all. Sumpf / i-a. antar).
Je m'ennuie : laïdo mángé (v.) (all. leiden / i-a. aham).
Je m'entortille / je tourne en rond : rínglo mán (v.) (all. ringeln / i-a. aham).
Je m'excuse : tsaïro mán (v.) (all. zeihen / i-a. aham).
Je m'habille : rivo mán (v.) (i-a. vr / i-a. aham).
Je m'habitue : gwanaïto mán (v.) (all. Gewohnheit / i-a. aham).
Je m'humilie : kniko mán télé (v.) (all. knicken / i-a. aham / i-a. tala).
Je m'obscurcis : tounklo mán (v.) (all. dunkel / i-a. aham).
Je mâche : tchamo (v.) (i-a. cab).
Je mange / je dépense : rho (v.) (i-a. khād).
Je mange entièrement : rho vèk (v.) (i-a. khād / all. weg).
Je mange sur quelqu'un (je ne le laisse pas en paix) : rho mán ap komonésté (v.) (i-a. khād / i-a. aham / i-a. upari / i-a. kaścit).
Je mange volontiers : rho garn (v.) (i-a. khād / all. gern).
Je marche : piro (v.) (i-a. pad).
Je mastique : chmako (v.) (all. schmecken).
Je me baigne : padro mán (v.) (all. baden / i-a. aham).

Je me baisse : pouko mán télé (v.) (all. bücken / i-a. aham / i-a. tala).
Je me bats : kouro mán (v.) (i-a. kutt / i-a. aham) / maro mán (v.) (i-a. mār / i-a. aham).
Je me blottis : tsouko mán (v.) (all. zucken / i-a. aham).
Je me brûle : brénto mán (v.) (all. brennen / i-a. aham) / rhatcho mán (v.) (gre. κατασκευαζω / i-a. aham).
Je me chauffe : tatcho mán (v.) (i-a. tap / i-a. aham).
Je me cogne contre : chtoso mán ap (v.) (all. stoßen / i-a. aham / i-a. upari).
Je me commande : komtiro mán (v.) (all. kommandieren / i-a. aham).
Je me considère : lo mán (v.) (i-a. labh / i-a. aham).
Je me couche : pacho mán (v.) (i-a. pās / i-a. aham).
Je me courbe : bigo mán (v.) (all. biegen / i-a. aham).
Je me couvre / je m'abrite : tchako mán tsou (v.) (i-a. chad / i-a. aham / all. zu).
Je me débrouille : lo mán vri (v.) (i-a. labh / i-a. aham / i-a. bahih).
Je me défends (parole) : véro mán (v.) (all. wehren / i-a. aham).
Je me déshabille : rándjo mán vri (v.) (all. transchieren / i-a. aham / i-a. bahih).
Je me dessaisis : do hèr (v.) (i-a. dā / all. herausgeben).
Je me détourne de quelqu'un : riso mángé foun komonéstar (i-a. vrt / i-a. aham / all. von / i-a. kaścit).
Je me dispute : chtraïto (v.) (all. streiten).
Je me donne / je me frappe : do mán (v.) (i-a. dā / i-a. aham).
Je me donne en amour (pas sérieux) : do mán télé (v.) (i-a. dā / i-a. aham / i-a. tala).
Je me fais du souci : kro mán vri (v.) (i-a. kr / i-a. aham / i-a. bahih).
Je me fais mal : douko mán (v.) (i-a. dukh / i-a. aham).
Je me fatigue : khino mán (v.) (i-a. khinna / i-a. aham).
Je me frotte : réïbo mán (v.) (all. reiben / i-a. aham).
Je me glisse : chloupo mán (v.) (als. Schlupf / i-a. aham).
Je me hâte : toumlo mán (v.) (all. tummeln / i-a. aham).
Je me jure sur les défunts : kocho mán (v.) (i-a. kutsā / i-a. aham).

Je me lâche (diarrhée) (vulgaire) : rhino mán (v.) (gre. χύνω / i-a. aham).
Je me lâche / je pète : do mán los (v.) (i-a. dā / i-a. aham / all. los).
Je me laisse : mouko mán (v.) (i-a. muc / i-a. aham).
Je me lave : thovo mán (v.) (i-a. dhāv / i-a. aham).
Je me lève : chtélo pré (v.) (all. stehen / i-a. ūpar) / chto pré (v.) (all. stehen / i-a. ūpar) / hado mán (v.) (i-a. ūrdhvam / i-a. aham) / tcho pré (v.) (i-a. rch / i-a. ūpar).
Je me libère (ensorcellement) : lézo mán (v.) (all. lösen / i-a. aham).
Je me marie : biïo mán (v.) (i-a. vivāha / i-a. aham) / romdiro mán (v.) (i-a. ramana / i-a. aham).
Je me mets : tchivo mán (v.) (i-a. ksip / i-a. aham).
Je me moque : outso mán (v.) (als. ützа / i-a. aham) / so foun (v.) (i-a. has / all. von).
Je me moque à mon aise : outso mán vri (v.) (als. ützа / i-a. aham / i-a. bahih).
Je me moque de : chpotévo (v.) (all. spotten).
Je me mouche : chnitso mán (v.) (als. schnitza / i-a. aham).
Je me noie : taso mán (v.) (i-a. hasta / i-a. aham).
Je me nourris : néro mán (v.) (all. nähren / i-a. aham).
Je me pardonne : tsaïro mán télé (v.) (all. zeihen / i-a. aham / i-a. tala).
Je me peigne : ángro mán (v.) (i-a. snā / i-a. aham).
Je me pends : blado mán (v.) (i-a. lamb / i-a. aham).
Je me plains : glago mán (v.) (all. klagen / i-a. aham).
Je me précipite : réno (v.) (all. rennen).
Je me promène : chpatsiro mán (v.) (all. spazieren / i-a. aham) / vándlo (v.) (all. wandeln).
Je me prosterne : nidro mán (v.) (all. nieder- / i-a. aham).
Je me prostitue (vulgaire) : houro mán (v.) (all. huren / i-a. aham).
Je me querelle : tchíngro mán (v.) (i-a. cītkāra / i-a. aham).
Je me rappelle : téngrél mán (all. denken / i-a. aham).
Je me rase : raziro mán (v.) (all. rasieren / i-a. aham).
Je me régale / je me rassasie : tchalo mán (v.) (i-a. khād / i-a. aham).

Je me renverse : péro troumal (v.) (i-a. pad / i-a. dūram).
Je me repose : khino mán vri (v.) (i-a. khinna / i-a. aham / i-a. bahih) / rouho mán (v.) (all. ruhen / i-a. aham).
Je me retiens : hébro mán (v.) (all. anheben / i-a. aham).
Je me retourne : riso mán palé (v.) (i-a. vrt / i-a. aham / i-a. para).
Je me retrouve : péro mángé (v.) (i-a. pad / i-a. aham).
Je me réveille : djángo mán (v.) (i-a. jāgar / i-a. aham) / djángo mán pré (v.) (i-a. jāgar / i-a. aham / i-a. ūpar).
Je me sauve : lo mán nikli (v.) (i-a. labh / i-a. aham / i-a. nikāl).
Je me sèche : chouko mán (v.) (i-a. śuska / i-a. aham).
Je me secoue : chitlo mán (v.) (all. schütteln / i-a. aham).
Je me sens : haïvo mán (v.) (i-a. khyāna / i-a. aham).
Je me soucie de : kímro mán (+ ablatif) (v.) (all. kümmern / i-a. aham).
Je me suspends / je me penche : héngo mán (v.) (all. hängen / i-a. aham).
Je me tiens muet : chtoumo (v.) (all. stumm).
Je me tourne / je me transforme : riso mán (v.) (i-a. vrt / i-a. aham).
Je me traîne : chlaïfo mán (v.) (all. schleifen / i-a. aham).
Je me transforme : vándlo mán (v.) (all. wandeln / i-a. aham).
Je me transforme en bouillie : mizo (v.) (all. Mus).
Je me trompe / je manque : félo (v.) (all. fehlen).
Je me trouve : atso mán (v.) (i-a. aś / i-a. aham).
Je me vante : charo mán (v.) (i-a. śravas / i-a. aham).
Je me vautre : valslo mán (v.) (all. wälzen / i-a. aham).
Je mélange : chmiro (v.) (all. schmieren).
Je mendie : mángo blot (v.) (i-a. mārg / all. bloß).
Je mens : rhorho (v.) (i-a. khakh).
Je mesure : méso (v.) (all. messen).
Je mets : tchivo (v.) (i-a. ksip).
Je mets à la porte : traïbo vri (v.) (all. treiben / i-a. bahih).
Je meurs : méro (v.) (i-a. mārī).
Je meurs de rire : méro foun o sabèn (v.) (i-a. mārī / all. von / i-a. ó / i-a. has).
Je moisis : chímlo (v.) (all. Schimmel).
Je monte (panier) : zétso (v.) (all. setzen).

Je monte : djo pré (v.) (i-a. ja / i-a. ūpar).
Je monte à cheval : kliso (v.) (i-a. krs).
Je monte en voiture : chtaïgo pré (v.) (all. steigen / i-a. ūpar).
Je montre : sikro (v.) (i-a. śiks).
Je mords : dándro (v.) (i-a. dānta).
Je mouche : chnitso (v.) (als. schnitza).
Je mouds : malo (v.) (all. mahlen).
Je murmure : broumo (v.) (all. brummen).
Je nage : chwimo (v.) (all. schwimmen).
Je nais : vo ap o vélto (v.) (i-a. āyā / i-a. upari / i-a. ó / all. Welt).
Je ne laisse rien paraître : sikro tchi vri (v.) (i-a. śiks / i-a. kucha / i-a. bahih).
Je nettoie / j'épluche : poutso (v.) (all. putzen).
Je nettoie : rénïo (v.) (all. reinigen).
Je nie / je renie : laïglo (v.) (all. leugnen).
Je nourris : néro (v.) (all. nähren).
Je pais : vaïdo (v.) (all. weiden).
Je pardonne : tsaïro télé (v.) (all. zeihen / i-a. tala).
Je paresse / je néglige : foïloso (v.) (all. faulenzen).
Je parie : vétro (v.) (all. wetten).
Je parle : rako (v.) (i-a. vac).
Je pars (véhicule) : faro (v.) (all. fahren).
Je partage : taïlo (v.) (all. teilen).
Je parviens : vo paï (v.) (i-a. āyā / all. bei).
Je passe / je tends : lángo (v.) (all. langen) / nako (v.) (i-a. nāknā).
Je paye : plésro (v.) (ser. платити).
Je pêche : chifro / fichro (v.) (all. fischen) / matchro (v.) (i-a. matsya).
Je pèche : zíndro (v.) (all. Sünde).
Je peigne : ángro (v.) (i-a. snā).
Je peins : chtrérho án (v.) (all. streichen / all. an) / farbo án (v.) (all. färben / all. an).
Je pèle (osier) : chélo (v.) (all. schälen).
Je penche : héngo télé (v.) (all. hängen / i-a. tala).
Je pends : blado (v.) (i-a. lamb).
Je pense : téngro (v.) (all. denken).

Je perds : nachro (v.) (i-a. naś).
Je persévère / j'endure : hébro vri (v.) (all. heben / i-a. bahih).
Je persuade : tsvíngro (v.) (all. zwingen).
Je pèse : vigo (v.) (all. wiegen).
Je pète (vulgaire) : do rïa (v.) (i-a. dā / i-a. ric).
Je photographie : molo télé (v.) (all. malen / i-a. tala).
Je piétine : chtako (v.) (all. staken).
Je pince / je griffe : pétso (v.) (als. pfatza).
Je pince : klémo (v.) (all. klemmen).
Je pioche : hako (v.) (all. hacken).
Je pique : chtérho (v.) (all. stechen).
Je place : chtélo (v.) (all. stellen) / plasiro (v.) (all. Platz).
Je plaisante : kro chpasa (v.) (i-a. kr / all. Spaß).
Je plante : flántsro (v.) (all. pflanzen).
Je pleure : rovo (v.) (i-a. rud).
Je pompe / je pulvérise : chpritso (v.) (all. spritzen).
Je porte : hidjo (v.) (i-a. lejā).
Je pourris : foïlo (v.) (all. faulen).
Je pousse : chtoso (v.) (all. stoßen) / chtoupo (v.) (als. schupfa).
Je prêche (évangélisme) : ano o Débléskro lap (v.) (i-a. ānī / i-a. ó / i-a. deva / i-a. lapa).
Je prends (habit) : rivo (v.) (i-a. vr).
Je prends : lo (v.) (i-a. labh).
Je prends à la sauvette : chnapo (v.) (all. schnappen).
Je prends courage : lo dji (v.) (i-a. labh / i-a. jiya).
Je presse dans le but de faire sortir quelque chose : triko vri (v.) (all. drücken / all. weg).
Je prête : lénro (v.) (als. lehna).
Je prie : pétro (+ datif) (v.) (all. beten).
Je profite (santé) : lo tsou (v.) (i-a. labh / all. zu).
Je promène : chpatsiro (v.) (all. spazieren).
Je promets : chprérho (v.) (all. sprechen).
Je puise : chépro vri (v.) (all. schöpfen / i-a. bahih).
Je punis : chtrofo (v.) (all. strafen).
Je querelle : héndlo (v.) (all. Händel) / tchíngro (v.) (i-a. cītkāra).
Je raccommode : flikévo (v.) (all. flicken).
Je raconte : gino drèn (v.) (i-a. khyā / i-a. antar).

Je ramasse (pour mettre à l'abri) : lo pré (v.) (i-a. labh / i-a. ūpar).
Je ramasse / j'encourage : hado pré (v.) (i-a. ūrdhvam / i-a. ūpar).
Je ramasse : afro pré (v.) (all. aufraffen / i-a. ūpar).
Je rame : routro (v.) (all. rudern).
Je ramone : kro o hérti (v.) (i-a. kr / i-a. ó / all. Herd).
Je range (en pliant) / je ponds : légo (v.) (all. legen).
Je range / je répare : rándjiro (v.) (all. transchieren).
Je râpe : rabo (v.) (all. reiben).
Je rase : raziro (v.) (all. rasieren).
Je raye : chraïbo vri (v.) (all. schreiben / i-a. bahih).
Je reçois : chtilo (v.) (i-a. sparśatā).
Je recule : houfo palé (v.) (all. hufen / i-a. para).
Je recule en me cognant contre : chtoso mán palé ap (v.) (all. stoßen / i-a. aham / i-a. para / i-a. upari).
Je redescends ce qui a été retroussé : chtifo télé (v.) (all. stülpen / i-a. tala).
Je réfléchis : téngro mán (v.) (all. denken / i-a. aham).
Je regarde : diko ap (+ datif) (v.) (i-a. drs / i-a. upari).
Je regarde avec étonnement : chtoko ap (v.) (all. stocken / i-a. upari).
Je règle : réglo (v.) (all. regeln).
Je regrette / je plains : kaïtél mán (v.) (ser. покајати / i-a. aham) / vitso palé (v.) (i-a. vic / i-a. para).
Je remarque : tarto (v.) (all. betrachten).
Je remercie : parkro mán (+ ablatif) (v.) (i-a. prati-kāra / i-a. aham).
Je remue : riklévo (v.) (all. rücken) / riro (v.) (all. rühren).
Je rends / j'écarte : do palé (v.) (i-a. dā / i-a. para).
Je renie : kro vri (v.) (i-a. kr / i-a. bahih).
Je renvoie : trado (v.) (i-a. tarj) / traïbo (v.) (all. treiben).
Je repasse (linge) : biglo (v.) (all. bügeln).
Je réponds : do glán (v.) (i-a. dā / i-a. āge).
Je repose : rouho (v.) (all. ruhen).
Je respecte : réchpéktiro (v.) (all. respektieren).
Je respire (profondément) : chnoïfo (v.) (all. schnaufen).
Je respire : loufto (v.) (all. lüften).

Je ressemble : glaïrho (v.) (all. gleichen).
Je ressuscite (évangélisme) : vo papsé djido (v.) (i-a. āyā / i-a. para / i-a. jīv).
Je reste / je me tiens : tcho (v.) (i-a. rch).
Je retiens : haltro án (v.) (all. halten / all. an) / hébro án (v.) (all. anheben / all. an).
Je retrousse : chtifo pré (v.) (all. stülpen / i-a. ūpar).
Je retrouve mes forces : vo pré (v.) (i-a. āyā / i-a. ūpar).
Je réunis : ano kéténé (v.) (i-a. ānī / i-a. ekathā).
Je rêve / je songe : do souni (v.) (i-a. dā / i-a. svāpa).
Je réveille : djángo (v.) (i-a. jāgar) / djángo pré (v.) (i-a. jāgar / i-a. ūpar).
Je reviens : vo palé (v.) (i-a. āyā / i-a. para).
Je reviens à moi : vo téfoun (v.) (i-a. āyā / all. davonkommen).
Je rince : chwénko vri (v.) (all. schwenken / i-a. bahih).
Je ris : so (v.) (i-a. has).
Je risque : riskéro (v.) (all. riskieren).
Je ronfle (moteur) : brouzévo (v.) (als. brûse).
Je ronfle : chnorho (v.) (all. schnarchen).
Je ronge : bnago (v.) (all. benagen).
Je rote : roto (v.) (fr. roter) (v. s.).
Je rougeoie : Glino (v.) (all. glühen).
Je rouille : rochto (v.) (all. rosten).
Je saigne : bloudo (v.) (all. bluten) / rato (v.) (i-a. rakta).
Je sais : djano (v.) (i-a. jñā).
Je saisis : lángro (v.) (all. langen).
Je sale : zaltso (v.) (all. salzen).
Je salis (avec quelque chose de gras) : chmiro drèn (v.) (all. anschmieren / i-a. antar).
Je sanglote : klouksévo (v.) (all. schluchzen).
Je saute : chto (v.) (i-a. utthā).
Je sauve (religieux) (évangélisme) : réto (v.) (all. retten).
Je scie : zégo (v.) (all. sägen).
Je sèche : chouko (v.) (i-a. śuska).
Je secoue / je berce : chitlo (v.) (all. schütteln).
Je séduis : do án (v.) (i-a. dā / all. an).
Je sème : zomo (v.) (all. säen).
Je sens mauvais : khándo (v.) (i-a. gandhá).

Je sépare (antagonistes) : véro (+ datif) télé (v.) (all. wehren / i-a. tala).
Je sépare : kro oïzénándar (v.) (i-a. kr / all. auseinander).
Je sers (évangélisme) : dino (v.) (all. dienen).
Je sers : patél mán (v.) (all. bedienen / i-a. aham).
Je sers à boire : chéngo drèn (v.) (all. einschenken / i-a. antar).
Je sers à manger : chépro vri (v.) (all. schöpfen / i-a. bahih).
Je siffle : pfaïfo (v.) (all. pfeifen).
Je sodomise (vulgaire) : bouïo (v.) (i-a. yābha).
Je sonne / je résonne : chalo (v.) (all. schallen).
Je sonne : chélro (v.) (all. schellen).
Je sors : djo vri (v.) (i-a. ja / i-a. bahih).
Je soude : chwaïso (v.) (all. schweißen).
Je souffle : hoïrho (v.) (all. hauchen) / pourdo (v.) (i-a. sphūrj).
Je souffre physiquement / je souffre moralement : péïno (v.) (all. Pein) / laïdo (v.) (all. leiden).
Je souhaite / j'ensorcelle : víncho (v.) (all. wünschen).
Je souris : so án (v.) (i-a. has / all. an).
Je subis (coup, procès,...) : rho (v.) (i-a. khād).
Je suce : zouglo (v.) (all. saugen).
Je sucre : tsoukro (v.) (all. zuckern).
Je suffoque : chtiko (v.) (all. sticken).
Je suinte : chwéïzo (v.) (all. schweißen).
Je suis (être) : houm (v.) (i-a. hūn).
Je suis (suivre) : lo palal (v.) (i-a. labh / i-a. para).
Je suis bien reçu : vo michto án (v.) (i-a. āyā / i-a. mista / all. an).
Je suis étonné : chtoko (v.) (all. stocken).
Je suis originaire : vo hèr (v.) (i-a. āyā / all. her).
Je suis sûr de moi : patcho mán (v.) (i-a. pratyaya / i-a. aham).
Je supplie : mángo án (v.) (i-a. mārg / all. an).
Je surveille : paso pré (v.) (all. passen / i-a. ūpar).
Je suspends : héngo pré (v.) (all. hängen / i-a. ūpar).
Je taille : chnitsévo (v.) (als. schnetzla) / chpitso (v.) (all. spitzen).
Je tape : klépo (v.) (all. klopfen).
Je tartine : chmiro (v.) (all. schmieren).
Je tâte : pépo (v.) (als. Babbala) / pipo (v.) (ser. пипати).

Je témoigne : tsaïgo (v.) (all. zeigen).
Je tiens / je porte : hébro (v.) (all. heben).
Je tiens à (sentiment) : riko ap (v.) (i-a. raks / i-a. upari).
Je tire (avec une arme à feu) : do karïé (v.) (i-a. dā / i-a. kānda).
Je tire : tsardo (v.) (i-a. trā).
Je tire la langue : blékro (v.).
Je tisse / je tresse : flérhto (v.) (all. flechten).
Je tombe : péro (v.) (i-a. pad).
Je tords : draïo (v.) (als. draija).
Je touche : tchalo (v.) (i-a. sprś).
Je touche de façon incorrecte : tréfo (v.) (all. treffen).
Je tourne : riso (v.) (i-a. vrt).
Je tousse : rhaso (v.) (i-a. kās).
Je trace : tsaïrho (v.) (all. zeichnen).
Je traduis : trago (v.) (all. tragen).
Je traîne (objet) : chlapo (v.) (all. schleppen) / chlaïfo (v.) (all. schleifen).
Je trais : mélko (v.) (all. melken).
Je transpire : chwitso (v.) (all. schwitzen).
Je travaille : boutro (v.) (i-a. vārttā) / chafro (v.) (all. schaffen).
Je traverse / je passe : djo dourch (v.) (i-a. ja / all. durch) / vo dourch (v.) (i-a. āyā / all. durch).
Je tremble : chnaro (v.) (all. schnarren) / tsitro (v.) (all. zittern).
Je trempe : tounko (v.) (all. tunken).
Je tresse : khouvo (v.) (i-a. gumph).
Je tricote : chtriko (v.) (all. stricken).
Je trotte : trabo (v.) (all. traben).
Je trouve : atso (v.) (i-a. aś).
Je tue : maro (v.) (i-a. mār).
Je vacille : vozo (v.) (it. vacillare).
Je vais : djo (v.) (i-a. ja).
Je vais à la chasse aux hérissons : djo nigléngé (v.) (i-a. ja / all. Igel).
Je vais à la chine (vente au porte à porte) : djo mángébaské (v.) (i-a. ja / i-a. mārg).
Je vais à la pêche : djo fichrépaské (v.) (i-a. ja / all. fischen).
Je vais couper du bois : djo kachténgé (v.) (i-a. ja / i-a. kastha).
Je vais en calèche : koutchno (v.) (all. kutschieren).

Je vais vite : chnarho (v.) (all. schnarchen).
Je vaux : gilto (v.) (all. gelten) / molo (v.) (i-a. mūlya) / volo (v.) (fr. valoir) (v. s.).
Je veille (quelqu'un) : varho (v.) (all. wachen).
Je vends : bikro (v.) (i-a. vikrī).
Je verse / je renverse : ravo (v.) (ser. рвати).
Je verse : tcharo drèn (v.) (i-a. carú / i-a. antar) / tchoro drèn (v.) (i-a. chod / i-a. antar).
Je verse goutte à goutte : chtropso (v.) (all. tropfen).
Je veux : kamo (v.) (i-a. kāma).
Je veux bien : kamo choun (v.) (i-a. kāma / all. schon) / kamo gèrn (v.) (i-a. kāma / all. gern).
Je veux partir : kamo fort (v.) (i-a. kāma / all. fort).
Je veux sortir : kamo vri (v.) (i-a. kāma / i-a. bahih).
Je vibre : zouro (v.) (all. surren).
Je vide : léro (v.) (all. leeren).
Je viendrai le matin : vo tsarlakro (v.) (i-a. āyā / gre. ταχυα).
Je viens : vo (v.) (i-a. āyā).
Je vis : djivo (v.) (i-a. jīv).
Je vois : diko (v.) (i-a. drs).
Je vois faire : diko tsou (+ datif) (v.) (i-a. drs / all. zu).
Je vole : chtaro (v.) (i-a. sparśatā) / tchoro (v.) (i-a. cora).
Je vole : fligo (v.) (all. fliegen).
Je vomis : tchado (v.) (i-a. chrd).
Je voyage : raïzo (v.) (all. reisen).
Jérusalem (surnom) : débléskro foro (n. m.) (i-a. deva / gre. φόρος) (h. s.).
Jésus : ïézous (all. Jesus).
" Jésus Marie ! " (interj.) : ïézous Maria (all. Jesus / all. Maria).
" Jésus ! " : oïé / oïézous (interj.) (i-a. ó + all. Jesus).
Jeté : vitsédo (adj.) (i-a. vrj).
Jeu : chpilo (n. m.) (all. Spiel).
Jeu d'enfant / os : kokaïo (n. m.) (gre. κόκκαλο).
Jeu d'enfant : tchavéngro chpilo (n. m.) (i-a. chavanā / all. Spiel).
Jeu de boule se pratiquant avec des pierres ou des fers à cheval : bodja (n. f.) (it. boccia).
Jeûne : fachta (n. f.) (all. Fasten).

Jeune : tarno (adj.) (i-a. taruna).
Jeune fille ne faisant ni partie de la communauté des Sínté, ni de celle dite des gens du voyage : rakli (n. f.) (i-a. toka).
Jeune garçon ne faisant ni partie de la communauté des Sínté, ni de celle dite des gens du voyage : raklo (n. m.) (i-a. toka).
Jeune taureau : houmlo (n. m.) (all. Hummel).
Jeunesse : tarnépèn (n. m.) (i-a. taruna).
Joie : fraïda (n. f.) (all. Freude).
Jonc : pínsa (n. f.) (all. Binse).
Joué : chpilémèn (adj. inv.) (all. spielen).
Joue : tchám (n. f.) (i-a. jambhá).
Joueur : chpilari / chpilébaskro (n. m.) (all. Spieler).
Jour : divès (n. m.) (i-a. divasa).
Jour férié / jour de fête : faïartago (n. m.) (all. Feiertag).
Joyeux : fraïdégo (adj.) (all. Freude).
Juge : chtrofari (n. m.) (all. strafen) / horh (n. m.) (all. hoch) / richtari (n. m.) (all. Richter).
Juif : ïoudo (n. m.) (all. Jude).
Jumeau : tsvilíngo (n. m.) (all. Zwilling).
Jument : grasni (n. f.) (i-a. haya).
Juré sur les défunts (interdit de l'utiliser) : kochdino (adj.) (i-a. kutsā).
Jurement : kochéba (n. m.) (i-a. kutsā).
Juron : flourha (n. f.) (all. Fluch).
Jus (fruit) : zafta (n. f.) (all. Saft).
Jusque / jusqu'à / jusqu'au : bis (prép.) (all. bis) / djín (prép.) (i-a. taīm).
Juste : krat (adv.) (all. gerade).

K

Kilomètre : kilomitari (n. m.) (all. Kilometer).

L

Là / lorsque : koté (adv.) (i-a. kva).
La : i (pron.) (i-a. eka).
Là : kaï (adv.) (i-a. kva).
La nature a reverdi : hi zénélès (i-a. hej / ser. зелена).
Là-bas : koï (adv.) (i-a. kva).
Laboureur : plougari (n. m.) (all. Pflüger).
Lac : zéro (n. m.) (all. See).
Lacets : chourimi (pl.) (all. Schuh + all. Riemen).
Laine : voula (n. f.) (all. Wolle).
Laineux : voulégo (adj.) (all. Wolle).
Laissé / libre : mouklo (adj.) (i-a. muc).
Lait : thout (n. m.) (i-a. dugdha).
Lait caillé : choutlo thout (n. m.) (i-a. śukta / i-a. dugdha).
Lait tourné : risédo thout (n. m.) (i-a. vrt / i-a. dugdha).
Laiton : lolo (n. m.) (i-a. lālī).
Lambeau : tsotla (n. f.) (all. Zottel).
Lame : lámla (n. f.) (fr. lame) (p. s. / v. s.).
Lampe : lámpa (n. f.) (all. Lampe).
Lampe à graisse : chmalts lirht (all. Schmalz / all. Licht) / chpék lirht (all. Speck / all. Licht).
Lance : lánsa (n. f.) (all. Lanze) (g. s. / p. s.).
Lance-pierre : chlora (n. f.) (all. Schleuder) / chnaramaskro (n. m.) (all. schnarchen).
Langage / parole : raképèn (n. m.) (i-a. vac) / chporha (n. f.) (all. Sprache).
Lange : vikla (n. f.) (all. Windel) / parné (pl.) (i-a. pāndu).
Langue (anatomie) : tchip (n. f.) (i-a. jihvā).
Langue des Tsiganes : roménépèn / roménès (n. m.) (i-a. ramana).
Lapin : hazo (n. m.) (all. Hase).
Lapin de garenne : féltaz (all. Feld + all. Hase) (p. s.).
Lard : chpéko (n. m.) (all. Speck).
Large : braït (adj. inv.) (all. breit).
Larme : tréna (n. f.) (all. Träne).
Latin (langue) : lataïntikès (n. m.) (all. Lateinisch).
Lavage : thobèn (n. m.) (i-a. dhāv).

Lavé : thodo (adj.) (i-a. dhāv).
Lavoir : vécha (n. f.) (all. Wäsche).
Le / les : o (art.) (i-a. ó).
Le dimanche : kourkéskro (gre. κυριακή).
Le leur : léngro (pron.).
Le mien : miro (pron.) (i-a. merā).
Le nôtre : maro (pron.) (i-a. hamārā).
Le sien (femme) : lakro (pron.).
Le sien (homme) : léskro (pron.).
Le tien : tiro (pron.) (i-a. terā).
Le vôtre : toumaro (pron.) (i-a. tumarā).
Léché : chlékémèn (adj. inv.) (all. schlecken).
Lecture : lézéba (n. m.) (all. lesen).
Léger : léïrht (adj. inv.) (all. leicht).
Légume : gémisa (n. f.) (all. Gemüseart).
Lent / doux : lokès (adj.) / loko (adv.) (i-a. dīrgha).
Lente : lik (n. m.) (i-a. liksā).
Lentille : línza (n. f.) (all. Linse).
Lèpre : kali poulpra (n. f.) (i-a. kāla).
Lettre : brifo (n. m.) (all. Brief).
Leur : léngro (adj. pos.).
Lèvre : léfta (n. f.) (all. Lefze) / lipsa (n. f.) (all. Lippe) / voucht (pl.) (i-a. ósthā).
Levure : héfa (n. f.) (all. Hefe).
Lézard : lizarta (n. f.) (fr. lézard) (p. s. / v. s.).
Libéré : vri lézémèn (adj. inv.) (i-a. bahih / all. lösen).
Liberté : fraïépèn (n. m.) (all. frei).
Libre : fraï (adj. inv.) (all. frei) / piro (adj.) (i-a. pad).
Lierre (utilisé en cas de brûlures) : véndérín (all. Wende + all. Ring).
Lièvre : chochoï (n. f.) (i-a. śaśa) / divïo hazo (n. m.) (ser. дивљи / all. Hase).
Limace : saïako (n. m.) (gre. σάλιο).
Lime : faïla (n. f.) (all. Feile).
Linge : vécha (n. f.) (all. Wäsche).
Lion : lébo (n. m.) (all. Löwe).
Lit : tchibèn (n. m.) (i-a. śayyā).
Litre : litra (n. f.) (all. Liter).

Livre (½ kilogramme) : pounto (n. m.) (all. Pfund).
Livre : bourho (n. m.) (all. Buch).
Livré : lifrémèn (adj. inv.) (all. liefern).
Locomotive : sastréni (n. f.) (i-a. śastra).
Logement : lodépèn (n. m.) (i-a. lamb).
Loi : zétsa (n. f.) (all. Gesetz).
Loin : dour (adv.) (i-a. dūra).
Loin de Dieu : chtértsémèn (adj. inv.) (all. stürzen).
Long : loungès (adv.) / loungo (adj.) (ru. легкое).
Longtemps : rara (adv.) (per. همیشه).
Longueur (temps) : rarépèn (n. m.) (per. همیشه).
Longueur : loungépèn (n. m.) (ru. легкое).
Loqueteux : chléntsémèn (adj. inv.) (als. Schteck).
Lorrain : lotríngari (n. m.) (all. Lothringer) (g. s. / p. s.).
Lorraine : lotrínga (n. f.) (all. Lothringen) (g. s. / p. s.).
Lotissement : sidlounga (n. f.) (all. Siedlung).
Louche : bola (n. f.) (als. Bolla) / chépléfla (n. f.) (all. Schöpflöffel).
Loucheur : lèts ïakéskro (als. lenks / i-a. aksa).
Loup : volfo (n. m.) (all. Wolf).
Loupé : riflémèn (adj. inv.) (all. verfehlen).
Lourd (temps) : chmoutégo (adj.) (als. schwühl).
Lourd : chwèr (adj. inv.) (all. schwer).
Lourdeur : chwèrépèn (n. m.) (all. schwer).
Lubie : chtourha (n. f.) (all. starr).
Lueur : chaïna (n. f.) (all. Schein).
Lumière : lirhta (n. f.) (all. Licht).
Lunatique : lonégo (adj.) (all. launisch).
Lune : tchón (n. m.) (i-a. candra) / mónto (n. m.) (all. Mond).
Lunettes : brili (pl.) (all. Brille).
Luxembourgeois : louksèmbourgari (n. m.) (all. Luxemburger).
Lynx : rolari (n. m.) (als. rolla).

M

1er mai : érchto maïo (n. m.) (all. Erste / all. Mai).
Macaronis : makroni (pl.) (all. Makkaroni).
Macédoine : makédonia (n. f.) (all. Makedonien) (g. s.).
Macédonien : makédoniari (n. m.) (all. Makedonien) (g. s.).
Machine (voiture, moto,…) : machina (n. f.) (all. Maschine).
Mâchoire : tchamalarha (n. f.) (i-a. jabadā).
Maçon : maklari (n. m.) (all. Makler).
Mai : maïo (n. m.) (all. Mai).
Maigre : magar (adj. inv.) (all. mager).
Main : vast (n. m.) (i-a. hasta).
Maintenant : échkané (adv.) (als. rechtig + i-a. kab).
Maire : moskro (n. m.) (i-a. mukha).
Mairie : krisni (n. f.) (gre. κρίσιμης).
Mais : avèrh (conjonct.) (all. aber).
Maïs : koukounïa (n. f.) (ser. кукуруз) / rhorhotch (i-a. kodro).
Maison : khér (n. m.) (i-a. grha).
Maison du Père : datéskro khér (n. m.) (i-a. tāta / i-a. grha) (h. s.).
Maître / permis de conduire : méchtari (n. m.) (all. Meister).
Mal : chlèrht (adv.) / chlèrhtébèn (n. m.) (all. schlecht) / douk (n. f.) (i-a. dukh).
Mal physique : douképèn (n. m.) (i-a. dukh).
Malade : naselo (adj.) (i-a. mā + i-a. bala).
Maladie : naslépèn (n. m.) (i-a. mā + i-a. bala).
" Maladie des vieillards " (maladie d'enfant) : apnéma (n. f.) (all. abnehmen).
Maladie qui " mange " le corps (cancer, gangrène,…) : rhali (n. f.) (i-a. khād).
Malchance : bibarht (n. f.) (i-a. bī + per. شانس).
Malchanceux : bibarhtélo (adj.) (i-a. bī + per. شانس).
Malédiction : bana (n. f.) (all. Bann).
Malsain : tchisasto (adj.) (i-a. kucha + i-a. sthāna).
Maman : mama (n. f.) (all. Mama).
Manche : chtilo (n. m.) (all. Stiel) / érmla (n. f.) (all. Ärmel).
Manchot / mégot de cigarette : chtoumpfo (n. m.) (all. Stumpf).
Mandoline : mándolina (n. f.) (all. Mandoline).

Manège : réïtchoula (n. f.) (all. Reitschule).
Mangé / usé : rhalo (adj.) (i-a. khād).
Manger / nourriture : rhabèn (n. m.) (i-a. khād).
Mangeur : rhamaskro (n. m.) (i-a. khād).
" Mangeurs de fromage " (Sínté d'Auvergne) (surnom) : kiraléngré (pl.) (i-a. kilāta) (v. s.).
Manouche (femme) (Síntétsa française) : manouchétsa (n. f.) (i-a. mānusa).
Manouche (homme) (Sínto français) : manouch (n. m.) (i-a. mānusa).
Manqué (race impure) : félémèn (adj. inv.) (all. fehlen).
Manteau : mántla (n. f.) (all. Mantel).
Maquignon : graïéngro (n. m.) (i-a. haya).
Maquillée : makhli (adj.) (i-a. mraks).
Marc (café) / cafetière : kafézats (n. f.) (all. Kaffeesatz) / zatsa (n. f.) (all. Kaffeesatz).
Marchandise : vara (n. f.) (all. Ware).
Marché : markéta (n. f.) / marko (n. m.) (all. Markt).
Mare : chlousla (n. f.) (all. Schlucht).
Marécage : moura (n. f.) (all. Moor) / zoumpa (n. f.) (all. Sumpf).
Marécageux : zoumpégo (adj.) (all. sumpfig).
Maréchal-ferrant : chlagari (n. m.) (all. Schläger).
Marguerite : rétchéngri blouma (n. f.) (ru. Жаба / all. Blume).
Mariage : horhtsaïta (n. f.) (all. Hochzeit).
Marie : maria (n. f.) (all. Maria).
Marié : romdino (adj.) (i-a. ramana).
Marmite : késla (n. f.) (all. Kessel) / kokéla (n. f.) (all. Koch).
Marqué par le défunt : moulès (adv.) (i-a. mr).
Marraine / filleule : kirvi (n. f.) (i-a. grhya).
Marron d'Inde : divïi kéchta (n. f.) (ser. дивљи / all. Kastanie).
Mars : martso (n. m.) (all. März).
Marteau : hámro (n. m.) (all. Hammer).
Martre / fouine : martra (n. f.) (all. Marder).
Matin : tsarla (n. f.) (gre. ταχυα).
Matricules (nazisme) / caractères : bouchtarvi (pl.) (all. Buchstabe).
Maudit : banémèn (adj. inv.) (all. Bann).

Mauvais (s'intéresse aux femmes) : tchilatcho (adj.) (i-a. kucha + i-a. laksana).
Mauvais : chlèrht (adj. inv.) (all. schlecht).
Mauvaise (s'intéresse aux hommes) : tchilatchi (adj.) (i-a. kucha + i-a. laksana).
Mauvaise odeur : krán (n. f.) (i-a. gandhá).
Mauvaise surprise : chpouka (n. f.) (all. Spuk).
Méchanceté / saloperie : foulépèn (n. m.) (i-a. gūtha) / midjépèn (n. m.) (i-a. mithyā).
Méchant : midjarh (adj. inv.) (i-a. mithyā).
Mèche de cheveux bouclés / boucle de cheveux : loko (n. m.) (all. Locke).
Médecine : méditsina (n. f.) (all. Medizin).
Médicament : drap (n. m.) (i-a. dawā) (p. s.) / mitli (pl.) (all. Mittel).
Médoc (Bordeaux et ses alentours) : médoko (n. m.) (fr. Médoc) (v. s.).
Meilleur : fétdar (adv.) (i-a. bihtar) / latchédar (i-a. laksana).
Melon : milona (n. f.) (all. Melone).
Même : kom (adv.) (gre. ἀκόμη) / mémlégo (adj.) (all. nämlich).
Mendiant : koundo (n. m.) (yén. Kunde) / loumpéngro (n. m.) (all. Lumpen) / pétlémano (n. m.) (all. Bettelmann).
Mensonge : rhorhépèn (n. m.) (i-a. khakh).
Menteur : rhorhéno (adj.) (i-a. khakh).
Menthe sauvage : papïakri téïa (n. f.) (all. Tee).
Menton : parhouno (n. m.) (gre. πηγούνι).
Menuisier : chraïnari (n. m.) (all. Schreiner).
Mer : méro (n. m.) (all. Meer).
Merde (vulgaire) : chounda (n. f.) (all. Schund) / foul (n. m.) (i-a. gūtha).
Mère : daï (n. f.) (i-a. dāhi).
" Mère poule " : klouka (n. f.) (all. Glucke).
Merle : ámchlo (n. f.) (all. Amsel).
Mes enfants (garçons) / mes amis : tchovalé (i-a. chavanā).
Mésange : maïsla (n. f.) (all. Meise).
Message : potchafta (n. f.) (all. Botschaft).
Messe : misa (n. f.) (all. Messe).

Messe de Noël : krichméta (n. f.) (all. Christmette).
Messieurs : romalé (i-a. ramana).
Métal : métala (n. f.) (all. Metall).
Meunier : milari (n. m.) (all. Müller).
Meurtre : marépèn (n. m.) (i-a. mār).
Meurtrier : mardari (n. m.) (all. Mörder).
Mexicain : méksikanari (n. m.) (all. Mexikaner).
Miche : laïba (n. f.) (all. Laib).
Midi (région) : mitago (n. m.) (all. Mittag) (v. s.).
Midi : pach divès (i-a. pās / i-a. divasa).
Mie de pain : brouzoum (n. m.) (als. brosem) / krouma (n. f.) (all. Krume) / rhoumar (n. m.) (arm. խմոր).
Miel : gwín (n. m.) (per. عسل) / hounogo (n. m.) (all. Honig) (g. s.).
Miette : grímla (n. f.) (all. Krümel).
Mille-feuille (plante) : chofripo (n. m.) (all. Schafgarbe).
Millepertuis (plante dont on se sert pour guérir la " maladie des vieillards " chez les enfants) : apnéma (n. f.) (all. abnehmen).
Mimosa : mimoza (n. f.) (all. Mimose).
Minuit : pach rat (i-a. pās / i-a. rātri).
Miracle : voundra (n. f.) (all. Wunder).
Miroir : chpiglo (n. m.) (all. Spiegel).
Mis : tchido (adj.) (i-a. ksip).
Misérable : dértégo (adj.) (all. dürftig) / éléntégo (adj.) (all. Elend).
Misère : mizéra (n. f.) (fr. misère) (b. s. / p. s. / v. s.).
Mission (évangélisme) : misiona (n. f.) (all. Mission).
Missionnaire (évangélisme) : misionari (n. m.) (all. Missionar).
Mode : moda (n. f.) (all. Mode) (g. s.).
Moelle : marka (n. f.) (all. Mark).
Moine : broudari (n. m.) (all. Bruder) (g. s. / p. s.).
Moineau : chpatso (n. m.) (all. Spatz).
Moins (heure) : vorédar (prép.) (all. vor) / vénigar (adv.) (all. weniger).
Mois : mónto (n. m.) (all. Monat).
Moisi : chímlégès (adv.) / chímlégo (adj.) (all. Schimmel).
Moisson : aïméto (n. m.).
Moissonneur : aïmétari (n. m.).

Moitié : pach (n. m.) (i-a. pās).
Moitié-saoul : ánpiksémèn (adj. inv.).
Moment : vaïla (n. f.) (all. Weile).
Mon / ma / mes : mour (adj. pos.) (sín. miro).
Mon : miro (adj. pos.) (i-a. merā).
Mon fils / mon ami : tchova (i-a. chavanā).
Mon mari : roma (i-a. ramana).
Monde : vélto (n. m.) (all. Welt).
Monnaie : míntsa (n. f.) (all. Münze).
Monstre (enfant) : véksébalko (n. m.) (all. Wechselbalg).
Montagnard : bérgari (n. m.) (all. Berg).
Montagne : bérga (n. f.) (all. Berg).
Montée : bérga pré (n. f.) (all. Berg / i-a. ūpar).
Montre : kámbana (n. f.) (gre. καμπάνα) / oura (n. f.) (all. Uhr).
Moqueur : outsébaskro (n. m.) (als. ützа).
Morceau : kotar (n. m.) (i-a. khanda).
Mordu : dándrédo (adj.) (i-a. dānta).
Morsure : dándréba (n. m.) (i-a. dānta).
Mort : mérépèn (n. m.) (i-a. mārī) / moulo (adj.) (i-a. mr).
Morve : rotsa (n. f.) (all. Rotz) / virho (n. m.).
Morveux : rotsénas (adj. inv.) (all. Rotz + all. Nase).
Mot enfantin pour " toutchi " : tiïo (n. m.) / titi (n. f.) (sín. toutchi).
Moteur (véhicule) : milo (n. m.) (all. Mühle).
Moto : mántora (n. f.) (all. Motorrad).
Mou (moralement) : ánvéïlégo (adj.) (all. weichlich).
Mou : zouméIès (adv.) (gre. ζουμί) / zoumélo (adj.) (gre. ζουμί) / mizégo (adj.) (all. Mus) / vaïrh (adj. inv.) (all. weich).
Mouche : mouka (n. f.) (all. Mücke).
Mouchoir : nastourho (n. m.) (all. Nase + all. Tuch).
Mouillé : sapénès (adv.) / sapéno (adj.) (i-a. pānīya).
Moule (mollusque) : mourhla (n. f.) (all. Muschel).
Moulin : milo (n. m.) (all. Mühle).
Moulu : malédo (adj.) (all. mahlen).
Mousse (bière) : choumbira (all. Schaum + all. Bier).
Mousse (plante) : mouchta (n. f.) (all. Moos).
Moustaches : chnoïtsi (pl.) (als. Schnàuitz).

Moustachu : chnoïtsari (n. m.) / chnoïtségo (adj.) (als. Schnàuitz).
Moustique : chnoko (n. m.) (all. Schnake).
Moutarde : zémfta (n. f.) (all. Senf).
Mouton : bakro (n. m.) (i-a. bakrā).
Muet : chtoum (adj. inv.) (all. stumm) / chtoumari (n. m.) (all. Stumme).
Mulet : moïlézla (n. f.) (all. Maulesel).
Mulhouse : milawza (n. f.) (als. Mìlhüsa) (p. s.).
Mulhousien : milawzari (n. m.) (als. Mìlhüsa) (p. s.).
Mur : mavro (n. m.) (all. Mauer).
Mûr : tsaïdigo / zéïdigo (adj.) (all. zeitig).
Mûre : mouri (n. f.) (gre. μουρο).
Muscle : mouchtlo (n. m.) (all. Muskel).
Museau : chnoufla (n. f.) (als. Schnuffel).
Musette (sacoche) : mouzéta (n. f.) (als. Müsettla).
Musicien (instrument à vent) : pourdéskro (n. m.) (i-a. sphūrj).
Musicien : bachrari / bachrémaskro (n. m.) (i-a. bhas).
Musicien de bal : mouzikánto (n. m.) (all. Musik).
Musique (violon) : géïgéba (n. m.) (all. Geige).
Musique : bachrépèn (n. m.) (i-a. bhas) / mouzika (n. f.) (all. Musik).

N

Nain : tsvarglo (n. m.) (all. Zwerg).
Nation : nasiona (n. f.) (all. Nation) (h. s. / p. s.).
Navet : divïo charh (n. m.) (ser. дивљи / i-a. śāka).
Ne pas : na (adv.) (i-a. mā) / nit (adv.) (all. nicht).
Ne pas + impératif : ma (adv.) (i-a. mā).
Ne plus : boutigar (adv.) (i-a. bahútitha + all. gar).
Ne plus de : boutikék (adv.) (i-a. bahútitha + i-a. kaī ek).
Nécessaire : notwéndégès (adv.) / notwéndégo (adj.) (all. notwendig) (p. s.).
Nègre : négari (n. m.) (all. Neger).
Négresse : négarétsa (n. f.) (all. Neger).

Neige : gip (n. m.) (i-a. himá).
Nerf (viande) : tsara (n. f.) (all. zäh).
Nerf : narfa (n. f.) (all. Nerv).
Nervure : ripla (n. f.) (all. Rippe).
Nettoyé : poutsédo (adj.) (all. putzen) / rénïémèn (adj. inv.) (all. reinigen).
Neveu : néfro (n. m.) (all. Neffe).
Nez : nak (n. m.) (i-a. nāka).
Niais : tropo (n. m.) (all. Tropf).
Niche : kota (n. f.).
Nid : néchta (n. f.) (all. Nest).
Nièce : néfrétsa (n. f.) (all. Neffe).
Niqué (vulgaire) : borédo (adj.) (i-a. bhū).
Noble : horh chtélémèn (adj. inv.) (all. hoch / all. stellen).
Noces : biïap (n. f.) (i-a. vivāha).
Noël : vaïnarhta (n. f.) (all. Weihnachten).
Nœud / natte : tsopo (n. m.) (all. Zopf) / knopo (n. m.) (als. Knopf).
Noir (Afrique) : kalo (n. m.) / kalès (adv.) / kalo (adj.) (i-a. kāla).
Noirceur : kalépèn (n. m.) (i-a. kāla).
Noisetier : haznoustiko rouk (n. m.) (all. Haselnuss / i-a. rūkh).
Noisette : haznousa (n. f.) (all. Haselnuss) / péndérha (n. f.) (gre. φουντούκι).
Noix : kor (n. f.) (i-a. aksota).
Nom / parole : lap (n. m.) (i-a. lapa).
Nombril : nabla (n. f.) (all Nabel).
Non : na (i-a. na) / naïo (i-a. na + als. jo).
" Non baptisé " / Juif : biboldo (n. m.) (i-a. bī + i-a. budh).
Non plus : vétré gar (adv.) (all. weiter / all. gar).
Norvégien : norvégari (n. m.) (all. Norweger).
Notre : maro (adj. pos.) (i-a. hamārā).
Nourrissant : machtégo (adj.) (sín. mas).
Nous deux : maré douï (i-a. hamārā / i-a. dva).
Nous parlons à n'en plus finir : raka méngé vri (i-a. vac / i-a. aham / i-a. bahiḥ).
Nouveau : névo (adj.) (i-a. navā).

Nouveau Testament : névo Téstaménto (n. m.) (i-a. navā / all. Testament).
Nouvel an : naïoro (n. m.) (all. Neujahr).
Noyer : kortiko rouk (n. m.) (i-a. aksota / i-a. rūkh).
Nu / chauve : blot (adj. inv.) (all. bloß).
Nu : nángo (adj.) (i-a. nagna).
Nuage : volka (n. f.) (all. Wolke).
" Nu-pieds " : piránglo (adj.) (sín. piro + sín. nángo).
Nuque : knika (n. f.) (all. Genick).

O

Obéissance : gándépèn (n. m.) (i-a. kāna).
Obéissant : gándélo (adj.) (i-a. kāna).
Odeur / parfum : khánt (n. f.) (i-a. gandhá).
Œil : ïak (n. f.) (i-a. aksa).
Œuf : ïaro (n. m.) (i-a. anda).
Œuvre : arbaïta (n. f.) (all. Arbeit) (g. s. / p. s.) / vérgi (pl.) (all. Werk).
Officier : ofitsiro (n. m.) (all. Offizier).
Oh : ïa (interj.) (all. ja) / orh (interj.) (all. ach).
Oie : papi (n. f.) (gre. πάπια) (p. s.).
Oignon : pouroum (n. f.) (i-a. palāndu).
Oignon grillé : richtémèn pouroum (n. f.) (all. rösten / i-a. palāndu).
Oiseau : tchirklo (n. m.) (i-a. cirilla).
Oiseau de feu (surnom) : ïakéskro (n. m.) (i-a. agni).
Olive : oliva (n. f.) (all. Olive).
Olivier : olivtiko rouk (n. m.) (all. Olive / i-a. rūkh).
Ombre : chata (n. f.) (all. Schatten).
Oncle (terme affectueux) : kakou (n. m.) (i-a. kakā).
Oncle : kak (n. m.) (i-a. kakā).
Ongle / griffe : naï (n. m.) (i-a. nakha).
Or : sonékaï (n. m.) (i-a. suvarna).
Orage (surnom) : débléskro tchiro (n. m.) (i-a. deva / gre. καιρος).

Orage : vétra (n. f.) (all. Wetter).
Orange : apfélzina (n. f.) (all. Apfelsine).
Oranger : apfélzíntiko rouk (n. m.) (all. Apfelsine / i-a. rūkh).
Orchestre : kapéla (n. f.) (all. Kapelle).
Ordures : élénta (n. f.) (all. Elend).
Oreille (vulgaire) : chounari (n. m.) (i-a. śru).
Oreille : kán (n. m.) (i-a. kāna).
Oreiller : chéránt (n. m.) (sín. chéro) / pérnitsa (n. f.) (ser. перо).
Oreilles d'âne : ézlakré kán (all. Esel / i-a. kāna).
Orge : gérchto (n. m.) (all. Gerste).
Orgueil : charépèn (n. m.) (i-a. śravas).
Orme : rouchta (n. f.) (als. Rüaschta).
Orteil : tsébo (n. m.) (all. Zehe).
Orties : zénglési (pl.) (sín. zénlépèn + als. Brännässla).
Orvet : blíndichlaïhirha (n. f.) (all. Blindschleiche).
Os : knorho (n. m.) (all. Knochen).
Os central du nez : nasknorho (n. m.) (all. Nase + all. Knochen).
Osier : vita (n. f.) (als. Wida).
Osier avec nervures : riplésal (all. Rippe).
Osier brut : grao vaïda (n. f.) (all. grau / all. Weide).
Osier sauvage : klénari (n. m.) (all. klemmen).
Où : kaï (adv.) (i-a. kva).
Ou : otar (conjonct.) (all. oder).
Ouate : vata (n. f.) (all. Watte).
Oubli : bistrépèn (n. m.) (i-a. bisar).
Oublié : bistrémèn (adj.) (i-a. bisar).
Oui : ava / awa (i-a. vā) / haïo (als. hä + als. jo) / ova / owa (i-a. vā).
Ouragan : bizi (n. f.) (gre. φιλί).
Ours : béro (n. m.) (all. Bär).
Ouvert avec un couteau : pré tchíndo (adj.) (i-a. ūpar / i-a. chid).
Ouvrier : arbaïtari (n. m.) (all. Arbeiter) (g. s. / p. s.).

P

Païen (évangélisme) : ounpatchlo (n. m.) (all. ohne + i-a. pratyaya).
Paillasse : chtrozako (n. m.) (all. Strohsack).
Paille : pous (n. m.) (i-a. bāspa).
Pain : maro (n. m.) (i-a. mandaka).
Pain trempé dans de l'eau sucrée : goudlo (n. m.) (i-a. guda).
Paire : paro (n. m.) (all. Paar).
Paire de ciseaux : chéra (n. f.) (all. Schere).
Palais (anatomie) : rarha (n. f.) (all. Rachen).
Palais (édifice) : palasta (n. f.) (all. Palast) (g. s.).
Pâle : bléïrh (adj. inv.) (all. bleich).
Palmier : palma (n. f.) (all. Palme).
Palonnier : haltrésa (n. f.) (all. Halter).
Pan de chemise : podja (n. f.) (gre. ποδιά).
Pancarte : tafla (n. f.) (all. Tafel).
Panier (pêche) : fichkorp (n. m.) (all. Fisch + all. Korb).
Panier (rebord supérieur dégagé) : krántsi korba (n. f.) (all. Kranz / all. Korb) (v. s.).
Panier : korba (n. f.) (all. Korb).
Panier fantaisie : sani korba (n. f.) (i-a. śānita / all. Korb).
Panier long : loungi korba (n. f.) (ru. легкое / all. Korb).
Panier long à anse : hénklékorp (n. m.) (all. Henkel + all. Korb).
Panier rond : roundi korba (n. f.) (all. rund / all. Korb).
Panier tressé (9 brins) : tsogémèn korba (n. f.) (all. zügeln / all. Korb).
Pantalon : hoza (n. f.) (all. Hose) / rholep (n. m.).
Pantalon court : korts hoza (n. f.) (all. kurz / all. Hose).
Pantoufle : chlapa (n. f.) (als. Schlàppa).
Paon : divïi bouldrédina (n. f.) (ser. дивљи / all. Puterhahn).
Papa : tata (n. m.) (i-a. tata).
Papier : papiro (n. m.) (all. Papier).
Papillon : chmétélíngro (n. m.) (all. Schmetterling) / flarhtrida (n. f.) (sín. plarhtarida) / plarhtarida (n. f.) (gre. πεταλούδας) (p. s.).
Pâques : ochtra (n. f.) (als. Oschtra).
Paquet : paka (n. f.) (all. Paket) / píndla (n. f.) (all. Bündel).
Paquet de cigarettes : pékla (n. f.) (als. Pakla).

Par derrière : palal (i-a. para).
Par ici / vers : katar (prép.) (i-a. atra).
Paradis : hímlo (n. m.) (all. Himmel).
Paralysé : lam (adj. inv.) (all. lahm).
Parapluie : chirma (n. f.) (all. Schirm).
Parce que : hoské (loc.) (i-a. so) / paské (conjonct.) (fr. parce que).
Par-dessus le mur : dourch o mavro (all. durch / i-a. ó / all. Mauer).
Pareil / pareillement : mémlégès (adv.) (all. nämlich).
Parents : éltri (pl.) (all. Eltern).
Paresse / négligence : foïlépèn (n. m.) (all. faul).
Paresseux : foïlozari (n. m.) (all. Faulenzer).
Parisien : parizari (n. m.) (all. Pariser) (h. s.).
Parlé / raconté : rakédo (adj.) (i-a. vac).
Parleur / curieux : tchivélo (adj.) (i-a. jihvā).
Parleur : rakébaskro (n. m.) (i-a. vac).
Paroi : vánta (n. f.) (all. Wand).
Parrain / filleul : kirvo (n. m.) (i-a. grhya).
Part : taïlo (n. m.) (all. Teil).
Parti (véhicule) : farémèn (adj. inv.) (all. fahren).
Particule indiquant la négation (figure devant certains mots) : bi (i-a. bī).
Particule interrogative placée après le verbe : kán (i-a. kin).
Particule verbale correspondant à " ab " en allemand. Marque la séparation, l'action de descendre : télé (adv.) (i-a. tala).
Particule verbale correspondant à " an " en allemand. Marque le contact, l'action d'allumer : án (adv.) (all. an).
Particule verbale correspondant à " auf " en allemand. Marque l'attention : ap / et l'action de monter, l'action d'ouvrir : pré (adv.) (i-a. ūpar).
Particule verbale correspondant à " aus " en allemand. Marque le passé, l'action d'éteindre : vri (adv.) (i-a. bahih).
Particule verbale correspondant à " her " en allemand. Marque la distance : hèr (adv.) (all. her).
Particule verbale correspondant à " weg " en allemand. Marque le départ, la séparation : vèk (adv.) (all. weg).

Particule verbale correspondant à " zu " en allemand. Marque la fermeture, la croissance : tsou (adv.) (all. zu).
Partie du corps entre le dos et la nuque : kraïtso (n. m.) (all. Kreuz).
Partout : ivral (adv.) (all. überall).
Pas (marche) : chrita (n. f.) (all. Schritt).
Pas : gar (adv.) (all. gar).
Pas à pas : chrita (adv.) (all. Schritt).
Pas de : kék (adv.) (i-a. kaī ek).
Pas de coq : hanochrit (n. m.) (all. Hahn + all. Schritt).
Pas encore : no gar (adv.) (all. noch / all. gar).
Pas grand-chose : gar tchi (adv.) (all. gar / i-a. kucha).
" Pas la peine ! " : gar té vért (interj.) (all. gar / i-a. te / all. wert) (g. s. / p. s.).
Passette à café : ziglari (n. m.) (all. Sieb).
Passoire : ziga (n. f.) (all. Sieb).
Pâte : taïgo (n. m.) (all. Teig).
Pâtes / nouilles : noudli (pl.) (all. Nudel).
Pâteux : pépégo (adj.) (als. Babbala).
Patience : dédoulta (n. f.) (all. Geduld) / tchiro (n. m.) (gre. καιρος).
Pâtissier : kourhéngro (n. m.) (all. Kuchen).
Patte (animal) : topo (n. m.) (als. Doba).
Pâturage : vaïda (n. f.) (all. Weide).
Pauvre (affectueux) : dino (adj.) (all. dünn).
Pauvre : tchorélo (adj.) (i-a. ksudra).
Pauvre défunt : armi zéla (n. f.) (all. arm / all. Seele).
Pavot : mako (n. m.) (all. Mohn).
Payé : plésrémèn (adj. inv.) (ser. платити).
Pays / région : thém (n. m.) (gre. θεμα).
Pays basque : baski (n. m.) (all. Baskenland) (v. s.).
Paysan : povari (n. m.) (all. Bauer).
Peau / fourrure : pélso (n. m.) (all. Pelz).
Peau : hoïta (n. f.) (all. Haut).
Peau de lapin : hazéskro pélso (n. m.) (all. Hase / all. Pelz).
Pêche : chifréba / fichrépèn (n. m.) (all. fischen) / matchéba (n. m.) (i-a. matsya).
Péché : zínda (n. f.) (all. Sünde).

Pêcher : bérchíntiko rouk (n. m.) (als. beschala / i-a. rūkh) / pérsigtiko rouk (n. m.) (all. Pfirsich / i-a. rūkh).
Pêches : bérchinïa (pl.) (als. beschala) / pérsigé (pl.) (all. Pfirsich).
Pêcheur : chifari / chifrébaskro (n. m.) (all. Fischer) / matchébaskro (n. m.) (i-a. matsya).
Pécheur : zíndari (n. m.) (all. Sünde).
Peigné : ángrédo (adj.) (i-a. snā).
Peigne : kángli (n. f.) (i-a. kankata).
Peine : laïda (n. f.) (all. Leid).
Peint : farbémèn (adj. inv.) (all. Farbe).
Peintre : farbari (n. m.) (all. Farbe).
Pèlerin : valfartari (n. m.) (all. Wallfahrt) (p. s.).
Pèlerinage : valfarta (n. f.) (all. Wallfahrt).
Pelle : chipa (n. f.) (all. Schippe).
Pellicules (capillaire) : choupi (pl.) (all. Schuppe).
Penché : héngédo télé (v.) (all. hängen / i-a. tala).
Pendant l'hiver : vénté (all. Winter).
Pendant la nuit : rati (i-a. rātri).
Pendant le jour : divèsé (i-a. divasa).
Pendant que : har (prép.) (i-a. sāra).
Pensée : dánka (n. f.) (all. Gedanke).
Perce-oreille : orchmaltsari (n. m.) (all. Ohrwurm).
Perche (objet) : chtánga (n. f.) (all. Stange).
Perche (poisson) : bérchko (n. m.) (all. Barsch).
Perdu : nachédo (adj.) (i-a. naś).
Père : dat (n. m.) (i-a. tāta).
Père Noël : krichléngro (n. m.).
Perle : grala (n. f.) (als. Kràlla).
Persil : périrhil (als. Peterla).
Personnages de Noël : ánstrap / pétsiklo (n. m.) (als. pfatza).
Personne / Sínto : méncho (n. m.) (all. Mensch).
Personne : kék méncho (pron. ind.) (i-a. kaī ek / all. Mensch) / kék zélo (pron. ind.) (i-a. kaī ek / all. Seele).
Personne d'autre : kék vavar (i-a. kaī ek / i-a. apara).
Personne querellant beaucoup : tchíngrémaskro (n. m.) (i-a. cītkāra).

Personne qui ne respecte pas les règles du mariage : foulo (n. m.) (i-a. gūtha).
Personne se battant avec un couteau : tchinépaskro (n. m.) (i-a. chid).
Personnellement : zélbar (adv.) (all. selber).
Personnes / parents : ménchi (pl.) (all. Mensch).
Pet (vulgaire) : krín (n. m.) (i-a. ghrāna) / rín (n. f.) (i-a. ric).
Péteux : riéngro (n. m.) (i-a. ric).
Petit : tikno (adj.) (i-a. tīksna) / toun (adj.) (sín. tikno).
Petit déjeuner : frichtiko (n. m.) (all. Frühstück).
Petit pain : véka maro (n. f.) (all. Wecke / i-a. mandaka).
Petite / petites : tín (adj.) (sín. tikni).
Petite porte : térla (n. f.) (all. Tür).
Petite quantité : nétéla (n. f.).
Petites pommes de terre : baléngré matréli (pl.) (i-a. varāha).
Petit-lait : thoutéskro pani (n. m.) (i-a. dugdha / i-a. pānīya).
Petits : tín (adj.) (sín. tikné).
Petits pois : arpsi (pl.) (all. Erbse).
Peu : pisla (adv.) (als. betzala).
Peuple : folka (n. f.) (all. Volk).
Peuplier : papéltiko rouk (n. m.) (all. Pappel / i-a. rūkh) / pélto (n. m.) (als. Pàppla).
Peur : dar (n. f.) (i-a. dara) / trach (n. f.) (i-a. trāsa).
Peureux : darédo (adj.) (i-a. dara) / trachéno (adj.) (i-a. trāsa).
Peut-être : taïl moli (adv.) (als. dail / als. mol).
Pharisien : farizari (n. m.) (all. Pharisäer).
Photographié : télé molémèn (adj. inv.) (i-a. tala / all. malen).
Pianiste : klafirhari (n. m.) (all. Klavier).
Piano : klafirha (n. f.) (all. Klavier).
Pie : atsla (n. f.) (all. Elster) / kachkaraka (n. f.) (gre. καρακάξα).
Pièce allemande (10 pfennigs) : grocho (n. m.) (all. Groschen).
Pièce de monnaie : bizou (sín. bich + sín. zou).
Pièce de toile : kounïa (n. f.) (i-a. kehunī).
Pièces d'or : gélbi (pl.) (all. Gelb) / sonékángré (pl.) (i-a. suvarna).
Pied : piro (n. m.) (i-a. pad).
Pieds (meuble) : chtoli (pl.) (all. Stollen).

Piège : fala (n. f.) (all. Falle).
Pierre : bar (n. m.) (i-a. bat).
Pierre à aiguiser : chlaïftaïno (n. m.) (all. schleifen + all. Stein).
Pierreux : baréno (adj.) (i-a. bat).
Piétiné : chtakémèn (adj. inv.) (all. staken).
Pigeon : toïba (n. m.) (all. Taube).
Pince : tsánga (n. f.) (all. Zange).
Pince à linge : klémari (n. m.) (all. klemmen).
Pinceau : pénslo (n. m.) (all. Pinsel).
Pinson : fínka (n. f.) (all. Fink).
Pintade (surnom) : poukrémaskro (n. m.) (i-a. brū).
Pioche : haka (n. f.) (all. Hacke).
Pipe / sifflet : pfaïfa (n. f.) (all. Pfeife) / chola (n. f.) (per. šor).
Piquant (hérisson) : chtarhlo (n. m.) (all. Stachel).
Piquant : chtérhégo (adj.) (all. stechen).
Pique-feu : kritlé hoko (n. m.) (all. kritzeln / all. Haken).
Piquet : polo (n. m.) (als. Pfohl).
Piqûre : chtérhéba (n. m.) (all. stechen).
Pire : argédar (all. Ärger).
Piscine : chwímpada (n. f.) (all. Schwimmbad) (b. s. / g. s.).
Piste de danse : tántspodo (n. m.) (all. Tanz + sín. podo).
Pistolet : pichtola (n. f.) (all. Pistole).
Piston : kolbo (n. m.) (all. Kolben).
Pivert (surnom) : paniéskro (n. m.) (i-a. pānīya).
Placard : tafa (n. f.) (all. Tafel).
Placé : chtélémèn (adj. inv.) (all. stellen) / plasirémèn (adj. inv.) (all. Platz).
Place : platsa (n. f.) (all. Platz).
Placeuse (cinéma) (surnom) : chopnakéskri (n. f.) (i-a. sad + i-a. nāka) (v. s.).
Plaine : blándoura (n. f.).
Plaisanterie : chpasa (n. f.) (all. Spaß).
Plaisantin : chpasari (n. m.) (all. Spaß).
Plaisir : plézira (n. f.) (fr. plaisir) (b. s. / p. s. / v. s.).
Plan : plana (n. f.) (all. Plan).
Planche : pal (n. f.) (i-a. phalaka) / tila (n. f.) (all. Diele).
Plancher : tilpodo (n. m.) (all. Diele + sín. podo).
Plante : flántsa (n. f.) (all. Pflanze).

Plat / à plat : plato (adj.) (als. Blàtt).
Plat / saladier : télari (n. m.) (all. Teller).
Platane : platántiko rouk (n. m.) (all. Platane / i-a. rūkh).
Plein : pardo (adv.) / pardo (adj.) (i-a. pūrna).
Plein de moustiques : chnokélo (adj.) (all. Schnake).
Pleur / chagrin : robèn (n. m.) (i-a. rud).
Plomb (fusil) : chrota (n. f.) (all. Schrott).
Plomb : blaïo (n. m.) (all. Blei).
Plombé : blaïtiko (adj.) (all. Blei).
Plombier : klémpnari (n. m.) (all. Klempner).
Pluie : brichédo (n. m.) (i-a. varsa).
Plume : por (n. f.) (i-a. parna).
Plus (heure) : boutédar (prép.) (i-a. bahútitha).
Plus : boutédar (i-a. bahútitha).
Plus beau : choukarédar (i-a. śukra).
Plus cher : taïarédar (all. teuer).
Plus clair : hèlédar (all. hell).
Plus constant : chtántédar (all. standhaft).
Plus court : kortsédar (all. kurz).
Plus dur (matière) : hartédar (all. hart).
Plus épuisé : matédar (all. matt).
Plus étroit : chmalédar (all. schmal).
Plus farouche : chaïédar (all. scheu).
Plus fin : faïnédar (all. fein).
Plus fort / plus solide : zorélédar (i-a. sāra).
Plus fort : féchtédar (all. fest).
Plus frais : frichédar (all. frisch).
Plus gentil : kamlédar (i-a. kámala).
Plus grand : barédar (i-a. vadra).
Plus gras : dikédar (all. dick).
Plus grave : chlimédar (all. schlimm).
Plus haut : horhédar (all. hoch).
Plus humide féïrhtédar (all. feucht).
Plus jeune : tarnédar (i-a. taruna).
Plus large : braïtédar (all. breit).
Plus léger : léïrhtédar (all. leicht).
Plus libre : fraïédar (all. frei).
Plus loin : dourédar (i-a. dūra).

Plus longtemps : rarédar (per. همیشه).
Plus lourd : chwèrédar (all. schwer).
Plus maigre : magarédar (all. mager).
Plus mauvais : chlèrhtédar (all. schlecht).
Plus mou : vaïrhédar (all. weich).
Plus pourri : foïlédar (all. faul).
Plus près : norhédar (all. noch).
Plus profond : tifédar (all. tief).
Plus propre : zoïbarédar (all. sauber).
Plus pur : raïnédar (all. rein).
Plus rare : zéltsamédar (all. selten).
Plus riche : bravélédar (i-a. bala).
Plus robuste : kréftédar (all. kräftig).
Plus rustre (sens moral) : ïalédar (i-a. alhad).
Plus sale : foulédar (i-a. gūtha).
Plus sec : choukédar (i-a. śuska).
Plus simple : éïnfarhédar (all. einfach).
Plus sombre : tounkédar (all. dunkel).
Plus tard : chpotédar (all. spät).
Plus tôt : friédar (all. früh).
Plus vaillant : vaïántédar (fr. vaillant) (v. s.).
Plus vide : lérédar (all. leer).
Plus vieux : pourédar (i-a. purāna).
Plus vite / d'abord : sikédar (i-a. śīghra).
Pneu utilisé comme frein à l'arrière des caravanes hippomobiles : chléïfa (n. f.) (all. Schleife).
Poche : posita (n. f.) (i-a. pāśa).
Poche faite dans la doublure d'une veste : rántsla (n. f.) (all. Ranzen).
Poêle (chauffage) : bop (n. m.) (arm. ջnq).
Poêle : pfana (n. f.) (all. Pfanne).
Poids : lachta (n. f.) (all. Last).
Poignard : dolrho (n. m.) (all. Dolch) (g. s.).
Poignée : chlimlo (n. m.) (sín. chlislo).
Poilu : balno (adj.) (i-a. vāla) / horégo (adj.) (all. haarig).
Poing : foïchto (n. m.) (all. Faust).
Point de côté : chtirha (n. f.) (all. Stich).
Pointe : chpitso (n. m.) (all. Spitze).

Pointu : chpitségo (adj.) (all. Spitze).
Poire : brol (n. m.) (per. گلابی).
Poireau : lorho (n. m.) (all. Lauch) / poro (n. m.) (all. Porree).
Poirier : broltiko rouk (n. m.) (per. گلابی / i-a. rūkh).
Poison : gifto (n. m.) (all. Gift).
Poisson : matcho (n. m.) (i-a. matsya).
Poisson blanc (morue, merlu,…) : véïfich (n. m.) (all. Weißfisch).
Poitrine : bétch (n. f.) (per. بدن) / brouchtra (n. f.) (all. Brust).
Poivre : chadrap (sín. tchar + sín. drap) / péfro (n. m.) (all. Pfeffer).
Poivré : péfrémèn (adj. inv.) (all. Pfeffer).
Policier / garde : piréskro (n. m.) (i-a. pad).
Policier en civil : garédo (n. m.) (i-a. gah).
Polonais : polako (n. m.) (all. Polacke).
Pommade : pomada (n. f.) (all. Pomade) / zalba (n. f.) (all. Salbe).
Pomme : épla (n. f.) (all. Apfel) / paba (n. f.) (i-a. phala) (p. s.).
Pomme de terre : kroumpira (n. f.) (als. Grundbeera).
Pomme de terre écrasée : mizégi matréla (n. f.) (all. Mus).
Pommes de terre : matréli (pl.) / pipili (pl.) / pouvéngré (pl.) (sín. poup).
Pommes de terre à l'eau : chwélémèn matréli (pl.) (all. schwellen).
Pommes de terre à l'étouffée : chtikémèn matréli (pl.) (all. sticken).
Pommes de terre au lard : chpékéré matréli (pl.) (all. Speck).
Pommes de terre au sel : zaltskroumpir (pl.) (all. Salz + als. Grundbeera).
Pommes de terre écrasées : chmétrémèn matréli (pl.) (all. schmettern).
Pommes de terre frites : krichlémèn matréli (pl.) (all. Kruste).
Pommier : épltiko rouk (n. m.) (all. Apfel / i-a. rūkh) / pabtiko rouk (n. m.) (i-a. phala / i-a. rūkh).
Pompe / pulvérisateur : chpritsa (n. f.) (all. Spritze).
Pont : brouka (n. f.) (all. Brücke).
Porte : voudar (n. m.) (i-a. dvār).
Portefeuille : kisik (n. m.) (tur. kese).

Portugais : portougizo (n. m.) (all. Portugiese) (p. s.).
Possible : méglarh (adj. inv.) (all. möglich).
Poste : pochta (n. f.) (all. Post).
Postier : pochtari (n. m.) (all. Post).
Pot : piri (n. f.) (i-a. pithara).
Potage de lentilles : línzéngro rhabèn (n. m.) (all. Linse / i-a. khād).
Potager : gémisagarta (n. f.) (all. Gemüsegarten) (p. s.).
Pou : djoup (n. f.) (i-a. yūkā).
Pouce : toïmo (n. m.) (all. Daumen).
Pouilleux : djouvélo (adj.) (i-a. yūkā).
Poulailler : koglo (n. m.) (i-a. gostha).
Poulain : filo (n. m.) (all. Fohlen).
Poule : karhni (n. f.) (per. مرغ).
Pouliche : mara (n. f.).
Pouls : bloutro (n. m.) (all. Bluter).
Poumons : parné bouké (pl.) (i-a. pāndu / i-a. būkkā).
Poupée : poupa (n. f.) (all. Puppe).
Pour : four (prép.) (all. für) / té (+ subjonctif) (prép.) (i-a. te).
Pour bois : kachtiko (adj.) (i-a. kastha).
Pour chaque chose : four ako komasté (all. für / ser. сваки / i-a. gocara).
Pour faire semblant : vinaké (i-a. bahānā).
Pour la vie : four lépta (all. für / all. Leben).
Pour plaisanter : chpasaké (all. Spaß).
Pour rire : rharhéské (i-a. hāsya).
Pour toujours : imar fort (all. immer / all. fort).
Pour un Sínto, fait d'être déconsidéré par les membres du groupe auquel il appartient (retrouvera son honneur en vengeant ses parents et défunts insultés) : prasdino (adj.) (i-a. bharts).
Pour un Sínto, fait d'être exclu temporairement du groupe auquel il appartient suite à la violation d'un tabou (consommation de viande chevaline, contact impur avec une Síntétsa,…) : palé tchido (adj.) (i-a. para / i-a. ksip).
Pourquoi : hoské (adv. int.) (i-a. so).
Pourri : foïlo (adj.) (all. faul).
Pourriture : foïlépèn (n. m.) (all. faul).
Pourtant : dorh (adv. / conjonct.) (all. doch).

Poussette : chéza (n. f.) (als. Scheesa) (p. s.) / véglo (n. m.) (all. Waage).
Poussière : chtoïba (n. f.) (all. Staub).
Poutre : balko (n. m.) (all. Balken).
Pouvoir : gwalta (n. f.) (all. Gewalt).
Prairie : viza (n. f.) (all. Wiese).
Prêché (évangélisme) : ándlo (adj.) (i-a. ānī).
Précipice : chtada télé (n. f.) (all. Stätte / i-a. tala) / horhépèn télé (n. m.) (all. hoch / i-a. tala).
Première (vitesse sur un véhicule) : érchti (n. f.) (all. Erste).
Près de : kotar (loc.) (i-a. kva) / norh foun (loc.) (all. noch / all. von).
Présence : gaïgènvarta (n. f.) (all. Gegenwart).
Prêt : lénrépèn (n. m.) (als. lehna).
Prêtre (catholicisme) : rachaï (n. m.) (i-a. rtvij).
Prière : chpourho (n. m.) (all. Spruch) / pétréba (n. m.) (all. beten).
Prince : príntso (n. m.) (all. Prinz).
Princesse : príntsésa (n. f.) (all. Prinzessin).
Printemps : frioro (n. m.) (als. Friaijohr).
Pris : lino (adj.) (i-a. labh).
Prise de tabac : chnoplari (n. m.) (all. schnupfen) / lota (n. f.) (all. Lot).
Prison : chtarépèn (n. m.) (i-a. caturas) / chtilébèn (n. m.) (all. still).
Prisonnier : chtildo (adj.) (all. still).
Prix : praïso (n. m.) (all. Preis).
Prix bon marché : volfépèn (n. m.) (all. wohlfeil).
Procès : protokola (n. f.) (all. Protokoll).
Professeur : lérari (n. m.) (all. Lehrer).
Profond : tif (adj. inv.) (all. tief).
Profondeur : tifa (n. f.) (all. Tiefe) / tifépèn (n. m.) (all. tief).
Promesse : chprérhounga (n. f.) (all. sprechen).
Promis : chprérhémèn (adj. inv.) (all. sprechen).
Prophète : proféto (n. m.) (all. Prophet) (g. s.).
Propre (personnel) : aïgéno (adj.) (all. eigen).
Propre : zoïbar (adj. inv.) (all. sauber).
Propreté : zoïbrépèn (n. m.) (all. sauber).

Prostituée (vulgaire) : chléïma (n. f.) (all. Schleim) / houra (n. f.) (all. Hure) / tsoïpa (n. f.) (als. Zûpp).
Protection : chitsouga (n. f.) (all. Schützer).
Prune : ploïma (n. f.) (all. Pflaume).
Prunelle : chléva (n. f.) (all. Schlehe).
Prunellier : disltiko kacht (n. m.) (als. Dissel / i-a. kastha).
Prunier : ploïmtiko rouk (n. m.) (all. Pflaume / i-a. rūkh).
Prussien : praïso (n. m.) (all. Preuße) / praïstiko (adj.) (all. preußisch).
Puce : pouchoum (n. f.) (i-a. plusi).
Puits : tsibroun (n. m.) (all. Ziehbrunnen).
Puits de Jacob : ïakobéskri brouna (n. f.) (all. Jakobsbrunnen) (h. s.).
Punaise : vándloza (n. f.) (all. Wand + all. Laus).
Puni : chtrofémèn (adj. inv.) (all. strafen).
Punition : chtrofa (n. f.) (all. Strafe).
Pur : klor (adj. inv.) (all. klar) / raïn (adj. inv.) (all. rein).
Purin : michlarha (n. f.) (all. Mist).
Pus : poump (n. m.) (i-a. pūya).
Putain (vulgaire) : loubli (n. f.) (i-a. abhi).
Putois : iltrésa (n. f.) (all. Iltis).
Pyrénéen : aïnvonari (n. m.) (all. Einwohner) (g. s.).

Q

Quand : kané (adv.) (i-a. kab).
Quart / morceau : firtalo (n. m.) (all. Viertel).
Quatrième (vitesse sur un véhicule) : chtarti (n. f.) (i-a. caturas).
Quel : avo (adj. excl. / adj. int.) (i-a. ka).
Quelqu'un (désigne parfois un défunt que l'on ne veut pas nommer) : ïénégo (all. einiger).
Quelqu'un : komoni (pron.) (i-a. kaścit).
Quelque chose : tchomoni (pron.).
Quelque part : kaïménésté (loc.) (i-a. kva).
Quenelles : glézi (pl.) (all. Klöße).

Querelle : héndla (n. f.) (all. Händel) / tchíngrépèn (n. m.) (i-a. cītkāra).
Querellé : tchíngrédo (adj.) (i-a. cītkāra).
Querelleur : héndlari (n. m.) (all. Händel).
Question : boutchépèn (n. m.) (i-a. praś) / fraga (n. f.) (all. Frage) (p. s.).
Questionné : boutchédo (adj.) (i-a. praś).
Queue : pori (n. f.) (i-a. pāyu).
Qui à des arêtes : kránéngro (n. m.) (als. Grane).
Qui a des plumes : porédo (adj.) (i-a. parna).
Qui aime l'argent : lovéngro (n. m.) (i-a. lauha).
Qui fait peur : daréno (adj.) (i-a. dara).
Qui m'évoque d'agréables souvenirs : haïmégès (adv.) / haïmégo (adj.) (all. heimisch).
Qui vaut la peine : vért (adv.) (all. wert).
Qui : koun (pron. int. / pron. rel.) (i-a. ka).
Quiche : pachtéta (n. f.) (p. s.).
Quille : kéglo (n. m.) (all. Kegel) (p. s.).
Quoi : ho (pron. int.) (i-a. so).

R

Rabot : hobla (n. f.) (all. Hobel).
Raccommodage : flikéba (n. m.) (all. flicken).
Raccourci : chtiga (n. f.) (all. Stiege).
Race : rasa (n. f.) (all. Rasse).
Racine : chtortso (n. m.) (als. Schtorza) / vourtsla (n. f.) (all. Wurzel).
Raisins : draka (pl.) (i-a. drāksā).
Raisins verts : ïalé draka (pl.) (i-a. alhad / i-a. drāksā).
Rampe (escalier) : glèndéra (n. f.) (all. Geländer) (g. s.).
Rance : rántségo (adj.) (all. ranzig).
Rang : ránga (n. f.) (all. Rang).
Râpe : rabari (n. m.) (all. reiben).
Râpé : rabémèn (adj. inv.) (all. reiben).
Rapide : flirhtégo (adj.) (all. flüchten).

Rare : zéltsam (adj.) (all. selten).
Rasé : razirémèn (adj.) (all. rasieren).
Rasoir : razira (n. f.) (all. Rasiermesser).
Rassasié (fourrage) : fitrémèn (adj. inv.) (all. füttern).
Rassasié / généreux : tchalo (adj.) (i-a. khād).
Rassasié d'herbe : vaïdémèn (adj. inv.) (all. weiden).
Rassemblés : zamlémèn (adj. pl.) (all. sammeln).
Rat : ratmoïzo (n. m.) (all. Ratte + all. Maus).
Rate (anatomie) : miltsa (n. f.) (all. Milz).
Râteau : réta (n. f.) (all. Rechen).
Râtelier : foutréïfa (n. f.) (all. Futter + all. Raufe).
Rave : rapani (n. f.) (gre. ραπάνι).
Rayon : chtrama (n. f.) (als. Schtrima).
Rayure : straïfo (n. m.) (all. Streifen).
Rebord (fond du panier) : chléïfa (n. f.) (all. Schleife) / routcha (n. f.) (als. Rutscha).
Rebord du panier : krántso (n. m.) (all. Kranz).
Réchauffé : tatchémèn (adj. inv.) (i-a. tap).
Recherché : rodino (adj.) (i-a. ruh).
Récompense : chtafla (n. f.) (als. Schtufa).
Recouvert : tchakémèn tsou (adj. inv.) (i-a. chad / all. zu).
Recroquevillé : kroumpémèn (adj. inv.) (all. krippen).
Reçu : chtilémèn (adj. inv.) (i-a. sparśatā).
Réfrigérateur : frorépaskro (n. m.) (all. frieren).
Régiment : lourdébèn (n. m.) (i-a. lūt).
Rein : niréla (n. f.) (all. Niere).
Reine : kinégétsa (n. f.) (all. König).
Remblai : chtada (n. f.) (all. Stätte).
Renard : fouksa (n. f.) (all. Fuchs) / lichka (n. f.) (ser. лисица) (p. s.).
Rendez-vous : chtilounga (n. f.) (all. Stellung).
Renouée (plante) : chléïfkras (n. f.).
Renversé : rado (adj.) (ser. рвати).
Renvoyé : tradéno (adj.) (i-a. tarj) / traïbémèn (adj. inv.) (all. treiben).
Repère (hérisson) / famille Duvil (surnom) : hékéchloup (n. m.) (all. Hecke + all. Schlupf).
Repère : chloupa (n. f.) (all. Schlupf).

Répugnant : chaïvégès (adv.) / chaïvégo (adj.) (all. scheuen).
Réputation : rouma (n. f.) (all. Ruhm).
Résidence seigneuriale : chlosa (n. f.) (all. Schloss).
Respect : réchpékta (n. f.) (all. Respekt).
Respiration : chnoïfépèn (n. m.) (all. schnaufen).
Ressort : fédra (n. f.) (all. Feder).
Réunion (évangélisme) : réhuniona (n. f.) (h. s.) (fr. réunion) / zamlounga (n. f.) (all. Sammlung).
Rêve / songe : souno (n. m.) (i-a. svāpa).
Réveillé : djángédo (adj.) (i-a. jāgar).
Revenant qui se manifeste la nuit (croyance qui tend à disparaître depuis le réveil évangélique au sein de la communauté des Sínté) : toftir (n. m.) (all. Dorf + all. Tier).
Rhénanie : réïnlánto (n. m.) (all. Rheinland) (g. s.).
Rhume : chnoupo (n. m.) (all. Schnupfen).
Riche : bravélès (adv.) / bravélo (adj.) (i-a. bala).
Riche propriétaire (féminin) / dame : rani (n. f.) (i-a. rājñī).
Riche propriétaire (masculin) / monsieur : raï (n. m.) (i-a. rāja).
Richesse : bravélépèn (n. m.) (i-a. bala).
Ridé : rountségo (adj.) (all. runzlig).
Rideau : chtriko (n. m.) (all. Strick) / foránki (pl.) (all. Vorhang).
Rien : tchi (pron. ind.) (i-a. kucha).
Rieur : samaskro (n. m.) (i-a. has).
Rigolo : chpaségo (adj.) (all. Spaß).
Rire : sabèn (n. m.) (i-a. has).
Rivage : oufro (n. m.) (all. Ufer).
Rivas (village situé dans le département de la Loire en région Rhône-Alpes) (surnom) : gléziro gap (n. m.) (all. Klöße / i-a. grāma) (v. s.).
Rivière : parha (n. f.) (all. Bach).
Riz : raïzo (n. m.) (all. Reis).
Robe : rokïa (n. f.) (ru. юбка) / tchorha (n. f.) (gre. τσόχα).
Robuste / robustement : kréftigès (adv.) / kréftigo (adj.) (all. kräftig).
Rocher : félza (n. f.) (all. Felsen).
Roi : kinégo (n. m.) (all. König).
Romain : rémari (n. m.) (all. Römer) (g. s.).

Romarin : rosmarino (n. m.) (all. Rosmarin) (p. s.).
Rond : roundo (adj.) (all. rund).
Rondelet : zatlégo (adj.) (all. Sattel).
Rondelle / pleine lune :ríngla (n. f.) (all. Ring).
Rose : roza (n. f.) (all. Rose).
Rose sauvage : divïi roza (n. f.) (ser. дивљи / all. Rose).
Roseau : lichta (n. f.) (als. licht).
Rosée : tawa (n. f.) (all. Tau).
Rosier : roztiko rouk (n. m.) (all. Rose / i-a. rūkh).
Rossignol : narhtigalo (n. m.) (all. Nachtigall).
Roue de moulin : milérada (n. f.) (all. Mühle + all. Rad).
Roue : rada (n. f.) (all. Rad).
Rouge / roux : lolo (adj.) (i-a. lālī).
Rougeoyant : glinégo (adj.) (all. glühen).
Rouille : rochta (n. f.) (all. Rost).
Rouillé : rochtégo (adj.) (all. rostig).
Roulotte : foura (n. f.) (all. Fuhre).
Route : drom (n. m.) (gre. δρόμος).
Ruban : parta (n. f.) (all. Borte).
Rue : gasa (n. f.) (all. Gasse).
Rusé : lichtégo (adj.) (all. listig) / rizémèn (adj. inv.) (sín. rizo) / vri kérdo (adj.) (i-a. bahih / i-a. kr).
Russe (langue) : roustikès (n. m.) (all. Russisch).
Russe : rouso (n. m.) (all. Russe).
Russie : rouslánto (n. m.) (all. Russland).
Rustique : poïtiko (adj.) (all. Bauer).
Rustre (sens moral) : ïalès (adv.) / ïalo (adj.) (i-a. alhad).
Rythme : taka (n. f.) (all. Takt).

S

Sabbat : débléskro divès (n. m.) (i-a. deva / i-a. divasa).
Sable : zánta (n. f.) (all. Sand).
Sabot (cheval) : houfo (n. m.) (all. Huf).
Sabot : holtchouga (n. f.) (all. Holzschuh).
Sac : gono (n. m.) (i-a. gona).

Sac à provision (chiner) : filocha (n. f.).
Sac formé d'une toile nouée : boura (n. f.) (all. Bühne).
Sacrificateur : opfrari (n. m.) (all. Opfer).
Sacrifice : opfra (n. f.) (all. Opfer).
Sage-femme : hévamétsa (n. f.) (als. Hewàmm).
Saint : haïlégo (n. m.) (all. Heilige).
Saint Curé d'Ars (catholicisme) : haïlégo rachaï (n. m.) (all. heilig / i-a. rtvij).
Sainte Vierge : débléskri daï (n. f.) (i-a. deva / i-a. dāhi) / haïlégi (n. f.) (all. Heilige).
Saint-Esprit : débléskro dourho (n. m.) (i-a. deva / ser. дух) / haïlégo gaïchto (n. m.) (all. heilig / all. Geist).
Saint-Laure (village situé dans le département du Puy-de-Dôme en Auvergne) (surnom) : sonékaskro gap (n. m.) (i-a. suvarna / i-a. grāma) (v. s.).
Saisi : chtokémèn (adj. inv.) (all. stocken) / hébrédo (adj.) (all. heben).
Salade : salada (n. f.) (all. Salat).
Salamandre : goulidaï (n. f.) (sín. goudlo + sín. daï) / krotédalo (n. m.) (gre. κροκόδειλος).
Sale : foulès (adv.) / foulo (adj.) (i-a. gūtha) / tchikélès (adv.) / tchikélo (adj.) (i-a. cikhalla) / mélo (adj.) (i-a. mala).
Salé : lóndès (adv.) / lóndo (adj.) (i-a. lōn) / zaltsémèn (adj. inv.) (all. Salz).
Saleté : mizéra (n. f.) (fr. misère) (v. s.) / tchikélépèn (n. m.) (i-a. cikhalla).
Salle : zala (n. f.) (all. Saal).
Salsepareille : divïi hopa (n. f.) (ser. дивљи / all. Hopfen).
Salut : rétounga (n. f.) (all. Rettung).
Samarie : samaria (n. f.) (all. Samaria) (h. s.).
Samaritain : samaritari (n. m.) (all. Samariter) (g. s. / h. s.).
Samedi : samastago (n. m.) (all. Samstag).
Sang : rat (n. m.) (i-a. rakta).
Sanglier : divïo balo (n. m.) (ser. дивљи / i-a. varāha).
Sans : ouna (prép.) (all. ohne).
Sans effort : kék mïa (i-a. kaī ek / all. Mühe).
Sans sel : bilóndès (adv.) / bilóndo (adj.) (i-a. bī + i-a. lōn).
Santé : sastépèn (n. m.) (i-a. sthāna).

Saoul : mato (adj.) (i-a. matta) / pilo (adj.) (i-a. pā) / zaïlégo (adj.) (all. selig).
Saoulerie : matépèn (n. m.) (i-a. matta).
Sapin : tana (n. f.) (all. Tanne).
Sapin de Noël : krichpomo (n. m.) (all. Christbaum).
Satiété : tchalépèn (n. m.) (i-a. khād).
Sauce : sosa (n. f.) (all. Soße).
Saucisse : roundi goï (n. f.) (all. rund / i-a. gol).
Saucisson : goï (n. f.) (i-a. gol).
Saule : vitiko rouk (n. m.) (als. Widabàuim / i-a. rūkh) / sali (pl.).
Saumon (n. f.) : laksa (all. Lachs) (g. s.).
Saut : chtébèn (n. m.) (i-a. utthā).
Sauterelle : chtémaskri (n. f.) (i-a. utthā) / haïchréka (n. f.) (all. Heuschrecke).
Sauvage / enragé : divïès (adv.) / divïo (adj.) (ser. дивљи).
Sauvé (religieux) (évangélisme) : rétémèn (adj. inv.) (all. retten).
Sauveur (religieux) (évangélisme) : rétari (n. m.) (all. Retter).
Savoie : savoïa (n. f.) (all. Savoyen).
Savon : sapouni (n. m.) (gre. σαπούνι).
Savoyard : savoïari (n. m.) (all. Savoyer) (p. s.).
Scie : zéga (n. f.) (all. Säge).
Sciure : zimla (n. f.) (all. Sägemehl).
Seau : émra (n. f.) (all. Eimer).
Sec / maigre : trouk (adj. inv.) (all. trocken).
Sec : choukès (adv.) / chouko (adj.) (i-a. śuska).
Sécateur : répchéra (n. f.) (sín. réba + sín. chéra) / tsvaka (n. f.) (all. zwacken).
Sèche-cheveux : choukémaskro bal (n. m.) (i-a. śuska / i-a. vāla).
Sèche-linge : choukémaskro loumpi (n. m.) (i-a. śuska / all. Lumpen).
Seconde (vitesse sur un véhicule) : douïti (n. f.) (i-a. dva).
Secours : hilfa (n. f.) (all. Hilfe).
Secrétaire : chraïbari (n. m.) (all. Schreiber).
Sein / tétine : toutchi (n. f.) (i-a. cūlika).
Sel : lón (n. m.) (i-a. lōn).

Selle : zatla (n. f.) (all. Sattel).
Semaine : vourha (n. f.) (all. Woche).
Semblant : rharhi (adv.) (i-a. hāsya).
Semé : zomémèn (adj. inv.) (all. säen).
Semelle : zola (n. f.) (all. Sohle).
Semence : zoma (n. f.) (all. Samen).
Semeur : zomari (n. m.) (all. Säer).
Sentiment : fila (n. f.) (all. Gefühl).
Séparé : oïzénándar (adj. inv.) (all. auseinander) / oïzénari (adj.) (all. Äußere).
Sérieux : chténdégès (adv.) / chténdégo (adj.) (all. ständig).
Serment : chwérounga (n. f.) (all. schwören).
Serpe : hépa (n. f.) (all. Hippe).
Serpent : sap (n. m.) (i-a. sarpa).
Serpolet : mouchtín (n. f.).
Serré : trikémèn (adj. inv.) (all. drücken).
Serrure : chloso (n. m.) (all. Schloss) / klidji (n. m.) (gre. κλειδί).
Servante : knérhtétsa (n. f.) (all. Knecht) / matétsa (n. f.) (sín. mat).
Serveur (restaurant) : tchaplaro (n. m.) (i-a. carú).
Servi (évangélisme) : dinémèn (v.) (all. dienen).
Serviette (toilette) : hántougo (n. m.) (all. Handtuch) / sérviéta (n. f.) (all. Serviette).
Serviette ou planche servant à poser un plat chaud sur une table : mésali (n. f.).
Serviteur (évangélisme) : dinari (n. m.) (all. Diener).
Serviteur : knérhto (n. m.) (all. Knecht).
Seul : kokrès (adv.) / kokro (adj.) (i-a. kevala).
Seulement : bounit (adv.) (i-a. bahútitha) / noumar (adv.) (all. nur).
Sexe féminin (vulgaire) : míndj (n. f.) (i-a. mih) / rhép (n. f.) (i-a. kuhara) / tsapo (n. m.) (i-a. sarpa).
Sexe masculin (vulgaire) : kama (n. f.) (i-a. kāma) / kar (n. m.) (i-a. kārh) / kwar (n. m.) / pélo (n. m.) (i-a. pelaka) / bédo (n. m.) (i-a. bita).
Si : avélèn / ovélèn (adv.) (i-a. vā) / té (+ indicatif) (conjonct.) (i-a. te).

Sifflement : pfaïfépèn (n. m.) (all. pfeifen).
Signe de croix : tsaïrho (n. m.) (all. Zeichen).
Simple : éïnfarh (adj. inv.) (all. einfach).
Simplet : doum (adj. inv.) (all. dumm).
Singe : afo (n. m.) (all. Affe).
Sinistre : mouléskro (adj.) (i-a. mr).
Sinon : sángst (conj.) (all. sonst).
Sínté ayant abandonné langue et coutumes : thodé Sínté (pl.) (i-a. dhāv / i-a. sindhu).
Sínté belges (surnom) : haïti (pl.) (all. Heide).
Sínté hessois (Hesse) : hési (pl.) (all. Hesse).
Sínté originaires de la Souabe (région d'Allemagne) : chwobarïa / chwobi (pl.) (als. Schwob) (p. s.).
Síntétsa : Tsigane (femme) originaire des pays de l'Ouest de l'Europe (n. f.) (i-a. sindhu) (g. s. / h. s. / p. s.).
Síntikès : langue des Tsiganes originaires des pays de l'Ouest de l'Europe (n. m.) (i-a. sindhu) (g. s. / h. s. / p. s.).
Sínto : Tsigane (homme) originaire des pays de l'Ouest de l'Europe (n. m.) (i-a. sindhu) (g. s. / h. s. / p. s.).
Sínto appartenant à la famille Weiss : biïalo Sínto (n. m.) (i-a. bī + i-a. alhad / i-a. sindhu) (g. s.).
Sínto originaire d'Allemagne : gatchkéno Sínto (n. m.) (sín. gadjo / i-a. sindhu).
Sínto originaire d'Alsace-Lorraine : praïstiko Sínto (n. m.) (all. preußisch / i-a. sindhu).
Sínto originaire d'Autriche : éstéraïchtiko Sínto (n. m.) (all. österreichisch / i-a. sindhu).
Sínto originaire de Belgique : bélgitiko Sínto (n. m.) (all. belgisch / i-a. sindhu).
Sínto originaire de France (Savoie, Pyrénées-Atlantiques,...) : valchtiko Sínto (n. m.) (all. walisisch / i-a. sindhu).
Sínto originaire de Hollande : holántiko Sínto (n. m.) (all. holländisch / i-a. sindhu) (h. s.).
Sínto originaire de Schweighouse-sur-Moder (village situé dans le département du Bas-Rhin en Alsace) : chwaïgouzari (n. m.) (als. Schweighüse) (p. s. / v. s.).
Sixième (vitesse sur un véhicule) : chopti (n. f.) (i-a. sad).
Sodomie (vulgaire) : bouïépèn (n. m.) (i-a. yābha).

Sodomisé (vulgaire) : bouïédo (adj.) (i-a. yābha).
Sœur : pén (n. f.) (i-a. bhaginī).
Sœur religieuse (catholicisme) : chwéstra (n. f.) (all. Schwester) / rachani (n. f.) (i-a. rtvij).
Soie : zaïto (n. m.) (all. Seide).
Soif : trouch (n. f.) (i-a. trsā).
Soir / nuit : rat (n. f.) (i-a. rātri).
Soirée : ovéta (n. f.) (als. Oowa).
" Sois le bienvenu " : ap barhtélo (i-a. āyā / per. شانس).
Soldat : lourdo (n. m.) (i-a. lūt).
Sole (poisson) : chola (n. f.) (all. Scholle).
Soleil : kham (n. m.) (i-a. ghām) / zouna (n. f.) (all. Sonne).
Sombre : tounk (adj. inv.) (all. dunkel).
Sommeil : chlofa (n. f.) (als. Schloof) / sobèn (n. m.) (i-a. svap).
Sommier (lit) : pétlada (n. f.) (all. Bett + all. Lade).
Somnifère : chloftrounk (n. m.) (als. Schloof + all. Trunk).
Son (céréale) : klaïa (n. f.) (all. Kleie).
Son (femme) : lakro (adj. pos.).
Son (homme) : léskro (adj. pos.).
Sonnerie : laïta (n. f.) (all. Lauten).
Sonnette : glínga (n. f.) (all. Klingel).
Sorcière : héksa (n. f.) (all. Hexe) / tchovarhani (n. f.) (arm. ճակատագիր).
Sou : zou (n. m.) (als. Süü).
Souche : chtoko (n. m.) (all. Stock).
Soudeur : chwaïsari (n. m.) (all. Schweißer).
Soudure : chwaïsépèn (n. m.) (all. Schweißen).
Souffle / soupir : dourho (n. m.) (ser. дух).
Soufflette : pipra (n. f.) (all. Piper).
Soufre : chwéfla (n. f.) (all. Schwefel).
Souhait / sort : vínchépèn (n. m.) (all. wünschen).
Souillé (vulgaire) : rhíndo (adj.) (gre. χύνω).
Souillé par l'urine : moutrédo (adj.) (i-a. mūtra).
Soumis : nidrémèn (adj. inv.) (all. nieder-).
Soupçon / crédit : zïán (n. f.) (i-a. jiyān).
Soupe : zoumi (n. f.) (gre. ζουμί).
Soupe à l'oignon : tsiblésoup (n. f.) (all. Zwiebelsuppe).
Soupe au lard : machtégi zoumi (n. f.) (sín. mas / gre. ζουμί).

Soupe de pommes de terre : kroumpirsoup (n. f.) (als. Grundbeera + all. Suppe).
Soupe riche en légumes : kréftigi zoumi (n. f.) (all. kräftig / gre. ζουμί).
Source : gwéla (n. f.) (all. Quelle) / soursa (n. f.) (fr. source) (b. s. / v. s.).
Sourcil : tsímla (n. f.) (ser. обрва).
Sourd : kachégo (adj.) (i-a. kāna + i-a. śuska).
Souris : moïzo (n. m.) (all. Maus).
Sous : tél (prép.) (i-a. tala).
Souvenir : nich (n. m.) (i-a. cihna).
Souvent : oft (adv.) (all. oft).
Soyeux : zaïtiko (adj.) (all. seidig).
" Soyez les bienvenus " : avèn barhtélé (i-a. āyā / per. شانس).
Sperme (vulgaire) : chléïma (n. f.) (all. Schleim).
Stand (marché, fête foraine,…) : chtánta (n. f.) (all. Stand).
Stature : chtatoura (n. f.) (all. Statur).
Strasbourgeois : strasbourgari (n. m.) (all. Straßburger) (p. s.).
Sucette : loulari (n. m.) (als. lulla).
Sucre : goudlo (n. m.) (i-a. guda) (g. s. / h. s. / p. s.) / tsoukro (n. m.) (all. Zucker).
Sucré : tsoukrémèn (adj. inv.) (all. Zucker) / zis (adj. inv.) (all. süß).
Suie : rousa (n. f.) (all. Ruß).
Suisse (ethnonyme) : chwéïtsari (n. m.) (all. Schweizer).
Suisse : chwéïtsi (n. m.) (all. Schweiz).
Sur / à / vers : ap (prép.) (i-a. upari).
Sûr : gwis (adj. inv.) (all. gewiss).
Sureau : holdra (n. f.) (als. Holdra).
Surnom (utilisé au sein de la communauté des Sínté et de celle dite des gens du voyage) : roméno lap (n. m.) (i-a. ramana / i-a. lapa).
Surveillant : pasébaskro (n. m.) (all. passen).
Suspendu : héngédo pré (adj.) (all. hängen / i-a. ūpar).

T

Tabac : doubaka / toubaka (n. f.) (all. Tabak) / toubéli (n. f.) (i-a. dhūma).
Tabac à priser : nakéskri (n. f.) (i-a. nāka).
Table : ticha (n. f.) (all. Tisch).
Table à manger : rhamaskri (n. f.) (i-a. khād).
Tablier : chirtsa (n. f.) (all. Schürze) / dámtira (n. f.) (i-a. dhavaja).
Tache : fléka (n. f.) (all. Fleck).
Taché : flékémèn (adj. inv.) (all. Fleck).
Tache sur la peau / envie : amola (n. f.) (als. amol).
Tacheté : chékégo (adj.) (all. scheckig) / flékégo (adj.) (all. Fleck).
Taie d'oreiller : koupi kisa (n. f.) (all. Kopfkissen).
Taillé : chnitsémèn (adj. inv.) (als. schnetzla).
Tailleur : chnaïdari (n. m.) (all. Schneider).
Talon : fércha (n. f.) (all. Ferse).
Talus : raïno (n. m.) (all. Rain).
Tambour : troumla (n. f.) (all. Trommel).
Tampon / timbre : chtémplo (n. m.) (all. Stempel).
Tanche : chlaïa (n. f.) (all. Schleie).
Tant : kaké bout (adv.) (i-a. yathā / i-a. bahútitha).
Tant pis : raï (interj.).
Tante / terme de respect pour s'adresser à une femme âgée : bibi (n. f.) (i-a. bībī).
Tapis : chtaképaskro (n. m.) (all. staken) / tépégo (n. m.) (all. Teppich).
Tarbais : tarbari (n. m.) (fr. Tarbes) (v. s.).
Tard : chpot (adv.) (all. spät).
Tas : houfka (n. f.) (als. Hüffa).
Téléphone : rakémaskro (n. m.) (i-a. vac).
Télévision : férhnsra (n. f.) (all. Fernseher) (p. s.) / téléviziona (n. f.) (fr. télévision) (b. s. / p. s. / v. s.).
Tellement : fotar (adv.) (all. vordere) / oundar (adv.) (all. und).
Témoignage (évangélisme) : tsaïgépèn (n. m.) (all. zeigen).
Témoin : tsaïgo (n. m.) (all. Zeuge).
Tempête : chtorma (n. f.) (all. Sturm).

Temple : témplo (n. m.) (all. Tempel) (g. s.).
Temps (météorologie) : vétra (n. f.) (all. Wetter).
Temps / saison : tchiro (n. m.) (gre. καιρος).
Temps d'orage : tímlé vétra (n. f.) (all. Donner + all. Wetter).
Tenace : tsé (adj. inv.) (all. zäh).
Tendre : vaïrhémèn (adj. inv.) (all. weichen).
Ténèbres : tounklébèn (pl.) (all. dunkel).
Tente : tsélta (n. f.) (all. Zelt).
Terminé (assiette où il ne reste plus rien) : chlékémèn télé (adj. inv.) (all. schlecken / i-a. tala).
Terminé : fértégès (adv.) / fértégo (adj.) (all. fertig).
Terre : érta (n. f.) (all. Erde) / poup (i-a. bhūmi).
Terreur : ángchta (n. f.) (all. Angst).
Testament : téstaménto (n. m.) (all. Testament).
Testicules : ïaré (pl.) (i-a. anda).
Têtard : molo (n. m.).
Tête : chéro (n. m.) (i-a. śiras).
Têtu : naïdégo (adj.) (all. neidisch).
Thaïlandais : taïlándari (n. m.) (all. Thailänder).
Thé : téïa (n. f.) (all. Tee).
Thuret (village situé dans le département du Puy-de-Dôme en Auvergne) (surnom) : chnokélo gap (n. m.) (all. Schnake / i-a. grāma) (v. s.).
Tibétain : tibétari (n. m.) (all. Tibeter).
Tibia : chínbaïna (n. f.) (all. Schienbein).
Tiède : lovégo (adj.) (all. lau).
Tige : halmo (n. m.) (all. Halm).
Tige d'osier dont on se sert pour la réalisation d'un panier : zétsa (n. f.) (all. setzen).
Tigre : tigari (n. m.) (all. Tiger).
Tilleul : téïtiko rouk (n. m.) (all. Tee / i-a. rūkh).
Tique : tséka (n. f.) (all. Zecke).
Tiré : tsardéno (adj.) (i-a. trā).
Tireur / lance-pierre : tsardémaskro (n. m.) (i-a. trā).
Tiroir : choupa / chouplada (n. f.) (als. Schüblàda).
Tisonnier : chtérhaïzo (n. m.) (p. s.).
Tissage / tressage : flérhtéba (n. m.) (all. flechten).
Tissé / tressé : flérhtémèn (adj. inv.) (all. flechten).

Tissu : stofdo (n. m.) (all. Stoff) / tsaïgo (n. m.) (all. Zeug).
Toilettes : chaïsozo (n. m.) (all. scheißen).
Toit : tarha (n. f.) (all. Dach).
Tôle : plérho (n. m.) (all. Blech).
Tomate : loli (n. f.) (i-a. lālī) / tomata (n. f.) (all. Tomate).
Tombe : grabo (n. m.) (all. Grab).
Tombé : pérédo (adj.) (i-a. pad).
Ton / ta / tes : tour (adj. pos.) (sín. tiro).
Ton : tiro (adj. pos.) (i-a. terā).
Tonne : tséntra (n. f.) (all. Zentner).
Tonneau : fasa (n. f.) (all. Fass).
Torchon : tsotla (n. f.) (all. Zottel) / véchloumpo (n. m.) (all. Wäsche + all. Lumpen).
Tordu : draïémèn (adj. inv.) (als. draija).
Torrent : charfpani (n. m.) (all. scharf + i-a. pānīya).
Tortue : chilkrota (n. f.) (all. Schildkröte).
Tôt : fri (adv.) (all. früh).
Totalement : tchélès (adv.) (ser. Цело).
" Touche à tout " : pipémaskro (n. m.) (ser. пипати).
Touffe : boutcho (n. m.) (all. Busch).
Touffes d'herbes placées aux intersections de routes (indique la voie empruntée par les caravanes lors d'un déplacement) : tsaïrhi (pl.) (all. Zeichen).
Touffu : bouflémèn (adj. inv.).
Toujours : als (adv.) (als. àls) / imar (adv.) (all. immer) / tchir (adv.) (i-a. cira).
Toujours parti : als fort (als. àls / all. fort).
Tour (édifice) : tourmo (n. m.) (all. Turm).
Tour (moment) : kéra (n. f.) (all. Kehre) / toura (n. f.) (als. Düra).
Tourment / souffrance physique : péïna (n. f.) (all. Pein) / bloga (n. f.) (all. Plage).
Tourné / changé : risédo (adj.) (i-a. vrt).
Tournevis : draïari (n. m.) (als. draija).
Tourterelle : divïi toïba (n. f.) (ser. дивљи / all. Taube).
Tous / tout : aloïtré (adv.) (all. lauter).
Toussaint (catholicisme) : mouléskro divès (n. m.) (i-a. mr / i-a. divasa) (p. s. / v. s.).

Tout / tous : tchélo (adj.) (ser. Цело).
Tout à coup : faïmol (als. einmol).
Tout ce qui est possible : krat nachti (all. gerade / i-a. śakti).
Tout droit : chtrak vri (all. schräg / i-a. bahih) / krat vri (all. gerade / i-a. bahih).
Tout là-bas : koté koï (i-a. kva / i-a. kva).
Tout petit : mountségo (adj.).
Toute la nuit : ivénarht (all. übernachten).
Toux : rhas (n. m.) (i-a. kāsa).
Trace : chpoura (n. f.) (all. Spur).
Tradition : traditsiona (n. f.) (all. Tradition).
Traduction : tragépèn (n. m.) (all. tragen).
Train : bana (n. f.) (all. Bahn) / tsougo (n. m.) (all. Zug).
Traîneur : chlapari (n. m.) (all. schleppen).
Traîtrise : falchépèn (n. m.) (all. falsch).
Tranche de pomme de terre grillée : kirhéla (n. f.) (all. Kuchen).
Tranchée : rhosa (n. f.) (arm. խոր).
Tranquille : chtil (adj. inv.) (all. still).
Tranquillité : rouha (n. f.) (all. Ruhe).
Transpiration : chwitsa (n. f.) (all. Schwitzen) / chwitsépèn (n. m.) (all. schwitzen).
Travail : chafrépèn (n. m.) (all. schaffen).
Travailleur : chafrébaskro (n. m.) (all. schaffen).
Trèfle / luzerne : kléïa (n. f.) (all. Klee).
Trembles (osier) : hartéchpli (pl.) (all. hart + all. Espe).
Trempé : tounkémèn (adj. inv.) (all. tunken).
Trépied : traïfous (all. Dreifuß).
Très / complètement : gánts (adv.) (all. ganz).
Tressé : khouvémèn (adj. inv.) (i-a. gumph).
Tribulation (évangélisme) : proba (n. f.) (all. Probe) (h. s.).
Tribunal / plainte : béda (n. f.) (i-a. bita) / krirhta (n. f.) (all. Gericht) / pagi (n. f.) (i-a. bhañj).
Tricot : vamchto (n. m.) (als. Wàmscht).
Tricoté : chtrikémèn (adj. inv.) (all. stricken).
Tricycle : drézina (n. f.) (all. Draisine).
Triste / ennuyeux : laïdémèn (adj. inv.) / laïdégès (adv.) / laïdégo (adj.) (all. leiden).
Tristesse : laïdéba (n. m.) (all. leiden).

Troisième (vitesse sur un véhicule) : trínti (n. f.) (i-a. trīn).
Trompette : pourdari (n. m.) (i-a. sphūrj) / toutra (n. f.).
Trompettiste : toutrari (n. m.).
Trône : trona (n. f.) (all. Thron).
Trop : so (adv.) (all. zu) / so bout (adv.) (all. zu / i-a. bahútitha).
Trot : trapa (n. f.) (all. Trab).
Trou : rhép (n. f.) (i-a. kuhara).
Troupe : troupa (n. f.) (all. Truppe).
Trouvé : atsédo (adj.) (i-a. aś).
Truc : bédo (n. m.) (i-a. bita).
Truie : bali (n. f.) (i-a. varāha).
Truite : foréla (n. f.) (all. Forelle).
Tsigane (femme) originaire de la péninsule Ibérique : kali (n. f.) (i-a. kāla).
Tsigane (homme) originaire de la péninsule Ibérique : kalo (n. m.) (i-a. kāla).
Tsigane (homme) originaire des pays de l'Est de l'Europe : rom (n. m.) (i-a. ramana).
Tsigane : tsiganari (n. m.) (fr. Tsigane) (b. s. / g. s. / p. s.).
" Tu blagues ! " : rharhi (interj.) (i-a. hāsya).
Tué : marédo (adj.) (i-a. mār).
Tuile : tsigla (n. f.) (all. Ziegel).
Tuilier : tsiglari (n. m.) (all. Ziegler).
Tulipe : toulpa (n. f.) (all. Tulpe).
Tuyau : chlorho (n. m.) (all. Schlauch) / roro (n. m.) (all. Rohr).
Tympan : odra (n. f.) (all. Ohr).

U

Un / une : i (pron.) (i-a. eka).
Unique : hènségo (adj.) (all. Einzige).
Urine (vulgaire) : moutar (n. m.) (i-a. mūtra).
Usé (couteau ayant perdu son tranchant) : télé chlaïfédo (adj.) (i-a. tala / all. schleifen).
Usine : fabrika (n. f.) (all. Fabrik).
Utérus (mammifères femelles) : bouzri (n. f.) (i-a. yoni).

V

Vache : groumni (n. f.) (i-a. go).
Vagabond : djamaskro (n. m.) (i-a. ja) / vándlébaskro (n. m.) (all. wandeln).
Vague : vala (n. f.) (all. Welle).
Vaillant : vaïánto (adj.) (fr. vaillant) (b. s. / p. s. / v. s.).
Vaisselle : chiri (pl.) (all. Geschirr).
Valeur : vérchafta (n. f.) (all. Wert).
Vallée : tala (n. f.) (all. Tal).
Valse : valtsari (n. m.) (all. Walzer).
Vantard : charédo (adj.) (i-a. śravas).
Vapeur : támpa (n. f.) (all. Dampf).
Veau : kalbo (n. m.) (all. Kalb).
Veillée (rite funéraire) : varha (n. f.) (all. Wache).
Veilleuses (véhicule) : ïaka (pl.) (i-a. aksa).
Veine : adari (n. m.) (all. Ader) (g. s.).
Velours : zaméto (n. m.) (all. Samt).
Vendeur : bikrémaskro (n. m.) (i-a. vikrī).
Vent : vínta (n. f.) (all. Wind).
Vente : bikrépèn (n. m.) (i-a. vikrī).
Ventre : pánsa (n. f.) (all. Pansen) / pèr (n. m.) (i-a. pēt).
Ver (terre) : kirmo (n. m.) (i-a. krmi).
Ver (viande, fromage,…) : chmaïza (n. f.) (als. Schmaismucka) / méda (n. f.) (all. Made).
Verbe " ne pas pouvoir " : nachti gar (i-a. śakti / all. gar).
Verbe " pouvoir " : nachti (i-a. śakti).
Verdure / légumes verts : zénlépèn (n. m.) (ser. зелена).
Verglas : glataïs (n. m.) (all. Glatteis).
Véritable : èrht (adj. inv.) (all. echt).
Vérité : tchatchépèn (n. m.) (i-a. satya).
Verre : glazo (n. m.) (all. Glas).
Verrue : vartsla (n. f.) (all. Warze).
Vert : zénélo (adj.) (ser. зелена).
Vertige : chwíngla (n. f.) (all. Schwindel).
Veste : fraka (n. f.) (all. Frack) / roka (n. f.) (all. Rock).
Vétérinaire : ratéskro (n. m.) (i-a. rakta).
Veuve : pibli (n. f.) (i-a. vidhavā).

Viande : mas (n. m.) (i-a. āmisa).
Viandeux : masélo (adj.) (i-a. āmisa).
Vibration / ronronnement (moteur) : zoura (n. f.) (all. surren).
Victoire : gwinépèn (n. m.) (all. gewinnen).
Vide : lér (adj. inv.) (all. leer).
Vie : djibèn (n. m.) (i-a. jīv).
Vie éternelle : évégo djibèn (n. m.) (all. ewig / i-a. jīv).
Vieillesse : pourépèn (n. m.) (i-a. purāna).
Viennois : vinari (n. m.) (all. Wiener).
Vieux : pourès (adv.) / pouro (adj.) (i-a. purāna).
Vigne : réba (n. f.) (all. Rebe).
Vigneron : moléngro (n. m.) (i-a. madya) / rébari (n. m.) (all. Rebe).
Vigoureux : louchtégo (adj.) (all. lustig).
Vilain : djoungélo (adj.) (i-a. jukuta).
Village : fléko (n. m.) (g. s. / p. s.) / gap (n. m.) (i-a. grāma).
Village où les Sínté se sentent bien : roméno gap (n. m.) (i-a. ramana / i-a. grāma).
Ville : foro (n. m.) (gre. φόρος).
Vin : mol (n. f.) (i-a. madya).
Vinaigre : chout (n. m.) (i-a. śukta).
Vinaigrette / salade : choutli (n. f.) (i-a. śukta).
Violence : gévalta (n. f.) (all. Gewalt) / sila (n. f.) (ser. силом).
Violette (fleur) : faïgéla (n. f.) (all. Veilchen).
Violon : géïga (n. f.) (all. Geige).
Violoncelle : basgéïga (n. f.) (all. Geige).
Violoncelliste : basgéïgari (n. m.) (all. Geiger).
Violoniste : géïgari (n. m.) (all. Geiger).
Visière : chnépa (n. f) (all. Schneppe).
Vite : sik (adv.) (i-a. śīghra).
Vitesse / course de vitesse : siképèn (n. m.) (i-a. śīghra).
Vivant : djido (adj.) (i-a. jīv).
Voici : aké (adv.) (i-a. atha).
Voile : flora (n. f.) (all. Flor).
Voiture / caravane : vago (n. m.) (all. Wagen).
Voix : chtima (n. f.) (all. Stimme).
Vol / enlèvement : léïébèn (n. m.) (i-a. labh) / tchorépèn (n. m.) (i-a. cora).

Vol important (argot) : pagépèn (n. m.) (i-a. bhañj).
Volaille : klochka (n. f.) (ru. курица).
Volant : fligémèn (adj. inv.) (all. fliegen).
Volé : chtarémèn (adj. inv.) (i-a. sparśatā) / tchorédo (adj.) (i-a. cora).
Volets : ladi (pl.) (all. Fensterladen).
Voleur : tchorébaskro (n. m.) (i-a. cora).
Volonté : vila (n. f.) (all. Wille).
Volontiers / exprès : garn (adv.) (all. gern).
Vomissement : tchadépèn (n. m.) (i-a. chrd).
Votre : toumaro (adj. pos.) (i-a. tumarā).
Voyage : raïza (n. f.) (all. Reise).
Voyou : vakéso (n. m.) (als. Wàckes).
Vrai : tchatcho (adj.) (i-a. satya).
Vu : diklo (adj.) (i-a. drs).
Vulgaire : ounédégès (adv.) / ounédégo (adj.) (all. unedel).

Y

Yéniche (femme) (péjoratif) : mirha (n. f.) (i-a. mithyā) / baréskrétsa (péjoratif) (n. f.) (sín. bar).
Yéniche (homme) (péjoratif) : mirho (n. m.) (i-a. mithyā) / baréskro (péjoratif) (n. m.) (sín. bar) / matlari (péjoratif) (n. m.) (sín. mat) (v. s.).

Z

Zèle : aïfro (n. m.) (all. Eifer).
Zinc : tsíngo (n. m.) (all. Zink).
Zut : ta (interj.).

SÍNTIKÈS - FRANÇAIS

A

Achpéchari : cendrier (n. m.) (all. Aschenbecher) (g. s. / p. s.).
Adari : veine (n. m.) (all. Ader) (g. s.).
Adlari : aigle (n. m.) (all. Adler).
Afo : singe (n. m.) (all. Affe).
Afokato : avocat (n. m.) (all. Advokat).
Afro pré : je ramasse (v.) (all. aufraffen / i-a. ūpar).
Agatsi : acacias (pl.) (all. Akazie).
Aïfro : zèle (n. m.) (all. Eifer).
Aïgéno : propre (personnel) (adj.) (all. eigen).
Aïla : chouette (n. f.) (all. Eule).
Aïmétari : moissonneur (n. m.).
Aïméto : moisson (n. m.).
Aïnvonari : Pyrénéen (n. m.) (all. Einwohner) (g. s.).
Aïzo : abcès (n. m.) (als. Aisa).
Aké : voici (adv.) (i-a. atha).
Ako : chaque (adj.) (ser. сваки).
Akoun : chacun (pron.) (ser. сваки).
Akounéské : à chacun (ser. сваки).
Aksa : essieu (n. f.) (all. Achse).
Ala : alêne (n. f.) (all. Ahle).
Alé vèk : certainement (adv.) (all. alle / all. weg).
Aléïa : allée (n. f.) (all. Allee).
Aloïtré : tous / tout (adv.) (all. lauter).
Als : toujours (adv.) (als. àls).
Als fort : toujours parti (als. àls / all. fort).
Altara : autel (n. f.) (all. Altar) (g. s.).
Ámchlo : merle (n. f.) (all. Amsel).
Amérika : Amérique (n. f.) (all. Amerika).
Amérikanari : Américain (n. m.) (all. Amerikaner).
Amérikántikès : américain (langue) (n. m.) (all. Amerikanisch).
Amérikántiko : américain (adj.) (all. amerikanisch).
Amola : tache sur la peau / envie (n. f.) (als. amol).

Án : dans (prép.) / particule verbale correspondant à " an " en allemand. Marque le contact, l'action d'allumer (adv.) (all. an).
Án diklo : considéré (adj.) (all. an / i-a. drs).
Án firémèn : dupé (adj. inv.) (all. an / all. anführen).
Án i hèr : en l'air (all. an / i-a. eka / all. Höhe).
Án tsaïgréba : annonce d'un décès (n. m.) (all. an / all. zeigen).
Án tsaïgrémèn : annoncé (adj. inv.) (all. an / all. zeigen).
Ándalouzari : Andalou (n. m.) (all. Andalusier) (g. s. / p. s.).
Ándlo : amené / prêché (évangélisme) (adj.) (i-a. ānī).
Ándoranari : Andorran (n. m.) (all. Andorraner) (g. s. / p. s.).
Ánfángo : commencement (n. m.) (all. Anfang).
Ángchta : terreur (n. f.) (all. Angst).
Ánglo : hameçon (n. m.) (all. Angel).
Ángrédo : peigné (adj.) (i-a. snā).
Ángro : je peigne (v.) (i-a. snā).
Ángro mán : je me peigne (v.) (i-a. snā / i-a. aham).
Ángro vri : je démêle (v.) (i-a. snā / i-a. bahih).
Ánhalta : halte (lieu) (n. f.) (all. Anhalt).
Ano : j'amène (v.) (i-a. ānī).
Ano dourch : je fais traverser / je fais passer (v.) (i-a. ānī / all. durch).
Ano fort : j'emporte (v.) (i-a. ānī / all. fort).
Ano kéténé : je réunis (v.) (i-a. ānī / i-a. ekathā).
Ano o Débléskro lap : je prêche (évangélisme) (v.) (i-a. ānī / i-a. ó / i-a. deva / i-a. lapa).
Ano vri : je fais sortir (v.) (i-a. ānī / i-a. bahih).
Ánpiksémèn : moitié-saoul (adj. inv.).
Ánstrap : personnage de Noël (n. m.).
Ánvakséba : " côtes serrées " (maladie d'enfant) (n. m.) (all. anwachsen).
Ánvaksémèn : " côtes serrées " (maladie d'enfant) (adj. inv.) (all. anwachsen).
Ánvéïlégo : mou (moralement) (adj.) (all. weichlich).
Ap : particule verbale correspondant à " auf " en allemand. Marque l'attention (adv.) / sur / à / vers (prép.) (i-a. upari).
Ap barhtélo : " sois le bienvenu " (i-a. āyā / per. شانس).
Ap i ránda : dans un instant (i-a. upari / i-a. eka / all. rannte).

Ap o béri : aux galères (durée indéterminée) (i-a. upari / i-a. ó / i-a. vah).
Ap taïlémèn : divisé (adj. inv.) (i-a. upari / all. teilen).
Ap taïlounga : division (n. f.) (i-a. upari / all. Teilung).
Aparata : appareil (radio, ordinateur,…) (n. f.) (all. Apparat).
Apétita : appétit (n. f.) (all. Appetit).
Apfélzina : orange (n. f.) (all. Apfelsine).
Apfélzíntiko rouk : oranger (n. m.) (all. Apfelsine / i-a. rūkh).
Apnéma : " maladie des vieillards " (maladie d'enfant) / millepertuis (plante dont on se sert pour guérir la " maladie des vieillards " chez les enfants) (n. f.) (all. abnehmen).
Apochtlo : apôtre (n. m.) (all. Apostel).
Aprilo : avril (n. m.) (all. April).
Arabari : Arabe (n. m.) (all. Araber).
Araméari : Araméen (n. m.) (all. Aramäer).
Arbaïta : œuvre (n. f.) (all. Arbeit) (g. s. / p. s.).
Arbaïtari : ouvrier (n. m.) (all. Arbeiter) (g. s. / p. s.).
Arch : cul (vulgaire) (n. f.) (all. Arsch).
Argédar : pire (all. Ärger).
Arhta : attention (interj.) (all. Achtung).
Armi zéla : pauvre défunt (n. f.) (all. arm / all. Seele).
Arnoso : frelon (n. m.) (all. Hornisse).
Arpsi : petits pois (pl.) (all. Erbse).
Atsédo : trouvé (adj.) (i-a. aś).
Atsla : pie (n. f.) (all. Elster).
Atso : je trouve (v.) (i-a. aś).
Atso mán : je me trouve (v.) (i-a. aś / i-a. aham).
Australari : Australien (n. m.) (all. Australier) (g. s. / p. s.).
Ava : oui (adv.) (i-a. vā).
Avaïanari : Hawaiien (n. m.) (all. Hawaiianer) (g. s. / p. s.).
Avélèn : si (adv.) (i-a. vā).
Avèn barhtélé : " soyez les bienvenus " (i-a. āyā / per. شانس).
Avèrh : mais (conjonct.) (all. aber).
Avo : quel (adj. excl. / adj. int.) (i-a. ka).
Awa : oui (adv.) (i-a. vā).
Awto : automobile (n. m.) (all. Auto).
Azia : Asie (n. f.) (all. Asien).
Aziato : Asiatique (n. m.) (all. Asiat).

B

Bachno : coq (n. m.) (i-a. bhas).
Bachrari : musicien (n. m.) (i-a. bhas).
Bachrémaskri : guitare / contrebasse (n. f.) (i-a. bhas).
Bachrémaskro : musicien (n. m.) (i-a. bhas).
Bachrépèn : aboiement / musique (n. m.) (i-a. bhas).
Bachro : j'aboie / je joue (instrument de musique) (v.) (i-a. bhas).
Bachtardo : bâtard (n. m.) (all. Bastard).
Baïa : corsage (n. f.) (i-a. bāhu).
Baïari : Bavarois (n. m.) (all. Bayer) (g. s.).
Bakréngro : berger (mouton) (n. m.) (i-a. bakrā).
Bakri : brebis (n. f.) (i-a. bakrā).
Bakro : mouton (n. m.) (i-a. bakrā).
Bal : cheveu / poil (n. m.) (i-a. vāla).
Bala : bal / balle (n. f.) (all. Ball).
Baléngré kán : carnet anthropométrique (pl.) (i-a. varāha / i-a. kāna).
Baléngré matréli : petites pommes de terre (pl.) (i-a. varāha).
Baléngré ripi : côtes de porc (pl.) (i-a. varāha / all. Rippe).
Baléno : de cochon (adj.) (i-a. varāha).
Bali : truie (n. f.) (i-a. varāha).
Balko : poutre (n. m.) (all. Balken).
Balno : poilu (adj.) (i-a. vāla).
Balo : cochon (n. m.) (i-a. varāha).
Bana : malédiction (n. f.) (all. Bann) / train (n. f.) (all. Bahn).
Banémèn : maudit (adj. inv.) (all. Bann).
Bángé ménïéngré : hussards (pl.) (i-a. bhagna / i-a. manyā).
Bángo : boiteux / de travers (adj.) (i-a. bhagna).
Bánhofo : gare ferroviaire (n. m.) (all. Bahnhof).
Bánka : banque (n. f.) (all. Bank).
Bánko : banc (n. m.) (all. Bank).
Bar : pierre (n. m.) (i-a. bat).
Barba : barbeau (n. f.) (all. Barbe).
Barédar : plus grand (i-a. vadra).
Baréno : pierreux (adj.) (i-a. bat).
Baréno tcharo : bol en terre cuite (n. m.) (i-a. bat / i-a. carú).

Baréskrétsa : Yéniche (femme) (péjoratif) (n. f.) (sín. bar).
Baréskro : Yéniche (homme) (péjoratif) (n. m.) (sín. bar).
Barht : chance (n. m.) (per. شانس).
Barhtélo : chanceux (adj.) (per. شانس).
Barka : barque (n. f.) (all. Barke).
Baro : grand (adj.) (i-a. vadra).
Baro kova : évènement (n. m.) (i-a. vadra / i-a. gocara).
Baro lil : carnet de circulation (n. m.) (i-a. vadra / i-a. likh).
Baro sap : dragon (n. m.) (i-a. vadra / i-a. sarpa).
Basa : contrebasse (n. f.) (all. Bass).
Basari : contrebassiste (n. m.) (all. Bass).
Basgéïga : violoncelle (n. f.) (all. Geige).
Basgéïgari : violoncelliste (n. m.) (all. Geiger).
Baski : Pays basque (n. m.) (all. Baskenland) (v. s.).
Basko : Basque (n. m.) (all. Baske) (v. s.).
Batizémèn : baptisé (évangélisme) (adj. inv.) (fr. baptiser) (b. s. / p. s. / v. s.).
Batizo : je baptise (v.) (fr. baptiser) (b. s. / p. s. / v. s.).
Bava : bave (n. f.) (fr. bave) (b. s. / v. s.).
Bavo : je bave (v.) (fr. baver) (b. s. / v. s.).
Bécho : j'assois (v.) (i-a. viś).
Bécho mán : je m'assois (v.) (i-a. viś / i-a. aham).
Béchto : assis (adj.) (i-a. viś).
Béda : homosexuel (péjoratif) (n. m.) / tribunal / plainte (n. f.) (i-a. bita).
Bédo : sexe masculin (vulgaire) / truc (n. m.) (i-a. bita).
Béko : je fais cuire (grille) (v.) (all. backen).
Bélgiari : Belge (n. m.) (all. Belgier) (b. s.).
Bélgio : Belgique (n. m.) (all. Belgien) (b. s.).
Bélgitiko Sínto : Sínto originaire de Belgique (n. m.) (all. belgisch / i-a. sindhu).
Bélrhidi : échalote / mandarine (n. f.) (all. Belchen).
Béna : benne (n. f.) (fr. benne) (b. s. / p. s. / v. s.).
Bénk : diable (n. m.) (i-a. bheka).
Bénzina : essence (véhicule) (n. f.) (all. Benzin).
Bérch : an (n. m.) (i-a. varsa).
Bérchinïa : pêches (pl.) (als. beschala).
Bérchíntiko rouk : pêcher (n. m.) (als. beschala / i-a. rūkh).

Bérchko : perche (poisson) (n. m.) (all. Barsch).
Bérchtiko bourho : annuaire téléphonique (n. m.) (i-a. varsa / all. Buch).
Bérga : montagne (n. f.) (all. Berg).
Bérga pré : montée (n. f.) (all. Berg / i-a. ūpar).
Bérga télé : descente (n. f.) (all. Berg / i-a. tala).
Bérgari : montagnard (n. m.) (all. Berg).
Bérlinari : Berlinois (n. m.) (all. Berliner) (g. s.).
Béro : ours (n. m.) (all. Bär).
Bétch : poitrine (n. f.) (per. بدن).
Bététsa : débauchée (n. f.) (i-a. bita).
Béza : balai (n. f.) (all. Besen).
Bi : particule indiquant la négation (figure devant certains mots) (i-a. bī).
Bibarht : malchance (n. f.) (i-a. bī + per. شانس).
Bibarhtélo : malchanceux (adj.) (i-a. bī + per. شانس).
Bibi : tante / terme de respect pour s'adresser à une femme âgée (n. f.) (i-a. bībī).
Bibla : bible (n. f.) (all. Bibel).
Biboldo : " non baptisé " / Juif (n. m.) (i-a. bī + i-a. budh).
Bibro : castor (n. m.) (all. Biber) (g. s.).
Bichro : je brosse (v.) (als. birschte).
Bigémèn : courbé (adj. inv.) (all. biegen).
Biglo : je repasse (linge) (v.) (all. bügeln).
Bigo : je courbe (v.) (all. biegen).
Bigo mán : je me courbe (v.) (all. biegen / i-a. aham).
Biïalo Sínto : Sínto appartenant à la famille Weiss (n. m.) (i-a. bī + i-a. alhad / i-a. sindhu) (g. s.).
Biïap : noces (n. f.) (i-a. vivāha).
Biïo mán : je me marie (v.) (i-a. vivāha / i-a. aham).
Bikrémaskro : vendeur (n. m.) (i-a. vikrī).
Bikrépèn : vente (n. m.) (i-a. vikrī).
Bikro : je vends (v.) (i-a. vikrī).
Bilda : image / photo (n. f.) (all. Bild).
Bilédo : fondu (adj.) (i-a. bilā).
Biléla : ça fond (i-a. bilā).
Bilo : je fonds (v.) (i-a. bilā).

Biltro mángé drèn : je m'en doute (all. bilden / i-a. aham / i-a. antar).
Bilóndès : sans sel (adv.) (i-a. bī + i-a. lōn).
Bilóndo : sans sel (adj.) (i-a. bī + i-a. lōn).
Bira : bière (n. f.) (all. Bier).
Birka : bouleau (arbre) (n. f.) (all. Birke).
Birktiko véch : forêt de bouleaux (n. m.) (all. Birke / per. جنگل).
Bis : jusque / jusqu'à / jusqu'au (prép.) (all. bis).
Bistrémèn : oublié (adj.) (i-a. bisar).
Bistrépèn : oubli (n. m.) (i-a. bisar).
Bistro : j'oublie (v.) (i-a. bisar).
Bitar : amer (adj. inv.) (all. bitter).
Bitchédo : envoyé (adj.) (i-a. ksip).
Bitchémèn : envoyé (adj.) (i-a. ksip).
Bitcho : j'envoie (v.) (i-a. ksip).
Bizi : ouragan (n. f.) (gre. φιλί).
Bizou : pièce de monnaie (sín. bich + sín. zou).
Blado : je pends (v.) (i-a. lamb).
Blado mán : je me pends (v.) (i-a. lamb / i-a. aham).
Blaïda : bavardage (n. f.) (all. Plauderei).
Blaïfédro : crayon (n. m.) (all. Bleifeder).
Blaïo : plomb (n. m.) (all. Blei).
Blaïtiko : plombé (adj.) (all. Blei).
Blana : bâche (n. f.) (all. Plane).
Blándoura : plaine (n. f.).
Bléïrh : pâle (adj. inv.) (all. bleich).
Blékro : je tire la langue (v.).
Blichta : fleur (arbre) (n. f.) (als. Blüascht).
Blichtépèn : floraison (n. m.) (als. Blüascht).
Blíndichlaïhirha : orvet (n. f.) (all. Blindschleiche).
Blíndo : aveugle (adj.) (all. blind).
Blitza : éclair (n. f.) (all. Blitz).
Bloga : tourment (n. f.) (all. Plage).
Bloïto : bleu (adj.) (all. blau).
Blot : nu / chauve (adj. inv.) (all. bloß).
Bloudo : je saigne (v.) (all. bluten).
Blouma : fleur (n. f.) (all. Blume).
Blouméla : ça fleurit (all. blühen).

Blount : blond (adj. inv.) (all. blond).
Bloutro : pouls (n. m.) (all. Bluter).
Bloutvourcht : boudin (n. m.) (all. Blutwurst).
Bloza : ampoule (cloque) (n. f.) (all. Blase).
Bnago : je ronge (v.) (all. benagen).
Bobo : fève (n. m.) (ser. боб).
Bodja : jeu de boule se pratiquant avec des pierres ou des fers à cheval (n. f.) (it. boccia).
Bogo : arc / archet (n. m.) (all. Bogen).
Bok : faim (n. f.) (i-a. bubhuksita).
Bokélo : affamé / avare (adj.) (i-a. bubhuksita).
Boko : je cogne de la tête (à la manière d'un bouc) (v.) (all. bocken).
Bola : louche (n. f.) (als. Bolla).
Boldo : baptisé / chrétien (n. m.) (i-a. budh).
Bolépaskro : ange (n. m.) (i-a. budh) (g. s. / p. s.).
Bolépèn : ciel (n. m.) (i-a. budh).
Bona : haricot (n. f.) (all. Bohne).
Bónbo : bonbon (n. m.) (all. Bonbon).
Bónchortli : haricots verts (pl.) (all. Bohne + i-a. śukta).
Bop : poêle (chauffage) (n. m.) (arm. շnվ).
Borédo : niqué (vulgaire) (adj.) (i-a. bhū).
Borépèn : acte sexuel (vulgaire) (n. m.) (i-a. bhū).
Boro : je fais l'amour (vulgaire) (v.) (i-a. bhū).
Boucht : broche (cuisine) (n. m.) (i-a. śrā).
Bouchtarvi : matricules (nazisme) / caractères (pl.) (all. Buchstabe).
Bouflémèn : touffu (adj. inv.).
Bouïbouï : fornication (vulgaire) (n. f.) (i-a. yābha).
Bouïédo : sodomisé (vulgaire) (adj.) (i-a. yābha).
Bouïépèn : sodomie (vulgaire) (n. m.) (i-a. yābha).
Bouïo : je sodomise (vulgaire) (v.) (i-a. yābha).
Bouko : foie (n. m.) (i-a. būkkā).
Boul : fesses (vulgaire) (n. f.) (i-a. bul).
Bouldrédina : dinde (n. f.) (all. Puterhahn).
Bouma : chaudron (n. f.) (als. bummerig).
Boumblégo : gros et rond (adj.) (als. bummerig).
Boumbli : femme rondelette (n. f.) (als. bummerig).

Boumblo : homme rondelet (n. m.) (als. bummerig).
Boundo : botte (légume) (n. m.) (all. Bund).
Bounit : seulement (adv.) (i-a. bahútitha).
Bour : buisson (n. m.) (i-a. dru) / grand (adj. m.) (sín. baro).
Boura : sac formé d'une toile nouée (n. f.) (all. Bühne).
Bourga : château-fort (n. f.) (all. Burg).
Bourho : livre (n. m.) (all. Buch).
Bourtstago : anniversaire (n. m.) (all. Geburtstag).
Bout : beaucoup (adv.) (i-a. bahútitha).
Boutchédo : questionné (adj.) (i-a. praś).
Boutchépèn : question (n. m.) (i-a. praś).
Boutcho : je demande (v.) (i-a. praś) / touffe (n. m.) (all. Busch).
Boutédar : plus (heure) / plus (i-a. bahútitha).
Boutéïa : bouteille (n. f.) (fr. bouteille) (b. s. / p. s. / v. s.).
Boutigar : ne plus (adv.) (i-a. bahútitha + all. gar).
Boutikék : ne plus de (adv.) (i-a. bahútitha + i-a. kaī ek).
Boutro : je travaille (v.) (i-a. vārttā).
Bouzni : bourrique (n. f.) (ser. zvíře).
Bouzri : utérus (mammifères femelles) (n. f.) (i-a. yoni).
Braït : large (adj. inv.) (all. breit).
Braïtédar : plus large (all. breit).
Braïto : j'élargis (v.) (all. breiten).
Braïto mán : je m'élargis (v.) (all. breiten / i-a. aham).
Bránto : brandon (n. m.) (all. Brand).
Bravélédar : plus riche (i-a. bala).
Bravélépèn : richesse (n. m.) (i-a. bala).
Bravélès : riche / richement (adv.) (i-a. bala).
Bravélo : riche (adj.) (i-a. bala).
Brawn : brun (adj. inv.) (all. braun).
Brazari : carburateur (véhicule) (n. m.) (all. Bremser).
Brazilianari : Brésilien (n. m.) (all. Brasilianer) (h. s.).
Brémti : genêts (pl.).
Brémzi : freins (pl.) (all. Bremse).
Brémzo : je freine (v.) (all. bremsen).
Brénta : brûlure (n. f.) (all. Brennen).
Brénto mán : je me brûle (v.) (all. brennen / i-a. aham).
Bri : grande (adj. f.) (sín. bari).

Bria : bouillie (n. f.) (all. Brei) / bouillon (n. f.) (all. Brühe).
Brichédo : pluie (n. m.) (i-a. varsa).
Brichta : brosse (n. f.) (als. Berschta).
Bridlo : je couve (v.) (all. brüten).
Briédo : échaudé (adj.) (all. brühen).
Brifo : lettre (n. m.) (all. Brief).
Brifpoto : facteur (ville) (n. m.) (all. Brief + all. Bote).
Brili : lunettes (pl.) (all. Brille).
Bríndjédo : connu (adj.) (i-a. jñā).
Bríndjo : je connais / je reconnais (v.) (i-a. jñā).
Brio : j'échaude (v.) (all. brühen).
Brio télé : je fais bouillir (v.) (all. brühen / i-a. tala).
Bro : grand (adj. m.) (sín. baro).
Broïno : je caramélise (v.) (all. bräunen).
Brol : poire (n. m.) (per. گلابی).
Broltiko rouk : poirier (n. m.) (per. گلابی / i-a. rūkh).
Brombérili : airelles (pl.) (all. Brombeere).
Brorho : j'ai besoin de (v.) (all. brauchen) / je conjure (v.) (yid. בענטשן).
Brouchtra : poitrine (n. f.) (all. Brust).
Broudari : moine (n. m.) (all. Bruder) (g. s. / p. s.).
Brouka : pont (n. f.) (all. Brücke).
Broumo : je murmure (v.) (all. brummen).
Brouna : fontaine (n. f.) (all. Brunnen).
Brourha : hernie (n. f.) (all. Bruch).
Brouzévo : je ronfle (moteur) (v.) (als. brûse).
Brouzoum : mie de pain (n. m.) (als. brosem).

C

Chadrap : poivre (sín. tchar + sín. drap).
Chafrébaskro : travailleur (n. m.) (all. schaffen).
Chafrépèn : travail (n. m.) (all. schaffen).
Chafro : je travaille (v.) (all. schaffen).
Chafta : étagère (n. f.) (als. Schàft).
Chaï : farouche (adj. inv.) (all. scheu).

Chaïédar : plus farouche (all. scheu).
Chaïna : lueur (n. f.) (all. Schein).
Chaïnédès : brillant / brillamment (adv.) (all. Schein).
Chaïnédo : brillant (adj.) (all. Schein).
Chaïnépèn : apparence (n. m.) (all. Schein) (g. s.).
Chaïno : je brille (v.) (all. scheinen).
Chaïsa : diarrhée (n. f.) (all. Scheiß).
Chaïsozo : toilettes (n. m.) (all. scheißen).
Chaïvégès : répugnant / de façon répugnante (adv.) (all. scheuen).
Chaïvégo : répugnant (adj.) (all. scheuen).
Chaïvo : j'ai de la répugnance (v.) (all. scheuen).
Chala : coquillage (n. f.) (all. Muschel).
Chalo : je sonne / je résonne (v.) (all. schallen).
Chalto : je commande (v.) (all. schalten).
Chanaïta : beauté (n. f.) (all. Schönheit).
Chánjiro : je change (v.) (als. schàngeere).
Charédo : vantard (adj.) (i-a. śravas).
Charépèn : orgueil (n. m.) (i-a. śravas).
Charf : aigre (adj. inv.) (all. scharf).
Charfpani : torrent (n. m.) (all. scharf + i-a. pānīya).
Charh : chou (n. m.) (i-a. śāka).
Charo mán : je me vante (v.) (i-a. śravas / i-a. aham).
Chat : dommage (n. f.) (all. schade).
Chata : ombre (n. f.) (all. Schatten).
Chatéchpil : cinéma (n. m.) (all. Schatten + all. Spiel).
Chéfari : berger (n. m.) (all. Schäfer).
Chéfta : affaire (n. f.) (all. Geschäft).
Chékégo : tacheté (adj.) (all. scheckig).
Chéldra : grelot (n. f.) (all. Schelle).
Chéléskro : gendarme (n. m.) (all. schellen).
Chélo : corde (n. m.) (i-a. śulba) / je pèle (osier) (v.) (all. schälen).
Chélro : je sonne (v.) (all. schellen).
Chélta : épluchure / coquille (n. f.) (all. Schale).
Chéngari : chasseur (n. m.) (i-a. śikāra).
Chéngo drèn : je sers à boire (v.) (all. einschenken / i-a. antar).
Chénka : cadeau (n. f.) (all. Geschenk).

Chépléfla : louche (n. f.) (all. Schöpflöffel).
Chépro vri : je puise / je sers à manger (v.) (all. schöpfen / i-a. bahih).
Chéra : paire de ciseaux (n. f.) (all. Schere).
Chéránt : oreiller (n. m.) (sín. chéro).
Chéro : je coupe avec une paire de ciseaux (v.) (all. scheren) / tête (n. m.) (i-a. śiras).
Chétla : calotte (anatomie) (vulgaire) / crâne (partie haute) (n. f.) (all. Schädel).
Chéza : poussette (n. f.) (als. Scheesa) (p. s.).
Chifari : pêcheur (n. m.) (all. Fischer).
Chifléboni : haricots verts (pl.) (als. Schiffel + all. Bohne).
Chifo : bateau (n. f.) (all. Schiff).
Chifréba : pêche (n. m.) (all. fischen).
Chifrébaskro : pêcheur (n. m.) (all. fischen).
Chifro : je pêche (v.) (all. fischen).
Chikta : chic (n. f.) (all. Schick).
Chiktégo : adroit (adj.) (all. Schick).
Chila : froid (n. f.) (i-a. śīta).
Chilkrota : tortue (n. f.) (all. Schildkröte).
Chilo : froid (adj.) (i-a. śīta).
Chímlégès : moisi (adv.) (all. Schimmel).
Chímlégo : moisi (adj.) (all. Schimmel).
Chímlo : cheval blanc (n. m.) (all. Schimmel) / je moisis (v.) (all. Schimmel).
China : éclisse (n. f.) (all. Schiene).
Chínbaïna : tibia (n. f.) (all. Schienbein).
Chinézari : Chinois (n. m.) (all. Chinese) (h. s.).
Chipa : pelle (n. f.) (all. Schippe).
Chiri : harnais / vaisselle (pl.) (all. Geschirr).
Chirma : parapluie (n. f.) (all. Schirm).
Chirta : histoire (n. f.) (all. Geschichte).
Chirtsa : tablier (n. f.) (all. Schürze).
Chisémèn : fonceur (adj. inv.) (all. schießen).
Chiso : je fonce (v.) (all. schießen).
Chitlo : je secoue / je berce (v.) (all. schütteln).
Chitlo mán : je me secoue (v.) (all. schütteln / i-a. aham).
Chitso : garde (municipal) (n. m.) (all. Schütze).

Chitsouga : protection (n. f.) (all. Schützer).
Chlagaïzo : coup de poing (avec une bague) (n. m.) (all. schlagen).
Chlagari : maréchal-ferrant (n. m.) (all. Schläger).
Chlagédo : ferré (adj.) (all. schlagen).
Chlagéla : il tonne (all. schlagen).
Chlago : je ferre (cheval) (v.) (all. schlagen).
Chlaïa : tanche (n. f.) (all. Schleie).
Chlaïfédo : aiguisé (adj.) (all. schleifen).
Chlaïfo : j'aiguise / je traîne (v.) (all. schleifen).
Chlaïfo mán : je me traîne (v.) (all. schleifen / i-a. aham).
Chlaïftaïno : pierre à aiguiser (n. m.) (all. schleifen + all. Stein).
Chlaïzari : appareil à éplucher l'osier (rudimentaire) (n. m.) (all. schleißen).
Chlaïzo : j'épluche (v.) (all. schleißen).
Chlaka : démon (n. f.) (all. Schlacke).
Chlángo : couleuvre (n. m.) (all. Schlange).
Chlapa : pantoufle (n. f.) (als. Schlàppa).
Chlapari : traîneur (n. m.) (all. schleppen).
Chlapo : je traîne (objet) (v.) (all. schleppen).
Chlarhta : bataille (n. f.) (all. Schlacht).
Chléïfa : pneu utilisé comme frein à l'arrière des caravanes hippomobiles / rebord (fond du panier) (n. f.) (all. Schleife).
Chléïfkras : renouée (plante) (n. f.).
Chléïma : prostituée (vulgaire) / sperme (vulgaire) (n. f.) (all. Schleim).
Chlékémèn : léché (adj. inv.) (all. schlecken).
Chlékémèn télé : terminé (assiette où il ne reste plus rien) (adj. inv.) (all. schlecken / i-a. tala).
Chlékla : confiture (n. f.) (als. Schlackaräi).
Chléko : je lèche (v.) (all. schlecken).
Chléntsémèn : loqueteux (adj. inv.) (als. Schteck).
Chlèrht : mal (adv.) / mauvais (adj. inv.) (all. schlecht).
Chlèrhtébèn : mal (n. m.) (all. schlecht).
Chlèrhtédar : plus mauvais (all. schlecht).
Chléva : prunelle (n. f.) (all. Schlehe).
Chlim : grave (adj. inv.) (all. schlimm).
Chlimédar : plus grave (all. schlimm).

Chlimlo : poignée (n. m.) (sín. chlislo).
Chlislari : geôlier (n. m.) (all. Schlüssel).
Chlislo : clef (n. m.) (all. Schlüssel).
Chlislo tsou : je ferme à clef (v.) (all. Schlüssel / all. zu).
Chlitra : écharde (n. f.) (all. Splitter).
Chlodro : je frémis (v.) (all. schlottern).
Chlofa : sommeil (n. f.) (als. Schloof).
Chlofo mángé : je m'endors (v.) (als. Schloof / i-a. aham).
Chloftrounk : somnifère (n. m.) (als. Schloof + all. Trunk).
Chlora : lance-pierre (n. f.) (all. Schleuder).
Chlorho : tuyau (n. m.) (all. Schlauch).
Chlosa : résidence seigneuriale (n. f.) (all. Schloss).
Chloso : serrure (n. m.) (all. Schloss).
Chloukari : buveur (n. m.) (all. Schlucker).
Chlouko : gorgée (n. m.) (all. Schluck) / j'avale (v.) (all. schlucken).
Chlouko télé : j'avale d'un coup (v.) (all. schlucken / i-a. tala).
Chloupa : repère (n. f.) (all. Schlupf).
Chloupo : collet (piège) (n. m.) (als. Schlupf) / j'enfile (v.) (als. Schlupf).
Chloupo mán : je me glisse (v.) (als. Schlupf / i-a. aham).
Chlousla : mare (n. f.) (all. Schlucht).
Chloza : grêlon (n. f.) (all. Schlosse).
Chlozéla : il grêle (all. schlossen).
Chmaïza : ver (viande, fromage,…) (n. f.) (als. Schmaismucka).
Chmaka : goût (n. f.) (all. Geschmack).
Chmakél mán : j'ai du goût pour (v.) (all. Geschmack / i-a. aham).
Chmako : je flaire (v.) (als. Schmäcker) / je mastique (v.) (all. schmecken).
Chmal : chétif / étroit (adj. inv.) (all. schmal).
Chmalédar : plus étroit (all. schmal).
Chmalts lirht : lampe à graisse (all. Schmalz / all. Licht).
Chmaltso : graisse (porc) (n. m.) (all. Schmalz).
Chmarha : cicatrice (n. f.) (all. Schmarre).
Chméltsémèn : à la graisse de porc (adj. inv.) (all. Schmalz).
Chmérléna : flatterie (n. f.) (all. Schmeichelei).
Chmétana : crème (n. f.) (pol. śmietana).

Chmétélíngro : papillon (n. m.) (all. Schmetterling).
Chmétrémèn : écrasé (adj. inv.) (all. schmettern).
Chmétrémèn matréli : pommes de terre écrasées (pl.) (all. schmettern).
Chmétro : je brise (v.) (all. schmettern).
Chmira : confiture / ragoût de légumes (n. f.) (all. Schmiere).
Chmiro : je mélange / je tartine (v.) (all. schmieren).
Chmiro drèn : je salis (avec quelque chose de gras) (v.) (all. anschmieren / i-a. antar).
Chmiro télé : j'embrouille (v.) (all. anschmieren / i-a. tala).
Chmito : forgeron (n. m.) (all. Schmied).
Chmouko : je dérobe (v.) (all. schmuggeln).
Chmoutégo : lourd (temps) (adj.) (als. schwühl).
Chnablo : bec (n. m.) (all. Schnabel).
Chnaïdari : tailleur (n. m.) (all. Schneider).
Chnaïéla : il neige (als. schnäija).
Chnala : ceinture (n. f.) (all. Schnalle).
Chnapo : je prends à la sauvette (v.) (all. schnappen).
Chnaramaskro : lance-pierre (n. m.) (all. schnarchen).
Chnarhéla : ça va vite (all. schnarchen).
Chnarho : je vais vite (v.) (all. schnarchen).
Chnarho fort : je m'en vais vite (v.) (all. schnarchen / all. fort).
Chnaro : je tremble (v.) (all. schnarren).
Chnégéntsa : cygne (n. f.).
Chnéko : escargot (n. m.) (all. Schnecke).
Chnépa : visière (n. f) (all. Schneppe).
Chnita : coupure (n. f.) (all. Schnitt).
Chnitsari : couteau (n. m.) (als. schnetzla).
Chnitsémèn : taillé (adj. inv.) (als. schnetzla).
Chnitsévo : je taille (v.) (als. schnetzla).
Chnitso : je mouche (v.) (als. schnitza).
Chnitso mán : je me mouche (v.) (als. schnitza / i-a. aham).
Chnoïfépèn : respiration (n. m.) (all. schnaufen).
Chnoïfo : je respire (profondément) (v.) (all. schnaufen).
Chnoïtsari : moustachu (n. m.) (als. Schnàuitz).
Chnoïtségo : moustachu (adj.) (als. Schnàuitz).
Chnoïtsi : moustaches (pl.) (als. Schnàuitz).
Chnokélo : plein de moustiques (adj.) (all. Schnake).

Chnokélo gap : Thuret (village situé dans le département du Puy-de-Dôme en Auvergne) (surnom) (n. m.) (all. Schnake / i-a. grāma) (v. s.).
Chnoko : moustique (n. m.) (all. Schnake).
Chnopévo : je cherche ma nourriture (v.) (all. schnappen).
Chnoplari : prise de tabac (n. m.) (all. schnupfen).
Chnorho : je ronfle (v.) (all. schnarchen).
Chnoufla : museau (n. f.) (als. Schnuffel).
Chnouflo : je fouine (v.) (all. schnüffeln).
Chnoupo : rhume (n. m.) (all. Schnupfen).
Chnouta : grimace (n. f.) (all. Schnute).
Chnouto : je grimace (v.) (all. Schnute).
Chochoï : lièvre (n. f.) (i-a. śaśa).
Chofripo : mille-feuille (plante) (n. m.) (all. Schafgarbe).
Choïmléfla : écumoire (n. f.) (all. Schaumlöffel).
Choïmo : écume / mousse (n. m.) (all. Schaum) / j'écume / je mousse (v.) (all. schäumen).
Chokolada : chocolat (n. f.) (all. Schokolade).
Chola : pipe (n. f.) (per. šor) / sole (poisson) (n. f.) (all. Scholle).
Chopa : chope (bière) (n. f.) (all. Schoppen) / hangar (n. f.) (all. Schuppen).
Chopnak : cinéma (surnom) (n. m.) (i-a. sad + i-a. nāka) (v. s.).
Chopnakéskri : placeuse (cinéma) (surnom) (n. f.) (i-a. sad + i-a. nāka) (v. s.).
Chopnakéskro : contrôleur (cinéma) (surnom) (n. m.) (i-a. sad + i-a. nāka) (v. s.).
Chopti : sixième (vitesse sur un véhicule) (n. f.) (i-a. sad).
Chorna : grange (n. f.) (ru. сарай).
Choukar : beau (adj. inv.) (i-a. śukra).
Choukarédar : plus beau (i-a. śukra).
Choukarpèn : beauté (n. m.) (i-a. śukra).
Choukédar : plus sec (i-a. śuska).
Choukémaskro bal : sèche-cheveux (n. m.) (i-a. śuska / i-a. vāla).
Choukémaskro loumpi : sèche-linge (n. m.) (i-a. śuska / all. Lumpen).
Choukès : sec / sèchement (adv.) (i-a. śuska).

Chouko : je sèche (v.) / sec (adj.) (i-a. śuska).
Chouko mán : je me sèche (v.) (i-a. śuska / i-a. aham).
Choula : école (n. f.) (all. Schule).
Choularétsa : institutrice / écolière (n. f.) (all. Schüler).
Choulari : instituteur / écolier (n. m.) (all. Schüler).
Choulda : dette (n. f.) (all. Schulde).
Choumarhari : cordonnier (n. m.) (all. Schuhmacher).
Choumbira : mousse (bière) (all. Schaum + all. Bier).
Choun : bien (placé après un verbe conjugué au futur) / déjà (adv.) (all. schon).
Chounari : oreille (vulgaire) (n. m.) (i-a. śru).
Chounda : merde (vulgaire) (n. f.) (all. Schund).
Chounka : jambon / cuisse (n. f.) (all. Schinken).
Chouno : j'écoute / j'entends (v.) (i-a. śru).
Choupa : écaille (poisson) (n. f.) (all. Schuppe) / tiroir (n. f.) (all. Schublade) (g. s.).
Choupi : pellicules (capillaire) (pl.) (all. Schuppe).
Chouplada : tiroir (n. f.) (als. Schüblàda).
Chourimi : lacets (pl.) (all. Schuh + all. Riemen).
Chouslo : étourdi (adj.) (als. schussli).
Chout : vinaigre (n. m.) (i-a. śukta).
Choutlé charh : choucroute (pl.) (i-a. śukta / i-a. śāka).
Choutli : vinaigrette / salade (n. f.) (i-a. śukta).
Choutlo : aigre (adj.) (i-a. śukta).
Choutlo thout : lait caillé (n. m.) (i-a. śukta / i-a. dugdha).
Chpaïrhari : grenier (n. m.) (all. Speicher).
Chpala : blanc de poulet (n. f.) (it. spalla).
Chpalta : fente / cicatrice (n. f.) (all. Spalte).
Chpaltari : fendoir (osier) (n. m.) (all. Spalter).
Chpaltémèn : fendu (adj. inv.) (all. spalten).
Chpalto : je fends (v.) (all. spalten).
Chpaltounga : brèche (n. f.) (all. Spaltung).
Chpanémèn : attelé (adj. inv.) (all. spannen).
Chpanïa : Espagne (n. f.) (all. Spanien).
Chpanïolo : Espagnol (n. m.) (all. Spanien).
Chpanïoltikès : espagnol (langue) (n. m.) (all. Spanien).
Chpano : j'attelle (v.) (all. spannen).
Chpano vri : je dételle (v.) (all. spannen / i-a. bahih).

Chparo : j'économise (v.) (all. sparen).
Chpasa : plaisanterie (n. f.) (all. Spaß).
Chpasaké : pour plaisanter (all. Spaß).
Chpasari : plaisantin (n. m.) (all. Spaß).
Chpaségo : rigolo (adj.) (all. Spaß).
Chpatsiro : je promène (v.) (all. spazieren).
Chpatsiro mán : je me promène (v.) (all. spazieren / i-a. aham).
Chpatso : moineau (n. m.) (all. Spatz).
Chpék lirht : lampe à graisse (all. Speck / all. Licht).
Chpékéré : au lard (all. Speck).
Chpékéré matréli : pommes de terre au lard (pl.) (all. Speck).
Chpéko : lard (n. m.) (all. Speck).
Chpéngla : épingle de sûreté (n. f.) (all. Spindel).
Chpiglémèn : avec miroir (adj. inv.) (all. Spiegel).
Chpiglo : miroir (n. m.) (all. Spiegel).
Chpikémèn : à ras bord (adj. inv.) (all. spicken).
Chpilari : joueur (n. m.) (all. Spieler).
Chpilébaskro : joueur (n. m.) (all. Spieler).
Chpilémèn : joué (adj. inv.) (all. spielen).
Chpilo : je joue (v.) (all. spielen) / jeu (n. m.) (all. Spiel).
Chpilo mángé : je m'amuse (v.) (all. spielen / i-a. aham).
Chpina : araignée (n. f.) (all. Spinne).
Chpinata : épinard (n. f.) (all. Spinat).
Chpitala : hôpital (n. f.) (all. Spital).
Chpitségo : pointu (adj.) (all. Spitze).
Chpitsla : dentelle (n. f.) (all. Spitze).
Chpitso : je taille (v.) (all. spitzen) / pointe (n. m.) (all. Spitze).
Chpiza : broche (cuisine) (n. f.) (all. Spieß).
Chporha : langage (n. f.) (all. Sprache).
Chpot : tard (adv.) (all. spät).
Chpotédar : plus tard (all. spät).
Chpotévo : je me moque de (v.) (all. spotten).
Chpotïoro : automne (n. m.) (als. Schpotjohr).
Chpouka : mauvaise surprise (n. f.) (all. Spuk).
Chpoura : trace (n. f.) (all. Spur).
Chpourho : prière (n. m.) (all. Spruch).
Chprérhari : celui qui donne sa parole (n. m.) (all. Sprecher).
Chprérhémèn : promis (adj. inv.) (all. sprechen).

Chprérho : je promets (v.) (all. sprechen).
Chprérho mán : je m'engage (v.) (all. sprechen / i-a. aham).
Chprérhounga : promesse (n. f.) (all. sprechen).
Chpríngémèn : éclaté (adj. inv.) (all. springen).
Chpríngo : j'éclate (v.) (all. springen).
Chpritsa : pompe / pulvérisateur (n. f.) (all. Spritze).
Chpritsari : injecteur (véhicule) (n. m.) (all. Einspritzer).
Chpritséla : il bruine (all. spritzen).
Chpritso : je pompe / je pulvérise (v.) (all. spritzen).
Chraïbari : secrétaire (n. m.) (all. Schreiber).
Chraïbémèn : écrit (n. m.) (all. schreiben).
Chraïbo : j'écris (v.) (all. schreiben).
Chraïbo vri : je raye (v.) (all. schreiben / i-a. bahih).
Chraïnari : menuisier (n. m.) (all. Schreiner).
Chránka : armoire (n. f.) (all. Schrank).
Chrèk : frayeur (n. m.) (all. Schreck).
Chrékégo : effrayé (adj.) (all. Schreck).
Chréko mán : je m'effraye (v.) (all. erschrecken / i-a. aham).
Chrétari : cerf-volant (insecte) (n. m.) (all. Schröter).
Chrita : pas (marche) (n. f.) / pas à pas (adv.) (all. Schritt).
Chrobo : boulon (n. m.) (all. schrauben).
Chroïbo : clef (instrument de musique) (n. m.) (all. Schraube).
Chrota : plomb (fusil) (n. f.) (all. Schrott).
Chtada : remblai (n. f.) (all. Stätte).
Chtada télé : précipice (n. f.) (all. Stätte / i-a. tala).
Chtadi : chapeau (n. f.) (gre. σκιαδιον).
Chtafla : cran (cheveu) / récompense (n. f.) (als. Schtufa).
Chtaflébal : cheveux avec crans (als. Schtufa + i-a. vāla).
Chtaïf : ankylosé (adj. inv.) (all. steif).
Chtaïgo : je grimpe (v.) (all. steigen).
Chtaïgo pré : je monte en voiture (v.) (all. steigen / i-a. ūpar).
Chtaïgo télé : je descends de voiture (v.) (all. steigen / i-a. tala).
Chtaïno : je lapide (v.) (all. Stein).
Chtaïri : impôts (pl.) (all. Steuer).
Chtakémèn : piétiné (adj. inv.) (all. staken).
Chtaképaskro : tapis (n. m.) (all. staken).
Chtako : je piétine (v.) (all. staken).
Chtala : étable (n. f.) (all. Stall).

Chtalo : acier (n. m.) (all. Stahl).
Chtaltounga : État (n. f.) (all. Staat).
Chtama : groupe familial (n. f.) (all. Stamm).
Chtamín : chaise (n. f.) (gre. σκαμνί) (g. s. / p. s.).
Chtánga : perche (objet) (n. f.) (all. Stange).
Chtánt : constant (adj. inv.) (all. standhaft).
Chtánta : stand (marché, fête foraine,…) (n. f.) (all. Stand).
Chtántédar : plus constant (all. standhaft).
Chtapo : je fais de grandes enjambées (v.) (all. stapfen).
Chtar droma : carrefour (n. m.) (i-a. caturas / gre. δρόμος).
Chtar tchíndo : coupé en forme de croix (adj.) (i-a. caturas / i-a. chid).
Chtaradi : camion plateau (n. m.) (i-a. caturas + all. Rad).
Chtardo : debout (adj.) (i-a. sthā).
Chtarémèn : volé (adj. inv.) (i-a. sparśatā).
Chtarépèn : prison (n. m.) (i-a. caturas).
Chtarhlo : piquant (hérisson) (n. m.) (all. Stachel).
Chtarna : étoile (n. f.) (all. Stern).
Chtaro : je vole (v.) (i-a. sparśatā).
Chtarti : quatrième (vitesse sur un véhicule) (n. f.) (i-a. caturas).
Chtatoura : stature (n. f.) (all. Statur).
Chtébèn : saut (n. m.) (i-a. utthā).
Chtéga : cordier (guitare) (n. f.) (all. Stiege) (p. s.) / échelle / marche (n. f.) (all. Stiege).
Chtégi : escaliers (pl.) (all. Stiege).
Chtékémèn : enfoncé (adj. inv.) (all. stecken).
Chtéko : j'enfonce (v.) (all. stecken).
Chtélémèn : placé (adj. inv.) (all. stellen).
Chtélo : je place (v.) (all. stellen).
Chtélo pré : je me lève (v.) (all. stehen / i-a. ūpar).
Chtémaskri : sauterelle (n. f.) (i-a. utthā).
Chtémplo : tampon / timbre (n. m.) (all. Stempel).
Chténdégès : sérieux (adv.) (all. ständig).
Chténdégo : sérieux (adj.) (all. ständig).
Chtérhaïzo : tisonnier (n. m.) (p. s.).
Chtérhéba : piqûre (n. m.) (all. stechen).
Chtérhégo : piquant (adj.) (all. stechen).
Chtérhémèn : fou (adj. inv.) (all. stechen).

Chtérho : je pique (v.) (all. stechen).
Chtérhpalma : houx (n. f.) (all. Stechpalme).
Chtértsémèn : loin de Dieu (adj. inv.) (all. stürzen).
Chtértso : je détruis (v.) (all. stürzen).
Chtéts : constamment (adv.) (all. stets).
Chtibli : bottes (pl.) (all. Stiefel).
Chtif daï : belle-mère (n. f.) (all. Stief- / i-a. dāhi).
Chtif dat : beau-père (n. m.) (all. Stief- / i-a. tāta).
Chtif pèn : demi-sœur (n. f.) (all. Stief- / i-a. bhaginī).
Chtif pral : demi-frère (n. m.) (all. Stief- / i-a. bhrātr).
Chtifo pré : je retrousse (v.) (all. stülpen / i-a. ūpar).
Chtifo télé : je redescends ce qui a été retroussé (v.) (all. stülpen / i-a. tala).
Chtiga : raccourci (n. f.) (all. Stiege).
Chtikémèn : étouffé (adj. inv.) (all. sticken).
Chtikémèn matréli : pommes de terre à l'étouffée (pl.) (all. sticken).
Chtiko : champ cultivé (n. m.) (all. Stück) / j'étrangle / je suffoque (v.) (all. sticken).
Chtil : tranquille (adj. inv.) (all. still).
Chtildo : prisonnier (adj.) (all. still).
Chtilébèn : prison (n. m.) (all. still).
Chtilémèn : reçu (adj. inv.) (i-a. sparśatā).
Chtilo : je reçois (v.) (i-a. sparśatā) / manche (n. m.) (all. Stiel).
Chtilounga : rendez-vous (n. f.) (all. Stellung).
Chtima : voix (n. f.) (all. Stimme).
Chtiméchtoko : barre d'harmonie (violon) (n. m.) (all. Stimme + all. Stock).
Chtimédo : accordé (adj.) (all. stimmen).
Chtimo : j'accorde (instrument de musique) (v.) (all. stimmen).
Chtirha : point de côté (n. f.) (all. Stich).
Chto : je saute (v.) (i-a. utthā).
Chto pré : je me lève (v.) (all. stehen / i-a. ūpar).
Chtoïba : poussière (n. f.) (all. Staub).
Chtokégo : caillé (adj.) (all. stocken).
Chtokémèn : saisi (adj. inv.) (all. stocken).
Chtoko : bâton / souche (n. m.) (all. Stock) / je suis étonné (v.) (all. stocken).

Chtoko ap : je regarde avec étonnement (v.) (all. stocken / i-a. upari).
Chtolfous : jambe d'acier (n. m.) (all. Stahl + all. Fuß).
Chtoli : pieds (meuble) (pl.) (all. Stollen).
Chtorko : cigogne (n. m.) (all. Storch).
Chtorma : tempête (n. f.) (all. Sturm).
Chtoro : étourneau (n. m.) (all. Star).
Chtortso : racine (n. m.) (als. Schtorza).
Chtoso : je pousse (v.) (all. stoßen).
Chtoso mán ap : je me cogne contre (v.) (all. stoßen / i-a. aham / i-a. upari).
Chtoso mán palé ap : je recule en me cognant contre (v.) (all. stoßen / i-a. aham / i-a. para / i-a. upari).
Chtoufta : descendance (n. f.) (all. Stufe).
Chtoulo : chaise (n. m.) (all. Stuhl).
Chtoum : muet (adj. inv.) (all. stumm).
Chtoumari : muet (n. m.) (all. Stumme).
Chtoumo : je me tiens muet (v.) (all. stumm).
Chtoumpfo : j'épointe (v.) / manchot / mégot de cigarette (n. m.) (all. Stumpf).
Chtounda : heure (n. f.) (all. Stunde).
Chtoupari : bouchon (n. m.) (als. schupfa).
Chtoupo : je pousse (v.) (als. schupfa).
Chtourha : lubie (n. f.) (all. starr).
Chtraïrha : caresse (n. f.) (all. Streicheln).
Chtraïta : dispute (n. f.) (all. Streit).
Chtraïto : je me dispute (v.) (all. streiten).
Chtrak : droit / raide (adj. inv.) (all. schräg).
Chtrak mato : complètement saoul (adj.) (all. schräg / i-a. matta).
Chtrak vri : tout droit (all. schräg / i-a. bahih).
Chtralémèn : brillant (adj. inv.) (all. strahlen).
Chtralo : je brille (v.) (all. strahlen).
Chtrama : rayon (n. f.) (als. Schtrima).
Chtrékédi mén : girafe (n. f.) (all. strecken / i-a. manyā) (v. s.).
Chtrékédo : allongé (adj.) (all. strecken).
Chtréko : j'allonge (v.) (all. strecken).
Chtréko mán : je m'allonge (v.) (all. strecken / i-a. aham).

Chtrémpla : billard (n. f.) (g. s.).
Chtrérho án : je peins (v.) (all. streichen / all. an).
Chtrikémèn : tricoté (adj. inv.) (all. stricken).
Chtriko : je tricote (v.) (all. stricken) / rideau (n. m.) (all. Strick).
Chtrímpi : bas féminins (pl.) (all. Strumpf).
Chtrofa : punition (n. f.) (all. Strafe).
Chtrofari : juge (n. m.) (all. strafen).
Chtrofémèn : puni (adj. inv.) (all. strafen).
Chtrofo : je punis (v.) (all. strafen).
Chtroma : courant (électricité) (n. f.) (all. Strom).
Chtropsa : goutte (n. f.) (all. Tropfen).
Chtropsarétsa : gouttière (n. f.) (all. Tropfen) (v. s.).
Chtropso : je verse goutte à goutte (v.) (all. tropfen).
Chtrosméchtari : cantonnier (n. m.) (all. Straßenmeisterei).
Chtroso : bouquet (n. m.) (all. Strauß) / chemin (n. m.) (als. Schtroos).
Chtrozako : paillasse (n. m.) (all. Strohsack).
Chwaïa : belle-sœur (n. f.) (als. Schwäijere).
Chwaïgouzari : Sínto originaire de Schweighouse-sur-Moder (village situé dans le département du Bas-Rhin en Alsace) (n. m.) (als. Schweighüse) (p. s. / v. s.).
Chwaïnmétsgari : charcutier (n. m.) (all. Schweinemetzger) (p. s.).
Chwaïsari : soudeur (n. m.) (all. Schweißer).
Chwaïsépèn : soudure (n. m.) (all. Schweißen).
Chwaïso : je soude (v.) (all. schweißen).
Chwalma : hirondelle (n. f.) (all. Schwalbe).
Chwama : éponge (n. f.) (all. Schwamm).
Chwamo : champignon (n. m.) (all. Schwamm).
Chwana : cygne (n. f.) (all. Schwan).
Chwánkédo : bercé (adj.) (all. schwanken).
Chwánko : je berce (v.) (all. schwanken).
Chwarh : faible (adj. inv.) (all. schwach).
Chwarhaïta : faiblesse (n. f.) (all. Schwäche).
Chwarta : couenne (n. f.) (all. Schwarte).
Chwébla : allumette (n. f.) (all. Schwefel).
Chwéfla : soufre (n. f.) (all. Schwefel).
Chwéïtsari : Suisse (ethnonyme) (n. m.) (all. Schweizer).

Chwéïtsi : Suisse (n. m.) (all. Schweiz).
Chwéïzo : je suinte (v.) (all. schweißen).
Chwélémèn : gonflé (adj.) (all. schwellen).
Chwélémèn matréli : pommes de terre à l'eau (pl.) (all. schwellen).
Chwélto : gonflé (adj.) (all. schwellen).
Chwénko vri : je rince (v.) (all. schwenken / i-a. bahih).
Chwèr : lourd (adj. inv.) (all. schwer).
Chwèrédar : plus lourd (all. schwer).
Chwèrépèn : lourdeur (n. m.) (all. schwer).
Chwéro : furoncle (n. m.) (all. Schwäre).
Chwéro télé : je jure (v.) (all. schwören / i-a. tala).
Chwérounga : serment (n. f.) (all. schwören).
Chwéstra : sœur religieuse (catholicisme) (n. f.) (all. Schwester).
Chwimo : je nage (v.) (all. schwimmen).
Chwímpada : piscine (n. f.) (all. Schwimmbad) (b. s. / g. s.).
Chwíndlo vèk : je disparais (v.) (all. schwinden / all. weg).
Chwíngla : vertige (n. f.) (all. Schwindel).
Chwitsa : transpiration (n. f.) (all. Schwitzen).
Chwitsépèn : transpiration (n. m.) (all. schwitzen).
Chwitso : je transpire (v.) (all. schwitzen).
Chwobarïa : Sínté originaires de la Souabe (région d'Allemagne) (pl.) (als. Schwob) (p. s.).
Chwobi : Sínté originaires de la Souabe (région d'Allemagne) (pl.) (als. Schwob) (p. s.).
Chwogari : beau-frère (n. m.) (all. Schwager).
Chwolo : je gonfle (v.) (all. schwellen).
Chwolo pré : j'explose (v.) (all. schwellen / i-a. ūpar).

D

Daï : mère (n. f.) (i-a. dāhi).
Dámtira : tablier (n. f.) (i-a. dhavaja).
Dándréba : morsure (n. m.) (i-a. dānta).
Dándrédo : mordu (adj.) (i-a. dānta).

Dándrépaskro : celui qui mord (n. m.) (i-a. dānta).
Dándro : je mords (v.) (i-a. dānta).
Dándro pré : j'ouvre (avec les dents) (v.) (i-a. dānta / i-a. ūpar).
Danémèn : damné (adj. inv.) (fr. damné) (v. s.).
Dánka : pensée (n. f.) (all. Gedanke).
Dánt : dent (n. m.) (i-a. dānta).
Dap : coup (n. f.) (i-a. ghāta).
Dar : peur (n. f.) (i-a. dara).
Darédo : peureux (adj.) (i-a. dara).
Daréno : qui fait peur (adj.) (i-a. dara).
Daro : j'ai peur (v.) (i-a. dara).
Darvédo : abimé (adj.) (all. verderben).
Darvo : j'abime (v.) (all. verderben).
Dat : père (n. m.) (i-a. tāta).
Datéskro khér : maison du Père (n. m.) (i-a. tāta / i-a. grha) (h. s.).
Débléskré bloumi : fleurs d'aubépine (pl.) (i-a. deva / all. Blume).
Débléskré brola : fruits d'aubépine (pl.) (i-a. deva / per. گلابی).
Débléskré parné : églantines (fleurs d'églantier) (pl.) (i-a. deva / i-a. pāndu).
Débléskrès : divin / divinement (adv.) (i-a. deva).
Débléskri daï : Sainte Vierge (n. f.) (i-a. deva / i-a. dāhi).
Débléskro : divin (adj.) (i-a. deva).
Débléskro bolépaskro : ange (n. m.) (i-a. deva / i-a. budh).
Débléskro divès : sabbat (n. m.) (i-a. deva / i-a. divasa).
Débléskro dourho : Saint-Esprit (n. m.) (i-a. deva / ser. дух).
Débléskro foro : Jérusalem (surnom) (n. m.) (i-a. deva / gre. φόρος) (h. s.).
Débléskro lap : Évangile (n. m.) (i-a. deva / i-a. lapa) (g. s. / h. s.).
Débléskro latchépèn : grâce (n. m.) (i-a. deva / i-a. laksana).
Débléskro tchavo : enfant de Dieu (n. m.) (i-a. deva / i-a. chavanā).
Débléskro tchirklo : colombe (surnom) (n. m.) (i-a. deva / i-a. cirilla).
Débléskro tchiro : orage (surnom) (n. m.) (i-a. deva / gre. καιρος).
Dédoulta : patience (n. f.) (all. Geduld).
Déla pani : il pleut (i-a. dā / i-a. pānīya).

Dértégo : misérable (adj.) (all. dürftig).
Dévèl : Dieu (n. m.) (i-a. deva).
Dévro : je dois (v.) (fr. devoir) (b. s. / p. s. / v. s.).
Dézolémèn : désolé (inhabité) (adj. inv.) (fr. désolé) (b. s. / v. s.).
Diamántiko : en diamant (adj.) (all. Diamant).
Diamánto : diamant (n. m.) (all. Diamant).
Dik : gras (adj. inv.) (all. dick).
Dikédar : plus gras (all. dick).
Diképaskro : curieux (n. m.) (i-a. drs).
Diklo : foulard (n. m.) / vu (adj.) (i-a. drs).
Diko : je vois (v.) (i-a. drs).
Diko án : je considère (v.) (i-a. drs / all. an).
Diko ap (+ datif) : je regarde (v.) (i-a. drs / i-a. upari).
Diko chèl : je louche (v.) (i-a. drs / all. scheel).
Diko tsou (+ datif) : je vois faire (v.) (i-a. drs / all. zu).
Diksa : disque (musique) (n. f.) (fr. disque) (v. s.).
Dinari : serviteur (évangélisme) (n. m.) (all. Diener).
Dinélépèn : folie (n. m.) (i-a. dīna).
Dinélès : fou (adv.) (i-a. dīna).
Dinélo : fou (adj.) (i-a. dīna).
Dinélo khér : asile psychiatrique (n. m.) (i-a. dīna / i-a. grha).
Dinémèn : servi (évangélisme) (v.) (all. dienen).
Dino : je sers (évangélisme) (v.) (all. dienen) / pauvre (affectueux) (adj.) (all. dünn).
Dínro : je gagne (v.) (all. verdienen).
Dirta : bête (insecte) (n. f.) (all. Tier).
Dislo : épine (n. m.) (als. Dissel).
Disltiki krona : couronne d'épines (n. f.) (als. Dissel / all. Krone).
Disltiko kacht : prunellier (n. m.) (als. Dissel / i-a. kastha).
Divès : jour (n. m.) (i-a. divasa).
Divèsé : pendant le jour (i-a. divasa).
Divïès : sauvage / sauvagement (adv.) (ser. дивљи).
Divïétsa : femme sauvage (surnom) (n. f.) (ser. дивљи).
Divïi bouldrédina : paon (n. f.) (ser. дивљи / all. Puterhahn).
Divïi gaïza : biche (n. f.) (ser. дивљи / als. Gaiss).
Divïi hopa : salsepareille (n. f.) (ser. дивљи / all. Hopfen).
Divïi kéchta : marron d'Inde (n. f.) (ser. дивљи / all. Kastanie).

Divïi roza : rose sauvage (n. f.) (ser. дивљи / all. Rose).
Divïi toïba : tourterelle (n. f.) (ser. дивљи / all. Taube).
Divïo : sauvage / enragé (adj.) (ser. дивљи).
Divïo bakro : bélier (n. m.) (ser. дивљи / i-a. bakrā).
Divïo balo : sanglier (n. m.) (ser. дивљи / i-a. varāha).
Divïo charh : navet (n. m.) (ser. дивљи / i-a. śāka).
Divïo hazo : lièvre (n. m.) (ser. дивљи / all. Hase).
Djabèn : démarche (n. m.) (i-a. ja).
Djaïdo : gelé (adj.) (i-a. jada).
Djaïo : je gèle (v.) (i-a. jada).
Djala : ça va (loc.) (i-a. ja).
Djamaskro : vagabond (n. m.) (i-a. ja).
Djámba : grenouille (n. f.) (gre. τζάμπα) (p. s.).
Djángédo : réveillé (adj.) (i-a. jāgar).
Djángo : je réveille (v.) (i-a. jāgar).
Djángo mán : je me réveille (v.) (i-a. jāgar / i-a. aham).
Djángo mán pré : je me réveille (v.) (i-a. jāgar / i-a. aham / i-a. ūpar).
Djángo pré : je réveille (v.) (i-a. jāgar / i-a. ūpar).
Djano : je sais (v.) (i-a. jñā).
Djét : huile (n. m.) (i-a. zaitūn).
Dji : barre d'harmonie (violon) / cœur (n. m.) (i-a. jiya).
Djibèn : vie (n. m.) (i-a. jīv).
Djidé koli : charbons ardents (pl.) (i-a. jīv / all. Kohle).
Djido : vivant (adj.) (i-a. jīv).
Djilto : jaune (adj.) (pol. żółty).
Djín : jusque / jusqu'à / jusqu'au (prép.) (i-a. taīm).
Djivo : je vis (v.) (i-a. jīv).
Djo : je vais (v.) (i-a. ja).
Djo án : je démarre (v.) (i-a. ja / all. an).
Djo bángo : je boite (v.) (i-a. ja / i-a. bhagna).
Djo dourch : je traverse / je passe (v.) (i-a. ja / all. durch).
Djo drèn : j'entre (v.) (i-a. ja / i-a. antar).
Djo fichrépaské : je vais à la pêche (v.) (i-a. ja / all. fischen).
Djo kachténgé : je vais couper du bois (v.) (i-a. ja / i-a. kastha).
Djo mángé : je m'en vais (v.) (i-a. ja / i-a. aham).
Djo mángébaské : je vais à la chine (vente au porte à porte) (v.) (i-a. ja / i-a. mārg).

Djo nigléngé : je vais à la chasse aux hérissons (v.) (i-a. ja / all. Igel).
Djo pral : je déborde (v.) (i-a. ja / i-a. ūpar).
Djo pré : je monte (v.) (i-a. ja / i-a. ūpar).
Djo télé : je descends (v.) (i-a. ja / i-a. tala).
Djo vèk : je m'en vais (v.) (i-a. ja / all. weg).
Djo vri : je sors (v.) (i-a. ja / i-a. bahih).
Djop : avoine (n. f.) (i-a. yava).
Djoudjoul : cresson (n. m.) (i-a. cuccu).
Djoukèl : chien (n. m.) (i-a. jukuta).
Djoukli : chienne (n. f.) (i-a. jukuta).
Djoungélépèn : aspect vilain (n. m.) (i-a. jukuta).
Djoungélo : vilain (adj.) (i-a. jukuta).
Djoup : pou (n. f.) (i-a. yūkā).
Djouvèl : femme (n. f.) (i-a. yuvatī).
Djouvélo : pouilleux (adj.) (i-a. yūkā).
Do : je donne / je frappe (v.) (i-a. dā).
Do akounéské : je donne à chacun (v.) (i-a. dā / ser. сваки).
Do án : je séduis (v.) (i-a. dā / all. an).
Do arhta : je fais attention (v.) (i-a. dā / all. Achtung).
Do bout : je m'en fiche (v.) (i-a. dā / i-a. bahútitha).
Do drèn : j'enfonce (v.) (i-a. dā / i-a. antar).
Do glán : je réponds (v.) (i-a. dā / i-a. āge).
Do goïi : je cris (v.) (i-a. da / i-a. gāli).
Do hèl : j'éclaire (v.) (i-a. dā / all. hell).
Do hèr : je me dessaisis (v.) (i-a. dā / all. herausgeben).
Do ïakara : je fais de l'œil (v.) (i-a. dā / i-a. aksa).
Do karïé : je tire (avec une arme à feu) (v.) (i-a. dā / i-a. kānda).
Do mán : je me donne / je me frappe (v.) (i-a. dā / i-a. aham).
Do mán los : je me lâche / je pète (v.) (i-a. dā / i-a. aham / all. los).
Do mán sovél : je fais serment (v.) (i-a. dā / i-a. aham / i-a. śap).
Do mán télé : je me donne en amour (pas sérieux) (v.) (i-a. dā / i-a. aham / i-a. tala).
Do palé : je rends / j'écarte (v.) (i-a. dā / i-a. para).
Do rïa : je pète (vulgaire) (v.) (i-a. dā / i-a. ric).
Do souni : je rêve / je songe (v.) (i-a. dā / i-a. svāpa).
Do té pil : je donne à boire (v.) (i-a. dā / i-a. te / i-a. pā).

Do té rhal : je donne à manger (v.) (i-a. dā / i-a. te / i-a. khād).
Do trat : j'avertis (v.) (i-a. dā).
Do tsou : j'accorde (mariage) (v.) (i-a. dā / all. zu).
Do vèk : je dégorge (v.) (i-a. dā / all. weg).
Do vri : je donne / je rends (v.) (i-a. dā / i-a. bahih).
Doch : faute (n. f.) (i-a. dosa).
Doktari : docteur (n. m.) (all. Doktor).
Dol : gai (saoul) (adj. inv.) (all. toll).
Dola : assez (adv.) (ser. доста).
Doléské : c'est pourquoi (loc.) (i-a. so).
Dolrho : poignard (n. m.) (all. Dolch) (g. s.).
Dorh : pourtant (adv. / conjonct.) (all. doch).
Dori : ficelle (n. f.) (i-a. dōraka).
Doubaka : tabac (n. f.) (all. Tabak).
Douïti : seconde (vitesse sur un véhicule) (n. f.) (i-a. dva).
Douk : mal (n. f.) (i-a. dukh).
Doukédo : douloureux (adj.) (i-a. dukh).
Doukéla : ça fait mal (i-a. dukh).
Douképèn : mal physique (n. m.) (i-a. dukh).
Douko : je fais mal (v.) (i-a. dukh).
Douko mán : je me fais mal (v.) (i-a. dukh / i-a. aham).
Doukrébaskri : diseuse de bonne aventure (v.) (gre. τυχη).
Doukrépèn : bonne aventure (n. m.) (gre. τυχη).
Doukro : je fais les lignes de la main (v.) (gre. τυχη).
Doum : simplet (adj. inv.) (all. dumm).
Doumo : dos (n. m.) (i-a. dum).
Dour : loin (adv.) (i-a. dūra).
Dourch : à travers (prép.) / exprime l'idée de traverser (adv.) (all. durch).
Dourch o mavro : par-dessus le mur (all. durch / i-a. ó / all. Mauer).
Dourch oun dourch : de part en part (all. durch / all. und / all. durch).
Dourédar : plus loin (i-a. dūra).
Dourho : souffle / soupir (n. m.) (ser. дух).
Draïari : tournevis (n. m.) (als. draija).
Draïémèn : tordu (adj. inv.) (als. draija).
Draïo : je tords (v.) (als. draija).

Draka : raisins (pl.) (i-a. drāksā).
Draktiko rouk : cep (n. m.) (i-a. drāksā).
Drap : médicament (n. m.) (i-a. dawā) (p. s.).
Drapaskro : guérisseur (n. m.) (i-a. dawā) (p. s.).
Drarho : dragon (n. m.) (all. Drache).
Drèn : dans (prép.) / dedans (adv.) (i-a. antar).
Drèn chparémèn : emprisonné (adj. inv.) (i-a. antar / all. sparen).
Drésémèn : dressé (adj. inv.) (fr. dresser) (v. s.).
Dréso : je dresse (v.) (fr. dresser) (v. s.).
Drézina : tricycle (n. f.) (all. Draisine).
Drochla : grive (n. f.) (all. Drossel).
Drom : route (n. m.) (gre. δρόμος).
Droméngro : facteur (campagne) (n. m.) (gre. δρόμος).

E

Écha : cendre (n. f.) (als. Ascha).
Échapoutéla : cendrillon (jeune fille à qui l'on réserve toutes les besognes rebutantes) (n. f.) (als. Aschabreedla) (p. s.).
Échkané : maintenant (adv.) (als. rechtig + i-a. kab).
Éfta vagéngré : " gens des 7 roulottes " (relatif à l'histoire des 7 familles de Sínté vivant au début du 20ème siècle en Alsace) (pl.) (gre. εφτά / all. Wagen).
Égiptari : Égyptien (n. m.) (all. Ägypter).
Éïnfarh : simple (adj. inv.) (all. einfach).
Éïnfarhédar : plus simple (all. einfach).
Éïzbana : chemin de fer (n. f.) (all. Eisenbahn).
Éko : coin (n. m.) (all. Ecke).
Éléfánta : éléphant (n. f.) (all. Elefant).
Éléktrikari : électricien (n. m.) (all. Elektriker) (p. s.).
Élénta : ordures (n. f.) (all. Elend).
Éléntégo : misérable (adj.) (all. Elend).
Éltri : parents (pl.) (all. Eltern).
Élzasa : Alsace (n. f.) (all. Elsass).
Élzasari : Alsacien (n. m.) (all. Elsässer).

Élzastikès : alsacien (langue) (n. m.) (all. Elsässisch).
Émra : seau (n. f.) (all. Eimer).
Éng : asthmatique (adj. inv.) (all. eng).
Éngchto : étalon (n. m.) (all. Hengst).
Énglo : ange (n. m.) (all. Engel).
Énkéba : asthme (n. m.) (all. eng).
Épla : pomme (n. f.) (all. Apfel).
Épltiko rouk : pommier (n. m.) (all. Apfel / i-a. rūkh).
Éra : honneur (n. f.) (all. Ehre).
Érchti : première (vitesse sur un véhicule) (n. f.) (all. Erste).
Érchto maïo : 1er mai (n. m.) (all. Erste / all. Mai).
Érédo : honoré (adj.) (all. ehren).
Érfarounga : expérience (n. f.) (all. Erfahrung) (h. s.).
Érhla : gland (fruit) (n. f.) (all. Eichel).
Érhltiko rouk : chêne (n. m.) (all. Eichel / i-a. rūkh).
Èrht : véritable (adj. inv.) (all. echt).
Érmla : manche (n. f.) (all. Ärmel).
Éro : j'honore (v.) (all. ehren).
Érta : terre (n. f.) (all. Erde).
Éstéraïchari : Autrichien (n. m.) (all. Österreicher).
Éstéraïchtiko Sínto : Sínto originaire d'Autriche (n. m.) (all. österreichisch / i-a. sindhu).
Évégo : éternel (adj.) (all. ewig).
Évégo djibèn : vie éternelle (n. m.) (all. ewig / i-a. jīv).
Ézla : âne (n. f.) (all. Esel).
Ézlakré kán : oreilles d'âne (all. Esel / i-a. kāna).

F

Fabrika : usine (n. f.) (all. Fabrik).
Fachta : jeûne (n. f.) (all. Fasten).
Fachtro : je jeûne (v.) (all. fasten).
Faïartago : jour férié / jour de fête (n. m.) (all. Feiertag).
Faïga : figue (n. f.) (all. Feige).
Faïgéla : violette (fleur) (n. f.) (all. Veilchen).
Faïgtiko rouk : figuier (n. m.) (all. Feige / i-a. rūkh).

Faïla : lime (n. f.) (all. Feile).
Faïmol : tout à coup (als. einmol).
Faïn : fin (plan physique) (adj. inv.) (all. fein).
Faïnédar : plus fin (all. fein).
Faïnta : dispute (n. f.) (all. Feind).
Faïnto : ennemi (n. m.) (all. Feind).
Faïrémano : fantôme malfaisant causant de nombreux méfaits aux Sínté (croyance qui tend à disparaître depuis le réveil évangélique au sein de la communauté des Sínté) (n. m.) (all. Feuer + all. Mann).
Fala : piège (n. f.) (all. Falle).
Falch : en traître / faux (adj. inv.) (all. falsch).
Falchépèn : traîtrise (n. m.) (all. falsch).
Falko : faucon (n. m.) (all. Falke).
Familïa : famille (n. f.) (all. Familie).
Fana : drapeau (n. f.) (all. Fahne).
Fanél mán : il me semble (v.) (gre. φαίνομαι / i-a. aham).
Fanéla : il semble (gre. φαίνομαι).
Fángro án : je commence (v.) (all. anfangen / all. an).
Farari : conducteur (véhicule) (n. m.) (all. Fahrer).
Farba : couleur / peinture (n. f.) (all. Farbe).
Farbari : peintre (n. m.) (all. Farbe).
Farbémèn : peint (adj. inv.) (all. Farbe).
Farbo án : je peins (v.) (all. färben / all. an).
Farébaskro : conducteur (véhicule) (n. m.) (all. fahren).
Farémèn : parti (véhicule) (adj. inv.) (all. fahren).
Farépèn : départ (véhicule) (n. m.) (all. fahren).
Farizari : Pharisien (n. m.) (all. Pharisäer).
Faro : je pars (véhicule) (v.) (all. fahren).
Faro mángé : je m'en vais (véhicule) (v.) (all. fahren / i-a. aham).
Fasa : tonneau (n. f.) (all. Fass).
Fazana : faisan (n. f.) (all. Fasan).
Fécht : fort (adj. inv.) / fortement (adv.) (all. fest).
Féchta : fête (n. f.) (all. Fest).
Féchtédar : plus fort (all. fest).
Fédra : amortisseur (véhicule) / ressort (n. f.) (all. Feder).
Fégo vri : je balaie (v.) (all. ausfegen / i-a. bahih).

Féïa : feuille (n. f.) (fr. feuille) (b. s. / v. s.).
Féïrht : humide (adj. inv.) (all. feucht).
Féïrhtédar : plus humide (all. feucht).
Félari : défaut (n. m.) (all. Fehler).
Félda : champ (n. f.) (all. Feld).
Féléba : erreur (n. m.) (all. fehlen).
Félél mán : il me manque (v.) (all. fehlen / i-a. aham).
Féléla : il manque (all. fehlen).
Félémèn : manqué (race impure) (adj. inv.) (all. fehlen).
Félo : je me trompe / je manque (v.) (all. fehlen).
Féltaz : lapin de garenne (all. Feld + all. Hase) (p. s.).
Féltél mán : j'apprécie (v.) (all. gefallen / i-a. aham).
Félza : rocher (n. f.) (all. Felsen).
Fénchtra : fenêtre (n. f.) (all. Fenster).
Fércha : talon (n. f.) (all. Ferse).
Férhnsra : télévision (n. f.) (all. Fernseher) (p. s.).
Férlégès : important (adv.) (all. gefährlich).
Férlégo : important (adj.) (all. gefährlich).
Fértégès : terminé (adv.) (all. fertig).
Fértégo : terminé (adj.) (all. fertig).
Fétdar : meilleur (adv.) (i-a. bihtar).
Fétsi : chiffons / guenilles (pl.) (all. Fetzen).
Fichkorp : panier (pêche) (n. m.) (all. Fisch + all. Korb).
Fichrépèn : pêche (n. m.) (all. fischen).
Fichro : je pêche (v.) (all. fischen).
Figoura : figurine (n. f.) (all. Figur).
Fila : sentiment (n. f.) (all. Gefühl).
Filo : poulain (n. m.) (all. Fohlen).
Filocha : sac à provision (chiner) (n. f.).
Filsa : belette (n. f.) (all. Wiesel).
Finiro : je finis (v.) (fr. finir) (v. s.).
Fínka : pinson (n. f.) (all. Fink).
Fiola : alto (n. f.) (all. Viola).
Fiolari : altiste (n. m.) (all. Viola).
Firari : guide (n. m.) (all. Führer).
Firha : bête (bétail) (n. f.) (all. Vieh).
Firo : je guide (v.) (all. führen).
Firo án : je dupe (v.) (all. anführen / all. an).

Firtalo : quart / morceau (n. m.) (all. Viertel).
Fitrémèn : rassasié (fourrage) (adj. inv.) (all. füttern).
Fitro : je donne du fourrage à (v.) (all. füttern).
Flacha : bouteille (n. f.) (all. Flasche).
Flama : flamme (n. f.) (all. Flamme).
Flamíngo : flamant rose (n. m.) (all. Flamingo) (g. s.).
Flamo : je flambe (v.) (all. Flamme).
Flántsa : plante (n. f.) (all. Pflanze).
Flántsro : je plante (v.) (all. pflanzen).
Flarhtrida : papillon (n. f.) (sín. plarhtarida).
Flatiro : je flatte / je caresse (v.) (fr. flatter) (b. s. / p. s. / v. s.).
Fléka : tache (n. f.) (all. Fleck).
Flékégo : tacheté (adj.) (all. Fleck).
Flékémèn : taché (adj. inv.) (all. Fleck).
Fléko : village (n. m.) (g. s. / p. s.).
Flérhtéba : tissage / tressage (n. m.) (all. flechten).
Flérhtémèn : tissé / tressé (adj. inv.) (all. flechten).
Flérhto : je tisse / je tresse (v.) (all. flechten).
Fléta : flûte (n. f.) (all. Flöte).
Flétrémoïzo : chauve-souris (n. m.) (all. Fledermaus).
Fliga : aile (n. f.) (all. Flügel).
Fligari : avion (n. m.) (all. Flieger).
Fligémèn : volant (adj. inv.) (all. fliegen).
Fligo : je vole (v.) (all. fliegen).
Flikéba : raccommodage (n. m.) (all. flicken).
Flikévo : je raccommode (v.) (all. flicken).
Flínk : agile (adj. inv.) (all. flink).
Flirhtéba : fuite (n. m.) (all. flüchten).
Flirhtégo : rapide (adj.) (all. flüchten).
Flirhto : je m'enfuis (v.) (all. flüchten).
Flora : voile (n. f.) (all. Flor).
Flourha : juron (n. f.) (all. Fluch).
Flourhépèn : blasphème (n. m.) (all. fluchen).
Flourho : je blasphème (v.) (all. fluchen).
Flourta : champ de blé (n. f.) (all. Flur).
Flouti : boulettes faites d'un mélange de purée de pommes de terre et de farine (arrosées d'un jus gras) (pl.) (als. Pflittla).
Foïchténgo dap : coup de poing (n. m.) (all. Faust / i-a. ghāta).

Foïchto : poing (n. m.) (all. Faust).
Foïlédar : plus pourri (all. faul).
Foïlépèn : paresse / négligence / pourriture (n. m.) (all. faul).
Foïlo : fainéant / pourri (adj.) (all. faul) / je pourris (v.) (all. faulen).
Foïloso : je paresse / je néglige (v.) (all. faulenzen).
Foïlozari : paresseux (n. m.) (all. Faulenzer).
Folka : peuple (n. f.) (all. Volk).
Foránki : rideaux (pl.) (all. Vorhang).
Foréchka : écureuil (n. f.) (p. s.).
Foréla : truite (n. f.) (all. Forelle).
Fornhaïda : fougère (n. f.) (all. Farn + all. Heide).
Foro : ville (n. m.) (gre. φόρος).
Fort : indique le départ, l'absence / indique la continuation (adv.) (all. fort).
Fotar : tellement (adv.) (all. vordere).
Fotéïa : fauteuil (n. f.) (als. Fodel).
Fouï : berk (interj.) (all. pfui).
Fouksa : renard (n. f.) (all. Fuchs).
Foul : merde (n. m.) (i-a. gūtha).
Foulédar : plus sale (i-a. gūtha).
Foulépèn : méchanceté / saloperie (n. m.) (i-a. gūtha).
Foulès : sale / salement (adv.) (i-a. gūtha).
Foulo : personne qui ne respecte pas les règles du mariage (n. m.) / sale (adj.) (i-a. gūtha).
Foulo kova : épilepsie (n. m.) (i-a. gūtha / i-a. lokāh).
Foun (+ ablatif) : indique la provenance / précède le complément des formes passives et de certains verbes (prép.) (all. von).
Foun doural : de loin (all. von / i-a. dūra).
Founka : étincelle (n. f.) (all. Funke).
Four : pour (prép.) (all. für).
Four ako komasté : pour chaque chose (all. für / ser. сваки / i-a. gocara).
Four lépta : pour la vie (all. für / all. Leben).
Foura : roulotte (n. f.) (all. Fuhre).
Fousouï : diable (n. m.) (mal. fażola).
Foutra : fourrage (n. f.) (all. Futter).

Foutréïfa : râtelier (n. f.) (all. Futter + all. Raufe).
Fraga : question (n. f.) (all. Frage) (p. s.).
Fraï : libre (adj. inv.) (all. frei).
Fraïda : joie (n. f.) (all. Freude).
Fraïdégo : joyeux (adj.) (all. Freude).
Fraïédar : plus libre (all. frei).
Fraïépèn : liberté (n. m.) (all. frei).
Fraka : veste (n. f.) (all. Frack).
Fránka : franc (monnaie) (n. f.) (all. Franke).
Frántsla : frange (vêtement) (n. f.) (all. Franse).
Frécha : grenouille (n. f.) (all. Frosch).
Frékédo : crevé (pneu) (adj.) (all. verrecken).
Fréko : je crève (pneu) (v.) (all. verrecken).
Frémto : étranger (adj.) (all. fremd).
Frérh : effronté (adj. inv.) (all. frech).
Frérhépèn : effronterie / insolence (n. m.) (all. frech).
Fréso : je dévore (v.) (all. fressen).
Fri : tôt (adv.) (all. früh).
Frich : frais (adj. inv.) (all. frisch).
Frichédar : plus frais (all. frisch).
Frichtiko : petit déjeuner (n. m.) (all. Frühstück).
Friédar : plus tôt (all. früh).
Frioro : printemps (n. m.) (als. Friaijohr).
Frir : autrefois (adv.) (all. früher).
Frita : frite (n. f.) (fr. frite) (v. s.).
Friza : frise (n. f.) (all. Fries) (g. s.).
Fro : content (adj. inv.) (all. froh).
Frónta : front (militaire) (n. f.) (all. Front) (p. s.).
Frorégo : gelé (adj.) (all. frieren).
Froréla : il gèle (all. frieren).
Frorépaskro : réfrigérateur (n. m.) (all. frieren).
Frorépèn : gelée (météorologie) (n. m.) (all. frieren).
Froum : innocent (adj. inv.) (all. fromm).
Frourhta : fruit / blé (n. f.) (all. Frucht).
Frourhtiko rouk : arbre fruitier (n. m.) (all. Frucht / i-a. rūkh).

G

Gabla : fourchette (n. f.) (all. Gabel).
Gadjès : à la manière des gadjé (adv.) (i-a. grhya).
Gadji : femme ne faisant ni partie de la communauté des Sínté, ni de celle dite des gens du voyage (n. f.) (i-a. grhya).
Gadjo : homme ne faisant ni partie de la communauté des Sínté, ni de celle dite des gens du voyage (n. m.) (i-a. grhya).
Gaïchto : esprit (n. m.) (all. Geist).
Gaïgènvarta : présence (n. f.) (all. Gegenwart).
Gaïza : chèvre (n. f.) (als. Gaiss).
Gaïzakro kiral : fromage de chèvre (n. m.) (als. Gaiss / i-a. kilāta).
Gaïzéngro : berger (chèvre) (n. m.) (als. Gaiss).
Gala : fiel (n. f.) (all. Galle).
Galocha : galoche (n. f.) (all. Galosche).
Ganacha : ganache (n. f.) (fr. ganache) (b. s. / v. s.).
Gándélo : obéissant (adj.) (i-a. kāna).
Gándépèn : obéissance (n. m.) (i-a. kāna).
Gándo : j'obéis (v.) (i-a. kāna).
Gánts : très / complètement (adv.) (all. ganz).
Gap : village (n. m.) (i-a. grāma).
Gar : pas (adv.) (all. gar).
Gar tchi : pas grand-chose (adv.) (all. gar / i-a. kucha).
Gar té vért : " pas la peine ! " (interj.) (all. gar / i-a. te / all. wert) (g. s. / p. s.).
Garédès : caché (adv.) (i-a. gah).
Garédo : caché (adj.) / policier en civil (n. m.) (i-a. gah).
Garémaskri : cachette (n. f.) (i-a. gah).
Garn : volontiers / exprès (adv.) (all. gern).
Garo : je cache (v.) (i-a. gah).
Garta : jardin (n. f.) (all. Garten).
Gartnari : jardinier (n. m.) (all. Gärtner).
Gasa : rue (n. f.) (all. Gasse).
Gat : chemise (n. m.) (i-a. gātra).
Gatchkénès : allemand (langue) (n. m.) (sín. gadjo).
Gatchkéni : chicorée (surnom) (n. f.) (sín. gadjo).
Gatchkéno : Allemagne (n. m.) / allemand (adj.) (sín. gadjo).

Gatchkéno Sínto : Sínto originaire d'Allemagne (n. m.) (sín. gadjo / i-a. sindhu).
Gazélta : champignon (coulemelle / chevalier) (n. f.).
Géfara : danger (n. f.) (all. Gefahr).
Géïga : violon (n. f.) (all. Geige).
Géïgari : violoniste (n. m.) (all. Geiger).
Géïgéba : musique (violon) (n. m.) (all. Geige).
Géïgo : je joue du violon (v.) (all. Geige).
Gélbi : pièces d'or (pl.) (all. Gelb).
Gélriba : carotte (n. f.) (als. Gälbröb).
Gémisa : légume (n. f.) (all. Gemüseart).
Gémisagarta : potager (n. f.) (all. Gemüsegarten) (p. s.).
Génératsiona : génération (n. f.) (all. Generation) (g. s.).
Géra : gale (pl.) (per. گال).
Gérchto : orge (n. m.) (all. Gerste).
Gérélo : galeux (adj.) (per. گال).
Géripa : carcasse (n. f.) (all. Gerippe).
Gèrn : avec plaisir (adv.) (all. gern).
Gérta : canne à pêche (n. f.) (all. Gerte).
Gévalta : violence (n. f.) (all. Gewalt).
Gibèn : chant (n. m.) (i-a. gītā).
Giftégès : empoisonné (adv.) (all. vergiften).
Giftémèn : empoisonné (adj. inv.) (all. vergiften).
Gifto : j'empoisonne (v.) (all. vergiften) / poison (n. m.) (all. Gift).
Gifto mán : je m'empoisonne (v.) (all. vergiften / i-a. aham).
Gili : chanson (n. f.) (i-a. gītā).
Gilto : je vaux (v.) (all. gelten).
Gimaskro : chanteur (n. m.) (i-a. gītā).
Gino : j'achète (v.) (i-a. krī) / je compte (argent) (v.) (i-a. gan).
Gino drèn : je raconte (v.) (i-a. khyā / i-a. antar).
Gip : blé (n. m.) (i-a. gódhūma) / neige (n. m.) (i-a. himá).
Girzoulta : jaunisse (n. f.) (all. Gelbsucht).
Gitara : guitare (n. f.) (all. Gitarre).
Gitarari : guitariste (n. m.) (all. Gitarre).
Gitsa : gammare (n. f.).
Gitsél tout tchi án : ça ne te regarde pas (all. das geht dich nichts an).

Givézo : fier (adj.) (i-a. garvita).
Givo : je chante (v.) (i-a. gītā).
Gladémèn : invité (adj. inv.) (all. einladen).
Glado : j'invite (v.) (all. einladen).
Glago mán : je me plains (v.) (all. klagen / i-a. aham).
Glaïrha : apparence (n. f.) (all. gleichen).
Glaïrho : je ressemble (v.) (all. gleichen).
Glán : devant (adv.) (i-a. āge).
Glántouno : de devant (i-a. āge).
Glataïs : verglas (n. m.) (all. Glatteis).
Glazégo : ayant la consistance du verre (adj.) (all. Glas).
Glazo : verre (n. m.) (all. Glas).
Glèndéra : rampe (escalier) (n. f.) (all. Geländer) (g. s.).
Glèrh : aussitôt (adv.) (all. gleich).
Glézi : quenelles (pl.) (all. Klöße).
Gléziro gap : Rivas (village situé dans le département de la Loire en région Rhône-Alpes) (surnom) (n. m.) (all. Klöße / i-a. grāma) (v. s.).
Glinégo : rougeoyant (adj.) (all. glühen).
Glínga : sonnette (n. f.) (all. Klingel).
Glíngéla : ça sonne (all. klingeln).
Glino : je rougeoie (v.) (all. glühen).
Glitsro : je brille (v.) (all. glitzern).
Goda : spécialité de quelques familles (à la farine de maïs) (n. f.) (fr. gaude) (v. s.).
Godjébro : intelligent (adj.) (i-a. grdhū).
Godjépèn : intelligence (n. m.) (i-a. grdhū).
Goï : saucisson (n. f.) (i-a. gol).
Goïéngro : gueulard (n. m.) (i-a. gāli).
Goïi : cris (pl.) (i-a. gāli).
Gono : sac (n. m.) (i-a. gona).
Gouchto : doigt (n. m.) (i-a. angustha).
Goudlo : pain trempé dans de l'eau sucrée / sucre (n. m.) (i-a. guda) (g. s. / h. s. / p. s.).
Goudro : chat sauvage (n. m.) (all. Kuder).
Goufa : épingle (n. f.) (als. Guff).
Goufo án : j'épingle (v.) (als. Guff / all. an).
Goulidaï : salamandre (n. f.) (sín. goudlo + sín. daï).

Goundjo : je berce (v.) (it. culla).
Gourou : bœuf (n. f.) (i-a. gaurá).
Goustri : bague (n. f.) (i-a. angustha).
Gout narht : bonne nuit (all. gut / all. Nacht).
Goutamouria : bonjour (als. güat + als. Morga).
Goutamouria fri : bonjour (tôt) (als. güat + als. Morga / all. früh).
Grablo : je grimpe (v.) (all. krabbeln).
Grabo : fossé (n. m.) (all. Graben) / tombe (n. m.) (all. Grab).
Grafo : comte (n. m.) (all. Graf).
Graï : cheval (n. m.) (i-a. haya).
Graïéngro : maquignon (n. m.) (i-a. haya).
Grala : perle (n. f.) (als. Kràlla).
Grami : grammes (pl.) (all. Gramm).
Grana : filet (pêche) (n. f.) (all. Garn).
Grao : gris (adj. inv.) (all. grau).
Grao vaïda : osier brut (n. f.) (all. grau / all. Weide).
Grasmouka : fauvette (n. f.) (all. Grasmücke).
Grasni : jument (n. f.) (i-a. haya).
Graza : herbe (n. f.) (all. Gras).
Grénza : frontière (n. f.) (all. Grenze).
Gréta : arête (n. f.) (all. Gräte).
Gribli : cretons (pl.) (all. Griebe).
Grièrhtikès : grec (langue) (n. m.) (all. Griechisch).
Grièrhtiko : grec (adj.) (all. griechisch).
Grila : grillon (n. f.) (all. Grille).
Grímla : miette (n. f.) (all. Krümel).
Grínta : gale (n. f.) (all. Grind).
Gríntégo : galeux (adj.) (all. Grind).
Grocho : pièce allemande (10 pfennigs) (n. m.) (all. Groschen).
Groïza : frisson (n. f.) (all. Graus).
Groïzégo : frileux (adj.) (all. Graus).
Gropa : gosier (n. f.) (all. Grube).
Grota : grotte (n. f.) (all. Grotte).
Grouba : fosse (n. f.) (all. Grube).
Groulégo : frisé (adj.) (i-a. krul).
Groumni : vache (n. f.) (i-a. go).
Gwaléla : ça bouillonne (all. quellen).

Gwalta : pouvoir (n. f.) (all. Gewalt).
Gwanaïta : habitude (n. f.) (all. Gewohnheit).
Gwanaïto mán : je m'habitue (v.) (all. Gewohnheit / i-a. aham).
Gwanémèn : habitué (adj. inv.) (all. Gewohnheit).
Gwéla : source (n. f.) (all. Quelle).
Gwín : miel (n. m.) (per. عسل).
Gwinépèn : victoire (n. m.) (all. gewinnen).
Gwino : je gagne / je devine (v.) (all. gewinnen).
Gwínta : guirlande (n. f.) (all. Gewinn).
Gwis : sûr (adj. inv.) (all. gewiss).
Gwisa : conscience (n. f.) (all. Gewissen).

H

Hadari : cric (n. m.) (i-a. ūrdhvam).
Hado : je lève (v.) (i-a. ūrdhvam).
Hado mán : je me lève (v.) (i-a. ūrdhvam / i-a. aham).
Hado mán pré : je m'élève (spirituellement) (v.) (i-a. ūrdhvam / i-a. aham / i-a. ūpar).
Hado pré : j'élève / je ramasse / j'encourage (v.) (i-a. ūrdhvam / i-a. ūpar).
Hagla : grêle (n. f.) (all. Hagel).
Haïchréka : sauterelle (n. f.) (all. Heuschrecke).
Haïda : bruyère (n. f.) (all. Heide).
Haïlégi : Sainte Vierge (n. f.) (all. Heilige).
Haïlégi ïak : éclair (n. f.) (all. heilig / i-a. agni).
Haïlégo : saint (n. m.) (all. Heilige).
Haïlégo bogo : arc-en-ciel (n. m.) (all. heilig / all. Bogen).
Haïlégo bourho : bible (n. m.) (all. heilig / all. Buch).
Haïlégo gadjo : guérisseur ne faisant ni partie de la communauté des Sínté, ni de celle dite des gens du voyage (n. m.) (all. heilig / i-a. grhya).
Haïlégo gaïchto : Saint-Esprit (n. m.) (all. heilig / all. Geist).
Haïlégo méncho : guérisseur (Sínto) (n. m.) (all. heilig / all. Mensch).

Haïlégo rachaï : Saint Curé d'Ars (catholicisme) (n. m.) (all. heilig / i-a. rtvij).
Haïlémèn : guéri (adj. inv.) (all. heilen).
Haïlo : je guéris (v.) (all. heilen).
Haïlounga : guérison (n. f.) (all. Heilung).
Haïmégès : qui m'évoque d'agréables souvenirs (adv.) (all. heimisch).
Haïmégo : qui m'évoque d'agréables souvenirs (adj.) (all. heimisch).
Haïo : oui (als. hä + als. jo).
Haïs : brûlant (adj. inv.) (all. heiß).
Haïsépèn : grande chaleur (n. m.) (all. heiß).
Haïti : Sínté belges (surnom) (pl.) (all. Heide).
Haïvo : je comprends / je ressens (v.) (i-a. khyāna).
Haïvo mán : je me sens (v.) (i-a. khyāna / i-a. aham).
Haïzégo : enroué (adj.) (als. haisrig).
Haka : pioche (n. f.) (all. Hacke).
Hako : je pioche (v.) (all. hacken).
Halmo : tige (n. m.) (all. Halm).
Halspánta : collier (chien) (n. f.) (all. Halsband).
Haltrémèn : arrêté (adj. inv.) (all. halten).
Haltrésa : palonnier (n. f.) (all. Halter).
Haltro (+ datif) : j'attends (v.) (all. halten).
Haltro : j'arrête (v.) (all. halten).
Haltro án : je retiens (v.) (all. halten / all. an).
Haltro mán : je m'arrête (v.) (all. halten / i-a. aham).
Haltro vri : j'accompagne (instrument de musique) (v.) (all. aushalten / i-a. bahih).
Hámbourgari : Hambourgeois (n. m.) (all. Hamburger).
Hámrésa : hachette (n. f.) (all. Hammer).
Hámro : marteau (n. m.) (all. Hammer).
Hámstari : hamster (n. m.) (all. Hamster).
Hándla : affaire (commerce) (n. f.) (all. Handel).
Hándlo : je change / j'échange (v.) (all. handeln).
Hano : coq (n. m.) (all. Hahn).
Hanochrit : pas de coq (n. m.) (all. Hahn + all. Schritt).
Hántougo : serviette (toilette) (n. m.) (all. Handtuch).

Har : comme / complément du comparatif / complément du verbe (conjonct.) / comment (adv. int.) / pendant que (prép.) (i-a. sāra).
Harfa : harpe (n. f.) (all. Harfe) (p. s.).
Harfari : harpiste (n. m.) (all. Harfe) (p. s.).
Harmonatsiona : harmonisation (n. f.) (all. Harmonisierung) (g. s.).
Harmonéïa : accordéon (n. f.) (all. Ziehharmonika).
Harmonéïari : accordéoniste (n. m.) (all. Ziehharmonika).
Hart : dur (matière) (adj. inv.) / gravement (adv.) (all. hart).
Hart bouko : gésier (n. m.) (all. hart / i-a. būkkā).
Hartéchpli : trembles (osier) (pl.) (all. hart + all. Espe).
Hartédar : plus dur (matière) (all. hart).
Hartégès : étrange (adv.).
Hartégo : étrange (adj.).
Hartépèn : difficulté (n. m.) (all. hart).
Hartlégo : fameux (adj.) (all. herrlich).
Hartsavtégo : courageux (adj.) (all. herzhaft).
Hasémèn : haï (adj. inv.) (all. hassen).
Haso : je hais (v.) (all. hassen).
Haz : bien que (conjonct.) (all. als).
Hazéskri chtala : clapier (n. f.) (all. Hase / all. Stall).
Hazéskro pélso : peau de lapin (n. m.) (all. Hase / all. Pelz).
Haznousa : noisette (n. f.) (all. Haselnuss).
Haznoustiko rouk : noisetier (n. m.) (all. Haselnuss / i-a. rūkh).
Hazo : lapin (n. m.) (all. Hase).
Héblo : gourdin (n. m.) (als. Höwwel).
Hébréari : Hébreu (n. m.) (all. Hebräer).
Hébrédo : saisi (adj.) (all. heben).
Hébrétikès : hébreu (langue) (n. m.) (all. Hebräisch).
Hébrétiko : hébreu (adj.) (all. Hebräer).
Hébro : je tiens / je porte (v.) (all. heben).
Hébro án : je retiens (v.) (all. anheben / all. an).
Hébro mán : je me retiens (v.) (all. anheben / i-a. aham).
Hébro vri : je persévère / j'endure (v.) (all. heben / i-a. bahih).
Héfa : levure (n. f.) (all. Hefe).
Hékéchloup : repère (hérisson) / famille Duvil (surnom) (n. m.) (all. Hecke + all. Schlupf).

Héko : haie (n. m.) (all. Hecke).
Héksa : sorcière (n. f.) (all. Hexe).
Héksémèn : ensorcelé (adj. inv.) (all. Hexe).
Hékso : j'ensorcelle (v.) (all. Hexe).
Hèl : clair (adj. inv.) (all. hell).
Héla : enfer (n. f.) (all. Hölle).
Hèlari : éclaireur / ampoule (n. m.) (all. hell).
Hèlédar : plus clair (all. hell).
Hélfrédo : aidé / soigné (adj.) (all. helfen).
Hélfrépèn : aide (n. m.) (all. helfen).
Hélfro : j'aide / je soigne (v.) (all. helfen).
Hélmo : casque (n. m.) (all. Helm) (p. s.).
Héltsa : allumette (n. f.) (all. Hölzchen).
Héndla : querelle (n. f.) (all. Händel).
Héndlari : querelleur (n. m.) (all. Händel).
Héndlo : je querelle (v.) (all. Händel).
Hèndtchíngi : gants (pl.) (als. Hanschig).
Héngédo pré : suspendu (adj.) (all. hängen / i-a. ūpar).
Héngédo télé : penché (v.) (all. hängen / i-a. tala).
Héngo mán : je me suspends / je me penche (v.) (all. hängen / i-a. aham).
Héngo pré : je suspends (v.) (all. hängen / i-a. ūpar).
Héngo télé : je penche (v.) (all. hängen / i-a. tala).
Hénklékorp : panier long à anse (n. m.) (all. Henkel + all. Korb).
Hénklo : anse (n. m.) (all. Henkel).
Hènségo : unique (adj.) (all. Einzige).
Hépa : serpe (n. f.) (all. Hippe).
Hèr : particule verbale correspondant à " her " en allemand. Marque la distance (adv.) (all. her).
Hérbrépèn : héritage (n. m.) (all. erben).
Hérbro : j'hérite (v.) (all. erben).
Hérha : geai (n. f.) (als. Hàher).
Hèrhta : brochet (n. f.) (all. Hecht).
Héri : jambe (n. f.) (i-a. hadda).
Héríngo : hareng (n. m.) (all. Hering).
Hérna : cerveau (n. f.) (all. Hirn).
Hérnachala : crâne (n. f.) (all. Hirn + all. Schädel).

Hérta : cheminée (n. f.) (all. Herd).
Héségès : à la manière des Sínté hessois (Hesse) (adv.) (all. Hesse).
Hési : Sínté hessois (Hesse) (pl.) (all. Hesse).
Hévamétsa : sage-femme (n. f.) (als. Hewàmm).
Hi : c'est / il-y-a (v.) (i-a. hej).
Hi bilédès : c'est un temps de neige fondue (i-a. bilā).
Hi mán : j'ai (v.) (i-a. hej / i-a. aham).
Hi mán bángé ïaka : je louche (v.) (i-a. hej / i-a. aham / i-a. bhagna / i-a. aksa).
Hi mándé : c'est à moi (v.) (i-a. hej / i-a. aham).
Hi zénélès : la nature a reverdi (i-a. hej / ser. зелена).
Hidjo : je porte (v.) (i-a. lejā).
Hiéngro : disciple (n. m.) (all. Jünger).
Hifta : hanche (n. f.) (all. Hüfte).
Hilfa : secours (n. f.) (all. Hilfe).
Hímlo : paradis (n. m.) (all. Himmel).
Híndrévaïa : buse (n. f.) (all. hindern + all. Weihe).
Híndro : je gêne (v.) (all. hindern).
His : c'était / il-y-avait (v.) (i-a. hej).
Hitari : berger (n. m.) (all. Hüter).
Hitsa : chaleur (n. f.) (all. Hitze).
Hitso : j'ai chaud / j'ai de la fièvre (v.) (all. Hitze).
Ho : ce que (pron.) / quoi (pron. int.) (i-a. so).
Hobla : rabot (n. f.) (all. Hobel).
Hofa : ferme (n. f.) (all. Hof).
Hofégo : fermier (adj.) (all. Hof).
Hofnounga : espérance (n. f.) (all. Hoffnung).
Hoïrho : je souffle (v.) (all. hauchen).
Hoïta : peau (n. f.) (all. Haut).
Hokémèn : accroché (adj. inv.) (all. Haken).
Hoko : crochet (n. m.) (all. Haken).
Hoko mán : je m'accroche (v.) (all. Haken / i-a. aham).
Hoko pré : j'accroche (v.) (all. Haken / i-a. ūpar).
Hol : creux (adj. inv.) (all. hohl).
Hola : caverne (n. f.) (all. Höhle).
Holándari : Hollandais (n. m.) (all. Holländer) (p. s.).

Holántiko Sínto : Sínto originaire de Hollande (n. m.) (all. holländisch / i-a. sindhu) (h. s.).
Holánto : Hollande (n. m.) (all. Holland).
Holdra : sureau (n. f.) (als. Holdra).
Holémèn : creusé / enfoncé (adj. inv.) (all. hohl).
Holtchouga : sabot (n. f.) (all. Holzschuh).
Hopa : houblon (n. f.) (all. Hopfen).
Hopso : fruit (n. m.) (all. Obst) (g. s. / p. s.).
Hopstiko rouk : arbre fruitier (n. m.) (all. Obst / i-a. rūkh) (g. s. / p. s.).
Horégo : poilu (adj.) (all. haarig).
Horh : haut (adj. inv.) / juge (n. m.) (all. hoch).
Horh chtélémèn : noble (adj. inv.) (all. hoch / all. stellen).
Horhédar : plus haut (all. hoch).
Horhépèn : hauteur (n. m.) (all. hoch).
Horhépèn télé : précipice (n. m.) (all. hoch / i-a. tala).
Horhtsaïta : mariage (n. f.) (all. Hochzeit).
Horno : corne (n. m.) (all. Horn).
Hoské : parce que (loc.) (i-a. so) / pourquoi (adv. int.) (i-a. so).
Houba : bonnet (n. f.).
Houdlémèn : embrouillé / embroussaillé (adj. inv.) (als. verhuddla).
Houfka : tas (n. f.) (als. Hüffa).
Houfo : sabot (cheval) (n. m.) (all. Huf).
Houfo glán : j'avance (v.) (all. hufen).
Houfo palé : je recule (v.) (all. hufen / i-a. para).
Houkémèn : accroupi (adj. inv.) (all. hucken).
Houkla : colline / butte (n. f.) (all. Hügel).
Houm : je suis (être) (v.) (i-a. hūn).
Houmari : homard (n. m.) (all. Hummer) (h. s.).
Houmlo : jeune taureau (n. m.) (all. Hummel).
Houngrémèn : affamé (adj. inv.) (all. hungern).
Hounogo : miel (n. m.) (all. Honig) (g. s.).
Hounti : il faut (invariable) (souvent employé avec le subjonctif).
Houra : prostituée (vulgaire) (n. f.) (all. Hure).
Hourégo : " coureur de filles " (péjoratif) (adj.) (all. Hure).

Houro mán : je me prostitue (vulgaire) (v.) (all. huren / i-a. aham).
Hourobánko : bâtard (n. m.) (all. Hure + all. Balg).
Houzari : hussard (n. m.) (all. Husar).
Hoza : pantalon (n. f.) (all. Hose).

I

I : la (pron.) / un / une (pron.) (i-a. eka).
Ïa : oh (interj.) (all. ja).
Ïak : feu (n. f.) (i-a. agni) / œil (n. f.) (i-a. aksa).
Ïaka : veilleuses (véhicule) (pl.) (i-a. aksa).
Ïakéskro : oiseau de feu (surnom) (n. m.) (i-a. agni).
Ïakobéskri brouna : puits de Jacob (n. f.) (all. Jakobsbrunnen) (h. s.).
Ïalé draka : raisins verts (pl.) (i-a. alhad / i-a. drāksā).
Ïalédar : plus rustre (sens moral) (i-a. alhad).
Ïalès : rustre / de façon rustre (sens moral) (adv.) (i-a. alhad).
Ïalo : cru (aliment) / vert (bois) / rustre (sens moral) (adj.) (i-a. alhad).
Ïaré : testicules (pl.) (i-a. anda).
Ïarhta : chasse (n. f.) (all. Jagd).
Ïarhtari : chasseur (n. m.) (all. Jäger).
Ïarhto : je chasse (v.) (all. jagen).
Ïaro : farine (n. m.) (i-a. ātā) / œuf (n. m.) (i-a. anda).
Ïék : désigne quelqu'un que l'on ne veut pas nommer (pron.) (i-a. eka).
Ïénégo : quelqu'un (désigne parfois un défunt que l'on ne veut pas nommer) (all. einiger).
Ïézous : Jésus (all. Jesus).
Ïézous Maria : " Jésus Marie ! " (interj.) (all. Jesus / all. Maria).
Iltrésa : putois (n. f.) (all. Iltis).
Ima : abeille (n. f.) (all. Imme).
Imar : toujours (adv.) (all. immer).
Imar fort : pour toujours (all. immer / all. fort).
Ímkari : apiculteur (n. m.) (all. Imker).

Índari : Indien (Inde) (n. m.) (all. Inder) (p. s.).
Índianari : Indien (Amérique) (n. m.) (all. Indianer) (p. s.).
Íngländari : Anglais (n. m.) (all. Engländer).
Íngltikès : anglais (langue) (n. m.) (all. Englisch).
Íngltiko : anglais (adj.) (all. englisch).
Ínro : j'hennis (v.) (all. wiehern).
Ínsla : île (n. f.) (all. Insel).
Ïoudo : Juif (n. m.) (all. Jude).
Ircha : cerf (n. f.) (all. Hirsch).
Irlèndari : Irlandais (n. m.) (all. Irländer) (p. s.).
Israélito : Israélite (n. m.) (all. Israelit).
Italiénari : Italien (n. m.) (all. Italiener).
Italiéntikès : italien (langue) (n. m.) (all. Italienisch).
Ivénarht : toute la nuit (all. übernachten).
Ivral : partout (adv.) (all. überall).

J

Japanari : Japonais (n. m.) (all. Japaner).
Jirónda : Gironde (Bordeaux et ses alentours) (n. f.) (fr. Gironde) (v. s.).
Jouns : autrefois (adv.) (als. sunscht).

K

Kachégo : sourd (adj.) (i-a. kāna + i-a. śuska).
Kachkaraka : pie (n. f.) (gre. καρακάξα).
Kacht : bois (n. m.) (i-a. kastha).
Kachténi roï : cuillère en bois (n. f.) (i-a. kastha / i-a. dōī).
Kachténo : en bois (adj.) (i-a. kastha).
Kachtiko : pour bois (adj.) (i-a. kastha).
Kaféïa : café (n. f.) (all. Kaffee).
Kafékésla : cafetière (n. f.) (all. Kaffee + all. Kessel).
Kafézats : marc (café) / cafetière (n. f.) (all. Kaffeesatz).

Kaï : celle-ci (adj. f.) (sín. kaïa) / là / où (adv.) (i-a. kva).
Kaïa : celle-ci (adj. f. / pron.) (i-a. kva).
Kaïménésté : quelque part (loc.) (i-a. kva).
Kaïrhlémèn : haletant (adj. inv.) (all. keuchen).
Kaïrhlo : j'halète (v.) (all. keuchen).
Kaïtél mán : je regrette / je plains (v.) (ser. покајати / i-a. aham).
Kak : oncle (n. m.) (i-a. kakā).
Kaké : comme ça / tellement (i-a. yathā).
Kaké bout : tant (adv.) (i-a. yathā / i-a. bahútitha).
Kaké té kaké : comme ci comme ça (loc.) (i-a. yathā / i-a. te / i-a. yathā).
Kakh : aisselle (n. f.) (i-a. kaksa).
Kakli : araignée (n. f.) (i-a. krt).
Kakou : oncle (terme affectueux) (n. m.) (i-a. kakā).
Kal : ceux-ci (adj. pl.) (sín. kala).
Kala : ceux-ci (adj. pl. / pron.) (i-a. kva).
Kala ménchi : ces gens-ci (sín. kala / all. Mensch).
Kalbo : veau (n. m.) (all. Kalb).
Kalépèn : noirceur (n. m.) (i-a. kāla).
Kalès : noir (adv.) (i-a. kāla).
Kalfouna : colophane (violon) (n. f.) (als. Kolophonium).
Kali : Tsigane (femme) originaire de la péninsule Ibérique (n. f.) (i-a. kāla).
Kali kaféïa : café noir (n. f.) (i-a. kāla / all. Kaffee).
Kali poulpra : lèpre (n. f.) (i-a. kāla).
Kalo : noir (adj.) / Noir (Afrique) / Tsigane (homme) originaire de la péninsule Ibérique (n. m.) (i-a. kāla).
Kama : sexe masculin (vulgaire) (n. f.) (i-a. kāma).
Kámbana : montre (n. f.) (gre. καμπάνα).
Kaméla : chameau (n. f.) (all. Kamel).
Kamina : cheminée (n. f.) (all. Kamin).
Kámlébaskro : amoureux (n. m.) (i-a. kāma).
Kamlédar : plus gentil (i-a. kámala).
Kamlépèn : amour (n. m.) (i-a. kāma).
Kamlo : gentil (adj.) (i-a. kámala).
Kamo (+ datif) : j'aime (v.) (i-a. kāma).
Kamo : je veux (v.) (i-a. kāma).

Kamo choun : je veux bien (v.) (i-a. kāma / all. schon).
Kamo fort : je veux partir (v.) (i-a. kāma / all. fort).
Kamo gèrn : je veux bien (v.) (i-a. kāma / all. gern).
Kamo vri : je veux sortir (v.) (i-a. kāma / i-a. bahih).
Kámpina : caravane (n. f.) (fr. camping) (b. s. / v. s.).
Kán : oreille (n. m.) (i-a. kāna) / particule interrogative placée après le verbe (i-a. kin).
Kana : bidon (n. f.) (all. Kanne).
Kanadari : Canadien (n. m.) (all. Kanadier) (p. s.).
Kananitari : Cananéen (n. m.) (all. Kanaaniter) (h. s.).
Kándidato : candidat (n. m.) (fr. candidat) (h. s.).
Kané : quand (adv.) (i-a. kab).
Kanéngré : boucles d'oreille (pl.) (i-a. kāna).
Kángli : peigne (n. f.) (i-a. kankata).
Kángri : église (n. f.) (i-a. ghanta).
Kántalo : Carinthie (n. m.) (all. Kärnten).
Kántona : canton (n. f.) (all. Kanton) (v. s.).
Kapa : calotte (anatomie) / casquette (n. f.) (all. Kappe).
Kapéla : orchestre (n. f.) (all. Kapelle).
Kapitla : chapitre (n. f.) (all. Kapitel).
Kar : sexe masculin (vulgaire) (n. m.) (i-a. kārh).
Karamaskri : arme à feu (n. f.) (i-a. kānda).
Karamélo : caramel (n. m.) (all. Karamell).
Karavana : caravane (n. f.) (fr. caravane) (b. s. / v. s.).
Kardini : coup de fusil (n. f.) (i-a. kānda) / écrevisse (n. f.) (gre. καραβίδα).
Karhni : poule (n. f.) (per. مرغ).
Karho : charrette (n. m.) (all. Karren).
Karota : carotte (n. f.) (all. Karotte).
Karpfo : carpe (poisson) (n. m.) (all. Karpfen).
Karpro : corps (n. m.) (all. Körper).
Karta : carte (jouer) (n. f.) (all. Karte).
Kartchima : bistrot (n. f.) (ser. гостионица).
Karto : je joue aux cartes (v.) (all. Karte).
Katar : contre (prép.) / par ici / vers (prép.) (i-a. atra).
Katé : ici (adv.) (i-a. átra).
Katé kaï : ici et tout autour (i-a. atra / i-a. kva).
Katsa : chat (n. f.) (all. Katze).

Kava : celui-ci (adj. m. / pron.) (i-a. kva).
Kéchta : châtaigne (n. f.) (all. Kastanie).
Kéchtari : boxeur (n. m.) (all. Kastanie) (v. s.).
Kéchtiko rouk : châtaignier (n. m.) (all. Kastanie / i-a. rūkh).
Kéfégo : cage (n. m.) (all. Käfig).
Kéglébana : bowling (n. f.) (all. Kegelbahn) (p. s.).
Kéglo : quille (n. m.) (all. Kegel) (p. s.).
Kék : pas de (adv.) (i-a. kaī ek).
Kék méncho : personne (pron. ind.) (i-a. kaī ek / all. Mensch).
Kék mïa : sans effort (i-a. kaī ek / all. Mühe).
Kék vavar : personne d'autre (i-a. kaī ek / i-a. apara).
Kék zélo : personne (pron. ind.) (i-a. kaī ek / all. Seele).
Kéléra : cave (n. f.) (all. Keller).
Kélrho : calice (n. m.) (all. Kelch).
Kénshoït : chair de poule (n. f.) (all. Gänsehaut).
Képro : je croise l'épée (v.) (all. köpern).
Kéra : tour (moment) (n. f.) (all. Kehre).
Kérdo : cuit (adj.) (i-a. ghr) / fait (adj.) (i-a. kr).
Kérdo télé : bouillant (adj.) (i-a. ghr / i-a. tala).
Kérha : cuisine (n. f.) (als. Kische).
Kérna : grain (n. f.) (all. Kern).
Kérofa : cimetière (n. f.) (all. Kirchhof).
Kértsa : cierge (n. f.) (all. Kerze).
Kérvo : je fais cuire (v.) (i-a. ghr).
Kérvo télé : je fais bouillir (v.) (i-a. ghr / i-a. tala).
Késla : marmite (n. f.) (all. Kessel).
Kéta : chaîne (n. f.) (all. Kette).
Kétchak : front (n. m.) (per. جلو).
Kétélos : déchaîné (adj. inv.) (all. Kette + all. los).
Kéténé : ensemble (adv.) (i-a. ekathā).
Kétsa : hotte (n. f.).
Kézari : fromager (n. m.) (all. Käser).
Kham : soleil (n. m.) (i-a. ghām).
Khaméskro : ensoleillé (adj.) (i-a. ghām).
Khándéla : ça sent mauvais (i-a. gandhá).
Khándo : je sens mauvais (v.) (i-a. gandhá).
Khánt : odeur / parfum (n. f.) (i-a. gandhá).
Kharo : j'appelle (v.) (i-a. khyā).

Kharo mán : je m'appelle (v.) (i-a. khyā / i-a. aham).
Khas : foin (n. m.) (i-a. kaksa).
Khélémaskro : danseur (n. m.) (i-a. khel).
Khélépèn : danse (n. m.) (i-a. khel).
Khélo : je danse (v.) (i-a. khel).
Khér : maison (n. m.) (i-a. grha).
Khéré : à la maison (i-a. grha).
Khil : beurre (n. m.) (i-a. ghrta).
Khino : fatigué (adj.) / je fatigue (v.) (i-a. khinna).
Khino mán : je me fatigue (v.) (i-a. khinna / i-a. aham).
Khino mán vri : je me repose (v.) (i-a. khinna / i-a. aham / i-a. bahih).
Khoro : broc (n. m.) (i-a. ghata).
Khosémèn : essuyé (adj. inv.) (i-a. ghrs).
Khoso : j'essuie (v.) (i-a. ghrs).
Khouvémèn : tressé (adj. inv.) (i-a. gumph).
Khouvo : je tresse (v.) (i-a. gumph).
Ki : celle-ci (adj. f.) (sín. kaïa).
Ki rat : ce soir / cette nuit (sín. kaïa / i-a. rātri).
Kibla : bassine (n. f.) (all. Kübel).
Kibléngro : chaudronnier (n. m.) (all. Kübel).
Kichta : caisse / cercueil (n. f.) (all. Kiste).
Kilomitari : kilomètre (n. m.) (all. Kilometer).
Kímla : cumin (n. f.) (all. Kümmel).
Kímro mán (+ ablatif) : je me soucie de (v.) (all. kümmern / i-a. aham).
Kinégétsa : reine (n. f.) (all. König).
Kinégo : roi (n. m.) (all. König).
Kíntéchpot : " dans l'enfance " (all. Kind + all. Spott).
Kiral : fromage (n. m.) (i-a. kilāta).
Kiraléngré : " mangeurs de fromage " (Sínté d'Auvergne) (surnom) (pl.) (i-a. kilāta) (v. s.).
Kirbari : forain (fête foraine) (n. m.) (all. Kirbe).
Kirbiso : citrouille (n. m.) (all. Kürbis) (h. s.).
Kirbo : fête foraine (n. m.) (all. Kirbe).
Kirha : chaussures (pl.) (als. Küacha).
Kirhéla : tranche de pomme de terre grillée (n. f.) (all. Kuchen).
Kiri : fourmi (n. f.) (i-a. kīdī).

Kiriasa : cerise (n. f.) (gre. κεράσι).
Kiriastiko rouk : cerisier (n. m.) (gre. κεράσι / i-a. rūkh).
Kirmo : ver (terre) (n. m.) (i-a. krmi).
Kirvi : marraine / filleule (n. f.) (i-a. grhya).
Kirvo : parrain / filleul (n. m.) (i-a. grhya).
Kisa : coussin (n. f.) (all. Kissen).
Kisik : portefeuille (n. m.) (tur. kese).
Kitchi : combien (adv. int.) (i-a. káti).
Klafirha : piano (n. f.) (all. Klavier).
Klafirhari : pianiste (n. m.) (all. Klavier).
Klaïa : son (céréale) (n. f.) (all. Kleie).
Klarho : j'éclate (en faisant du bruit) (v.) (all. krachen).
Klarho pré : j'éclate en m'ouvrant (v.) (all. krachen / i-a. ūpar).
Klawba : croyance (n. f.) (all. Glaube).
Klawchtra : couvent (n. f.) (all. Kloster).
Kléïa : trèfle / luzerne (n. f.) (all. Klee).
Klémari : pince à linge (n. m.) (all. klemmen).
Klémo : je pince (v.) (all. klemmen).
Klémpnari : plombier (n. m.) (all. Klempner).
Klénari : osier sauvage (n. m.) (all. klemmen).
Klépo : je tape (v.) (all. klopfen).
Klérvémèn : éclairé (adj. inv.) (all. klären).
Klérvo : j'éclaire (v.) (all. klären).
Klévo : je colle (v.) (als. klawe).
Klidji : serrure (n. m.) (gre. κλειδί).
Kliso : je monte à cheval (v.) (i-a. krs).
Klisténgro khér : gendarmerie / commissariat (n. m.) (i-a. krs / i-a. grha).
Klisto : gendarme / policier (n. m.) (i-a. krs).
Klochka : volaille (n. f.) (ru. курица).
Kloka : cloche (n. f.) (all. Glocke).
Klor : pur (adj. inv.) (all. klar).
Klouka : " mère poule " (n. f.) (all. Glucke).
Klouksévo : je sanglote (v.) (all. schluchzen).
Knada : grâce (n. f.) (all. Gnade).
Knépo : bouton (vêtement / appareil) (n. m.) (all. Knopf).
Knérhtétsa : servante (n. f.) (all. Knecht).
Knérhto : serviteur (n. m.) (all. Knecht).

Kniïa : genou (n. f.) (all. Knie).
Knika : nuque (n. f.) (all. Genick).
Kniko mán : je m'agenouille (v.) (all. knicken / i-a. aham).
Kniko mán télé : je m'humilie (v.) (all. knicken / i-a. aham / i-a. tala).
Kniplo : gourdin (n. m.) (all. Knüppel).
Knobla : ail (n. f.) (all. Knoblauch).
Knoblo án : j'aille (v.) (all. Knoblauch).
Knopo : nœud / noyau / tresse (n. m.) (als. Knopf).
Knorho : os (n. m.) (all. Knochen).
Knorhvla : aile centrale du nez (n. f.) (all. Knochen).
Knotla : grumeau (n. f.) (all. Knoten).
Knouro : bois d'aubépine (n. m.) (all. Knorren).
Ko : celui-ci (adj. m.) (sín. kava).
Kochdino : juré sur les défunts (interdit de l'utiliser) (adj.) (i-a. kutsā).
Kochéba : jurement (n. m.) (i-a. kutsā).
Kocho : je jure sur les défunts (v.) (i-a. kutsā).
Kocho mán : je me jure sur les défunts (v.) (i-a. kutsā / i-a. aham).
Koglo : poulailler (n. m.) (i-a. gostha).
Koï : celle-là (adj. f.) (sín. koïa) / là-bas (adv.) (i-a. kva).
Koï té koï : ça et là (i-a. kva / i-a. te / i-a. kva).
Koïa : celle-là (adj. f. / pron.) (i-a. kim).
Kokaïo : jeu d'enfant / os (n. m.) (gre. κόκκαλο).
Kokéla : marmite (n. f.) (all. Koch).
Kokrès : seul (adv.) (i-a. kevala).
Kokro : seul (adj.) (i-a. kevala).
Kol : ceux-là (adj. pl.) (sín. kola).
Kol divès : ces jours-là (sín. kola / i-a. divasa).
Kola : ceux-là (adj. pl. / pron.) (i-a. kim).
Kolari : charbonnier (n. m.) (all. Kohle).
Kolbo : piston (n. m.) (all. Kolben).
Kolo : braise / charbon (n. m.) (all. Kohle).
Kolobrénari : charbonnier (n. m.) (all. Kohle + all. Brenn).
Kolrava : chou-rave (n. f.) (all. Kohlrabi).
Kom : même (adv.) (gre. ἀκόμη).
Komoni : quelqu'un (pron.) (i-a. kaścit).

Komtirari : directeur (n. m.) (all. kommandieren).
Komtirémèn : commandé (adj. inv.) (all. kommandieren).
Komtiro : je commande / je fais la commande de (v.) (all. kommandieren).
Komtiro mán : je me commande (v.) (all. kommandieren / i-a. aham).
Kor : noix (n. f.) (i-a. aksota).
Korako : corbeau (n. m.) (gre. κοράκι).
Korba : panier (n. f.) (all. Korb).
Korélo : borgne (adj.) (per. کور).
Koréngré : champignons poussant sous les noyers (pl.) (i-a. aksota).
Kortiké : champignons poussant sous les noyers (pl.) (i-a. aksota).
Kortiko rouk : noyer (n. m.) (i-a. aksota / i-a. rūkh).
Korts : court (adj. inv.) (all. kurz).
Korts hoza : pantalon court (n. f.) (all. kurz / all. Hose).
Kortsédar : plus court (all. kurz).
Kota : niche (n. f.).
Kotar : morceau (n. m.) (i-a. khanda) / près de (loc.) (i-a. kva).
Koté : là / lorsque (adv.) (i-a. kva).
Koté koï : tout là-bas (i-a. kva / i-a. kva).
Kou : celui-là (adj. m.) (sín. kova).
Kou divès : aujourd'hui (sín. kova / i-a. divasa).
Kouchto : je coûte (v.) (all. kosten).
Kougla : cartouche (n. f.) (all. Kugel).
Koukouk : coucou (fleur / oiseau / chant) (n. m.) (all. Kuckuck).
Koukounïa : maïs (n. f.) (ser. кукуруз).
Koultoura : culture (n. f.) (all. Kultur).
Kouméchtèl : courroie appelée " tour de cou " (all. Kummet).
Kouméta : collier (cheval) (n. f.) (all. Kummet).
Koumit : cri de la chouette (all. komm + all. mit).
Koumita : chouette (surnom) (all. komm + all. mit).
Koun : qui (pron. int. / pron. rel.) (i-a. ka).
Koundo : mendiant (n. m.) (yén. Kunde).
Kounéské : à qui (i-a. ka).
Kounïa : pièce de toile (n. f.) (i-a. kehunī).
Kounitcha : baliste (poisson) (n. f.) (ser. куниђ).

Koupi kisa : taie d'oreiller (n. f.) (all. Kopfkissen).
Kouprétiko : de cuivre (adj.) (all. Kupfer).
Koupro : cuivre (n. m.) (all. Kupfer).
Kouraja : courage (n. f.) (als. kuraschiart).
Kourémaskro : bagarreur (n. m.) (i-a. kutt).
Kourépèn : bagarre (n. m.) (i-a. kutt).
Kourha : gâteau (n. f.) (all. Kuchen).
Kourhéngro : pâtissier (n. m.) (all. Kuchen).
Kourkéskro : le dimanche (gre. κυριακή).
Kourko : dimanche / semaine (n. m.) (gre. κυριακή).
Kourlo : gorge (n. m.) (all. Gurgel).
Kouro : je bas (v.) (i-a. kutt).
Kouro mán : je me bats (v.) (i-a. kutt / i-a. aham).
Kourona : couronne (n. f.) (fr. couronne) (v. s.).
Koutch : cher (terme de respect) / cher (adj. inv.) (i-a. kuch).
Koutcha : calèche (n. f.) (all. Kutsche).
Koutchari : cocher (n. m.) (all. Kutscher).
Koutchno : je vais en calèche (v.) (all. kutschieren).
Koutla : boyau (n. f.) (all. Kuttel).
Kova : celui-là (adj. m. / pron.) (i-a. kim) / chose / affaire (n. m.) (i-a. gocara).
Kraba : crabe (n. f.) (all. Krabbe) (p. s.).
Krafta : force (n. f.) (all. Kraft).
Kraga : col (vêtement) (n. f.) (all. Kragen).
Kraïfo mán án ap : je m'agrippe à (v.) (all. greifen / i-a. aham / all. an / i-a. upari).
Kraïtschtros : carrefour (n. m.) (all. Kreuz + als. Schtroos).
Kraïtsémèn : en forme de croix / crucifié (adj. inv.) (all. Kreuz).
Kraïtsèz : âne caractérisé par une croix de Saint-André (couleur noire) au niveau du garrot (all. Kreuz).
Kraïtso : croix / partie du corps entre le dos et la nuque (n. m.) (all. Kreuz) / je crucifie (v.) (all. kreuzen).
Krán : mauvaise odeur (n. f.) (i-a. gandhá).
Krana : arête (n. f.) (als. Grane).
Kránéngro : qui à des arêtes (n. m.) (als. Grane).
Krántsi korba : panier (rebord supérieur dégagé) (n. f.) (all. Kranz / all. Korb) (v. s.).
Krántso : rebord du panier (n. m.) (all. Kranz).

Krarho : je claque des dents / je craque (v.) (all. krachen).
Krat : droit (adj. inv.) / juste (adv.) (all. gerade).
Krat nachti : tout ce qui est possible (all. gerade / i-a. śakti).
Krat vri : tout droit (all. gerade / i-a. bahih).
Kratséba : griffure (n. m.) (all. kratzen).
Kratso : je gratte / je griffe (v.) (all. kratzen).
Krazédo : écrasé (adj.) (fr. écraser) (v. s.).
Krazo : j'écrase (v.) (fr. écraser) (v. s.).
Kréftédar : plus robuste (all. kräftig).
Kréftigès : robuste / robustement (adv.) (all. kräftig).
Kréftigi zoumi : soupe riche en légumes (n. f.) (all. kräftig / gre. ζουμί).
Kréftigo : robuste (adj.) (all. kräftig).
Kreïta : craie (n. f.) (all. Kreide).
Krékso : je gémis (v.) (all. krächzen).
Kréla bout rara : ça fait très longtemps (i-a. kr / i-a. bahútitha / per. همیشه).
Kréla chila : il fait froid (i-a. kr / i-a. śīta).
Kréla chmoutégès : il fait lourd (i-a. kr / als. schwühl).
Kréla choun rara : ça fait déjà longtemps (i-a. kr / all. schon / per. همیشه).
Kréla chtikédès : il fait un temps étouffant (i-a. kr / all. sticken).
Kréla féïrht : il fait humide (i-a. kr / all. feucht).
Kréla frich : il fait frais (i-a. kr / all. frisch).
Krépsa : écrevisse (n. f.) (all. Krebs).
Kréta : Crète (n. f.) (all. Kreta) (g. s.).
Krétari : Crétois (n. m.) (all. Kreter) (g. s.).
Krichblouma : fleur sauvage (n. f.) (all. Christ + all. Blume).
Krichla : croûton de pain (n. f.) (all. Kruste).
Krichlémèn : frit (adj. inv.) (all. Kruste).
Krichlémèn matréli : pommes de terre frites (pl.) (all. Kruste).
Krichléngro : père Noël (n. m.).
Krichlo : je fais frire (v.) (all. Kruste).
Krichméta : messe de Noël (n. f.) (all. Christmette).
Krichpomo : sapin de Noël (n. m.) (all. Christbaum).
Krigo : guerre (n. m.) (all. Krieg).
Krika : béquille (n. f.) (all. Krücke).
Kriksla : criquet (n. f.) (gre. ακρίδα).

Krín : pet (vulgaire) (n. m.) (i-a. ghrāna).
Kriplo : estropié (n. m.) (all. Krüppel).
Krirhta : tribunal (n. f.) (all. Gericht).
Krisni : mairie (n. f.) (gre. κρίσιμης).
Kristous : Christ (all. Christus).
Kritlé hoko : pique-feu (n. m.) (all. kritzeln / all. Haken).
Kritlo : j'allume un feu (pique-feu) (v.) (all. kritzeln).
Kritséba : chatouille (n. m.) (all. kritzeln).
Kritsémèn : chatouillé / frissonnant (adj. inv.) (all. kritzeln).
Kritso : je chatouille (v.) (all. kritzeln).
Kro : je fais (i-a. kr).
Kro án : j'allume (v.) (i-a. kr / all. an).
Kro braït : j'élargis (v.) (i-a. kr / all. breit).
Kro chpasa : je plaisante (v.) (i-a. kr / all. Spaß).
Kro los : je défais (v.) (i-a. kr / all. los).
Kro mán vri : je me fais du souci (v.) (i-a. kr / i-a. aham / i-a. bahih).
Kro mín : je fais semblant (v.) (i-a. kr).
Kro o divïo : je fais le clown (cirque, fête foraine,…) (n. m.) (i-a. kr / i-a. ó / ser. дивљи).
Kro o hérti : je ramone (v.) (i-a. kr / i-a. ó / all. Herd).
Kro oïzénándar : je sépare (v.) (i-a. kr / all. auseinander).
Kro pré : j'ouvre (v.) (i-a. kr / i-a. ūpar).
Kro télé : je baisse (v.) (i-a. kr / i-a. tala).
Kro tsou : je ferme (v.) (i-a. kr / all. zu).
Kro vri : j'éteins / je renie (v.) (i-a. kr / i-a. bahih).
Kro zïán : je fais crédit (v.) (i-a. kr / i-a. jiyān).
Krokodila : crocodile (n. f.) (all. Krokodil) (g. s.).
Krona : couronne (n. f.) (all. Krone).
Krota : crapaud (n. f.) (all. Kröte).
Krotédalo : salamandre (n. m.) (gre. κροκόδειλος).
Krotégo : ayant l'apparence d'un crapaud (n. m.) (all. Kröte).
Krouchta : croûte (pain) (n. f.) (all. Kruste).
Krouma : mie de pain (n. f.) (all. Krume).
Kroumpémèn : recroquevillé (adj. inv.) (all. krippen).
Kroumpira : pomme de terre (n. f.) (als. Grundbeera).
Kroumpirsoup : soupe de pommes de terre (n. f.) (als. Grundbeera + all. Suppe).

Ksount : en bonne santé (adj. inv.) (all. gesund).
Ksountaït : à ta santé / à tes souhaits (interj.) (all. Gesundheit).
Kwaléla : ça jaillit (all. quellen).
Kwalo : je jaillis (v.) (all. quellen).
Kwar : sexe masculin (vulgaire) (n. m.).

L

Lachta : poids (n. f.) (all. Last).
Lada : épicerie (n. f.) (all. Laden).
Ladémèn : chargé (adj. inv.) (all. laden).
Ladépèn : chargement (n. m.) (all. laden).
Ladi : volets (pl.) (all. Fensterladen).
Ladini : coup de pied (n. f.) (i-a. lattī).
Ladjo (+ ablatif) : j'ai honte (v.) (i-a. lajjā).
Lado : je charge (v.) (all. laden).
Lado vri : je décharge (v.) (all. laden / i-a. bahih).
Ladounga : cargaison (n. f.) (all. Ladung).
Lagra : camp (nazisme) (n. f.) (all. Lager).
Laïba : miche (n. f.) (all. Laib).
Laïda : peine (n. f.) (all. Leid).
Laïdéba : tristesse (n. m.) (all. leiden).
Laïdégès : triste / tristement (adv.) (all. leiden).
Laïdégo : triste (adj.) (all. leiden).
Laïdéla : ça cause de l'ennui (all. leiden).
Laïdémèn : triste / ennuyeux (adj. inv.) (all. leiden).
Laïdo : je souffre (v.) (all. leiden).
Laïdo mángé : je m'ennuie (v.) (all. leiden / i-a. aham).
Laïglo : je nie / je renie (v.) (all. leugnen).
Laïma : colle (n. f.) (all. Leim).
Laïrhta : enterrement (n. f.) (all. Leiche).
Laïta : sonnerie (n. f.) (all. Lauten).
Laïtéla : ça sonne (all. Lauten).
Laïtsi : guides (cheval) (pl.) (pol. lejce).
Lakro : le sien (femme) (pron.) / son (femme) (adj. pos.).
Laksa : saumon (n. f.) (all. Lachs) (g. s.).

Lam : paralysé (adj. inv.) (all. lahm).
Lámla : lame (n. f.) (fr. lame) (p. s. / v. s.).
Lamoni : enclume (n. f.) (gre. αμόνι).
Lámpa : lampe (n. f.) (all. Lampe).
Lándana : bouilloire (n. f.).
Lándkarta : carte géographique (n. f.) (all. Landkarte) (g. s. / p. s.).
Lánga : désir (n. f.) (all. Verlangen).
Lángéla : ça suffit (all. langen).
Lángo : je désire (v.) (all. verlangen) / je passe / je tends (v.) (all. langen).
Lángro : je saisis (v.) (all. langen).
Lángs : à côté de (prép.) (all. längs).
Lánsa : lance (n. f.) (all. Lanze) (g. s. / p. s.).
Lántra : brancard (caravane hippomobile) (n. f.) (als. Làndra).
Lap : nom / parole (n. m.) (i-a. lapa).
Lataïntikès : latin (langue) (n. m.) (all. Lateinisch).
Latch : honte (n. f.) (i-a. lajjā).
Latchédar : meilleur (i-a. laksana).
Latchépèn : bonté (n. m.) (i-a. laksana).
Latchès : bon (adv.) (i-a. laksana).
Latchi potchafta : Bonne Nouvelle (n. f.) (i-a. laksana / all. Botschaft).
Latcho : bon (adj.) (i-a. laksana).
Lébo : lion (n. m.) (all. Löwe).
Léchkouako : dernier né (adj.).
Léchto : dernier (adj.) / fin (n. m.) (als. Lätscht).
Lédégo : célibataire (adj.) (all. ledig).
Lédra : cuir (n. f.) (all. Leder).
Lédrtiko : de cuir (adj.) (all. Leder).
Léfta : lèvre (n. f.) (all. Lefze).
Légo : je range (en pliant) / je ponds (v.) (all. legen).
Légo tsou : je ferme (panier) (v.) (all. legen / all. zu).
Légra : endroit pour pondre (n. f.) (all. legen).
Léïbrha : ceinture (n. f.) (all. Leibchen).
Léïébèn : vol / enlèvement (n. m.) (i-a. labh).
Léïrht : léger (adj. inv.) (all. leicht).
Léïrhtédar : plus léger (all. leicht).
Léngro : le leur (pron.) / leur (adj. pos.).

Lénlo : je loue (v.) (als. lehna).
Lénrépèn : prêt (n. m.) (als. lehna).
Lénro : je prête (v.) (als. lehna).
Lér : vide (adj. inv.) (all. leer).
Lérari : professeur (n. m.) (all. Lehrer).
Lérédar : plus vide (all. leer).
Lérma : bruit (n. f.) (all. Lärm).
Léro : je vide (v.) (all. leeren).
Lérounga : doctrine (n. f.) (g. s.).
Léskro : le sien (homme) (pron.) / son (homme) (adj. pos.).
Lèts : à l'envers / gauche (adj. inv.) (als. lenks).
Lèts ïakéskro : loucheur (als. lenks / i-a. aksa).
Lèts rik : gauche (n. f.) (als. lenks / i-a. dhig).
Lézéba : lecture (n. m.) (all. lesen).
Lézo mán : je me libère (ensorcellement) (v.) (all. lösen / i-a. aham).
Lézo télé : je lis (v.) (all. lesen / i-a. tala).
Lichka : renard (n. f.) (ser. лисица) (p. s.).
Lichta : roseau (n. f.) (als. licht).
Lichtégo : rusé (adj.) (all. listig).
Lifrémèn : livré (adj. inv.) (all. liefern).
Lifro : je livre (v.) (all. liefern).
Lik : lente (n. m.) (i-a. liksā).
Lil : carnet / lettre (n. m.) (i-a. likh).
Liléngro : facteur (n. m.) (i-a. likh).
Lino : pris (adj.) (i-a. labh).
Línza : lentille (n. f.) (all. Linse).
Línzéngro rhabèn : potage de lentilles (n. m.) (all. Linse / i-a. khād).
Lipsa : lèvre (n. f.) (all. Lippe).
Lirhta : lumière (n. f.) (all. Licht).
Litra : litre (n. f.) (all. Liter).
Livré méncho : brave personne cherchant la conversation (all. lieblich / all. Mensch).
Lizarta : lézard (n. f.) (fr. lézard) (p. s. / v. s.).
Lo : je prends (v.) (i-a. labh).
Lo án : j'accepte (v.) (i-a. labh / all. an).
Lo dji : je prends courage (v.) (i-a. labh / i-a. jiya).

Lo kéténé : j'amasse (v.) (i-a. labh / i-a. ekathā).
Lo mán : je me considère (v.) (i-a. labh / i-a. aham).
Lo mán nikli : je me sauve (v.) (i-a. labh / i-a. aham / i-a. nikāl).
Lo mán vri : je me débrouille (v.) (i-a. labh / i-a. aham / i-a. bahih).
Lo palal : je suis (suivre) (v.) (i-a. labh / i-a. para).
Lo pré : je ramasse (pour mettre à l'abri) (v.) (i-a. labh / i-a. ūpar).
Lo télé : j'enlève (v.) (i-a. labh / i-a. tala).
Lo tsou : je profite (santé) (v.) (i-a. labh / all. zu).
Lo vèk : j'enlève (v.) (i-a. labh / all. weg).
Lo vri : je libère (v.) (i-a. labh / i-a. bahih).
Lodépèn : logement (n. m.) (i-a. lamb).
Loïba : feuille d'arbre / feuille de papier (n. f.) (all. Laub).
Lokès : doux / doucement / lent / lentement (adv.) (i-a. dīrgha).
Loko : lent / doux (adj.) (i-a. dīrgha) / mèche de cheveux bouclés / boucle de cheveux (n. m.) (all. Locke).
Lolari : gendarme (n. m.) (i-a. lālī).
Lolé kapéngré : gendarmes (pl.) (i-a. lālī / all. Kappe).
Lolé mouria : framboises / fraises (pl.) (i-a. lālī / gre. μουρο).
Loli : tomate (n. f.) (i-a. lālī).
Lolo : laiton (n. m.) / rouge / roux (adj.) (i-a. lālī).
Lonégo : lunatique (adj.) (all. launisch).
Lorho : poireau (n. m.) (all. Lauch).
Los : défait (adj. inv.) (all. los).
Losémèn : abandonné (adj. inv.) (all. los).
Lota : prise de tabac (n. f.) (all. Lot).
Lotrínga : Lorraine (n. f.) (all. Lothringen) (g. s. / p. s.).
Lotríngari : Lorrain (n. m.) (all. Lothringer) (g. s. / p. s.).
Loubli : putain (vulgaire) (n. f.) (i-a. abhi).
Louchtégo : vigoureux (adj.) (all. lustig).
Loudra : fraîchin (n. f.).
Loufta : air (n. f.) (all. Luft).
Loufto : je respire (v.) (all. lüften).
Louk : desserré (adj. inv.) (als. luck).
Louksèmbourgari : Luxembourgeois (n. m.) (all. Luxemburger).
Loulari : sucette (n. m.) (als. lulla).
Loumérgo : flasque (adj.) (als. lumlig).

Loumpéngro : mendiant (n. m.) (all. Lumpen).
Loumpo : chiffon / linge (n. m.) (all. Lumpen).
Loumpomano : chiffonnier (n. m.) (all. Lumpen).
Loungépèn : longueur (n. m.) (ru. легкое).
Loungès : long / longuement (adv.) (ru. легкое).
Loungi korba : panier long (n. f.) (ru. легкое / all. Korb).
Loungo : long (adj.) (ru. легкое).
Lourdébèn : régiment (n. m.) (i-a. lūt).
Lourdo : soldat (n. m.) (i-a. lūt).
Lové : argent (monnaie) (pl.) (i-a. lauha).
Lovégo : tiède (adj.) (all. lau).
Lovéngro : qui aime l'argent (n. m.) (i-a. lauha).
Lovina : bière (n. f.) (g. s. / p. s.).
Lovro : je loue (éloge) (v.) (all. loben).
Lón : sel (n. m.) (i-a. lōn).
Lóndès : salé (adv.) (i-a. lōn).
Lóndo : salé (adj.) (i-a. lōn).

M

Ma : ne pas + impératif (adv.) (i-a. mā).
Machina : machine (voiture, moto,…) (n. f.) (all. Maschine).
Machkral : au milieu (i-a. madhya).
Machkraltouno : du milieu (i-a. madhya).
Machtégi zoumi : soupe au lard (n. f.) (sín. mas / gre. ζουμί).
Machtégo : nourrissant (adj.) (sín. mas).
Maga : estomac (n. f.) (all. Magen).
Magar : maigre (adj. inv.) (all. mager).
Magarédar : plus maigre (all. mager).
Maïa : faux (outil) (n. f.) (all. Mäher).
Maïbloum : fleur de mai (muguet) (n. f.) (all. Maiblume).
Maïkéfari : coccinelle (n. m.) (all. Marienkäfer).
Maïkéfro : hanneton (n. m.) (all. Maikäfer).
Maïo : mai (n. m.) (all. Mai).
Maïsla : mésange (n. f.) (all. Meise).
Maïzlo : burin (n. m.) (all. Meißel).

Makédonia : Macédoine (n. f.) (all. Makedonien) (g. s.).
Makédoniari : Macédonien (n. m.) (all. Makedonien) (g. s.).
Makhémaskri : femme qui soigne en faisant des prières (n. f.) (i-a. mraks).
Makhlémèn drèn : enduit / barbouillé (adj. inv.) (i-a. mraks / i-a. antar).
Makhli : maquillée (adj.) (i-a. mraks).
Makho : je graisse / je soigne en faisant des prières (v.) (i-a. mraks).
Maklari : maçon (n. m.) (all. Makler).
Mako : pavot (n. m.) (all. Mohn).
Makroni : macaronis (pl.) (all. Makkaroni).
Mal : ami (n. m.) (per. دوست).
Malédo : moulu (adj.) (all. mahlen).
Malo : je mouds (v.) (all. mahlen).
Mama : maman (n. f.) (all. Mama).
Mami : grand-mère (n. f.) (i-a. māmī).
Mándlo : amande (n. m.) (all. Mandel).
Mándltiko rouk : amandier (n. m.) (all. Mandel / i-a. rūkh).
Mándolina : mandoline (n. f.) (all. Mandoline).
Mángé ïék : ça m'est égal (i-a. aham / i-a. eka).
Mángépèn : chine (vente au porte à porte) (n. m.) (i-a. mārg).
Mángo : je chine (vente au porte à porte) / je demande (v.) (i-a. mārg).
Mángo án : je supplie (v.) (i-a. mārg / all. an).
Mángo blot : je mendie (v.) (i-a. mārg / all. bloß).
Manouch : Manouche (homme) (Sínto français) (n. m.) (i-a. mānusa).
Manouchétsa : Manouche (femme) (Síntétsa française) (n. f.) (i-a. mānusa).
Mánta : amande (n. f.) (all. Mandel).
Mántla : manteau (n. f.) (all. Mantel).
Mántora : moto (n. f.) (all. Motorrad).
Mara : pouliche (n. f.).
Mardari : meurtrier (n. m.) (all. Mörder).
Maré douï : nous deux (i-a. hamārā / i-a. dva).
Marédo : tué (adj.) (i-a. mār).
Maréngro : boulanger (n. m.) (i-a. mandaka).

Marépèn : meurtre (n. m.) (i-a. mār).
Maréskri korba : corbeille à pain (n. f.) (i-a. mandaka / all. Korb).
Margodja : chat (n. f.) (i-a. mārjār) (g. s. / p. s.).
Marhédo : impur (adj.) (gre. μολύνει).
Maria : Marie (n. f.) (all. Maria).
Marka : moelle (n. f.) (all. Mark).
Markémèn : inscrit (adj. inv.) (all. merken).
Markéta : marché (n. f.) (all. Markt).
Markiro : j'inscris (v.) (all. merken).
Marko : marché (n. m.) (all. Markt).
Maro : je tue (v.) (i-a. mār) / le nôtre (pron.) / notre (adj. pos.) (i-a. hamārā) / pain (n. m.) (i-a. mandaka).
Maro mán : je me bats (v.) (i-a. mār / i-a. aham).
Martiko kirbo : fête du pain (n. m.) (i-a. mandaka / all. Kirbe).
Martra : martre / fouine (n. f.) (all. Marder).
Marts routa : giboulée de mars (n. f.) (all. März / als. Kurtza).
Martso : mars (n. m.) (all. März).
Mas : viande (n. m.) (i-a. āmisa).
Masa : dimension (n. f.) (all. Maß).
Masélo : viandeux (adj.) (i-a. āmisa).
Maséskro : boucher (n. m.) (i-a. āmisa).
Mat : épuisé (adj. inv.) (all. matt).
Matchéba : pêche (n. m.) (i-a. matsya).
Matchébaskro : pêcheur (n. m.) (i-a. matsya).
Matcho : poisson (n. m.) (i-a. matsya).
Matchro : je pêche (v.) (i-a. matsya).
Matédar : plus épuisé (all. matt).
Matépèn : saoulerie (n. m.) (i-a. matta).
Matétsa : servante (n. f.) (sín. mat).
Matlari : Yéniche (homme) (péjoratif) (n. m.) (sín. mat) (v. s.).
Mato : saoul (adj.) (i-a. matta).
Mato chtoulo : chaise bancale (n. m.) (i-a. matta / all. Stuhl).
Matréli : pommes de terre (pl.).
Mavro : mur (n. m.) (all. Mauer).
Méchtari : maître / permis de conduire (n. m.) (all. Meister).
Méda : ver (viande, fromage,…) (n. f.) (all. Made).
Méditsina : médecine (n. f.) (all. Medizin).

Médoko : Médoc (Bordeaux et ses alentours) (n. m.) (fr. Médoc) (v. s.).
Méglarh : possible (adj. inv.) (all. möglich).
Mékanika : frein (véhicule) (n. f.) (all. Mechanik).
Méksikanari : Mexicain (n. m.) (all. Mexikaner).
Méli : café (n. f.) (gre. μέλι).
Mélko : je trais (v.) (all. melken).
Mélo : sale (adj.) (i-a. mala).
Mémlégès : pareil / pareillement (adv.) (all. nämlich).
Mémlégo : même (adj.) (all. nämlich).
Mén : cou (n. f.) (i-a. manyā).
Ménchéskro Tchavo : Fils de l'Homme (n. m.) (all. Mensch / i-a. chavanā).
Ménchi : personnes / parents (pl.) (all. Mensch).
Méncho : personne / Sínto (n. m.) (all. Mensch).
Mérépèn : mort (n. m.) (i-a. mārī).
Méro : je meurs (v.) (i-a. mārī) / mer (n. m.) (all. Meer).
Méro foun o sabèn : je meurs de rire (v.) (i-a. mārī / all. von / i-a. ó / i-a. has).
Mésali : serviette ou planche servant à poser un plat chaud sur une table (n. f.).
Méso : je mesure (v.) (all. messen).
Métala : métal (n. f.) (all. Metall).
Métsgari : boucher (n. m.) (all. Metzger).
Mézla : boue (n. f.) (all. Mus).
Mézlémèn : boueux (adj. inv.) (all. Mus).
Mïa : effort (n. f.) (all. Mühe).
Mïara : avec mille efforts (all. Mühe).
Michlarha : purin (n. f.) (all. Mist).
Michto : bien (adj. inv. / adv.) (i-a. mista) / fumier / dépotoir (n. m.) (all. Mist).
Midjarh : méchant (adj. inv.) (i-a. mithyā).
Midjépèn : méchanceté (n. m.) (i-a. mithyā).
Milari : meunier (n. m.) (all. Müller).
Milawza : Mulhouse (n. f.) (als. Mìlhüsa) (p. s.).
Milawzari : Mulhousien (n. m.) (als. Mìlhüsa) (p. s.).
Milérada : roue de moulin (n. f.) (all. Mühle + all. Rad).
Milo : moteur (véhicule) / moulin (n. m.) (all. Mühle).

Milona : melon (n. f.) (all. Melone).
Miltsa : rate (anatomie) (n. f.) (all. Milz).
Mímlo : biberon (n. m.).
Mimo : j'embrasse (enfant) (v.).
Mimoza : mimosa (n. f.) (all. Mimose).
Míndj : sexe féminin (vulgaire) (n. f.) (i-a. mih).
Míntsa : monnaie (n. f.) (all. Münze).
Mirha : Yéniche (femme) (péjoratif) (n. f.) (i-a. mithyā).
Mirho : Yéniche (homme) (péjoratif) (n. m.) (i-a. mithyā).
Mirklo : domestique (n. m.) (sín. miro).
Miro : le mien (pron.) / mon (adj. pos.) (i-a. merā).
Misa : messe (n. f.) (all. Messe).
Misiona : mission (évangélisme) (n. f.) (all. Mission).
Misionari : missionnaire (évangélisme) (n. m.) (all. Missionar).
Mit : avec (prép.) (all. mit).
Mitago : Midi (région) (n. m.) (all. Mittag) (v. s.).
Mitli : médicaments (pl.) (all. Mittel).
Mitsla : corsage (n. f.) (all. Mütze).
Mizégi matréla : pomme de terre écrasée (n. f.) (all. Mus).
Mizégo : mou (adj.) (all. Mus).
Mizégo tchavo : garçon pas débrouillard (n. m.) (all. Mus / i-a. chavanā).
Mizéra : misère / saleté (n. f.) (fr. misère) (v. s.).
Mizo : je me transforme en bouillie (v.) (all. Mus).
Moda : mode (n. f.) (all. Mode) (g. s.).
Moïlézla : mulet (n. f.) (all. Maulesel).
Moïzo : souris (n. m.) (all. Maus).
Mol : donc (après le verbe) (conjonct.) (all. mal) / vin (n. f.) (i-a. madya).
Molari : appareil photo (n. m.) (all. Maler).
Moléngro : vigneron (n. m.) (i-a. madya).
Molo : fois (n. m.) (als. mol) / je vaux (v.) (i-a. mūlya) / têtard (n. m.).
Molo télé : je photographie (v.) (all. malen / i-a. tala).
Móntchaïno : clair de lune (n. m.) (all. Mond + all. Schein).
Mónto : lune (n. m.) (all. Mond) / mois (n. m.) (all. Monat).
Morch : homme (n. m.) (i-a. mūsaka).

Morch tchavo : enfant (garçon) (n. m.) (i-a. mūsaka / i-a. chavanā).
Morchéngri : " coureuse d'hommes " (péjoratif) (n. f.) (i-a. mūsaka).
Moskro : maire (n. m.) (i-a. mukha).
Mou : devoir impératif / simple souhait (auxil.) (all. müssen).
Mouchta : mousse (plante) (n. f.) (all. Moos).
Mouchtín : serpolet (n. f.).
Mouchtlo : muscle (n. m.) (all. Muskel).
Mouchtra : forme / genre (n. f.) (all. Muster).
Moufla : bouchée (n. f.) (als. Mumpfel).
Moufla maro : bouchée de pain (n. f.) (als. Mumpfel / i-a. mandaka).
Mouï : bouche / visage (n. m.) (i-a. mukha).
Mouka : mouche (n. f.) (all. Mücke).
Moukléla : ça sent le moisi.
Mouklo : laissé / libre (adj.) (i-a. muc).
Mouko : je laisse (v.) (i-a. muc).
Mouko los : je lâche (v.) (i-a. muc / all. los).
Mouko mán : je me laisse (v.) (i-a. muc / i-a. aham).
Moulès : marqué par le défunt (adv.) (i-a. mr).
Mouléskro : sinistre (adj.) (i-a. mr).
Mouléskro divès : Toussaint (catholicisme) (n. m.) (i-a. mr / i-a. divasa) (p. s. / v. s.).
Moulétanès : avec l'intervention du défunt (adv.) (i-a. mr).
Moulo : ayant appartenu au défunt (adj.) / défunt / fantôme malfaisant causant de nombreux méfaits aux Sínté (croyance qui tend à disparaître depuis le réveil évangélique au sein de la communauté des Sínté) (n. m.) / mort (adj.) (i-a. mr).
Moulo thém : désert (n. m.) (i-a. mr / gre. θεμα).
Mouméli : bougie (n. f.) (per. موم).
Mountségo : tout petit (adj.).
Mour : mon / ma / mes (adj. pos.) (sín. miro).
Moura : marécage (n. f.) (all. Moor).
Mourga : chat (n. f.) (i-a. mārjār) (p. s.).
Mourhla : moule (mollusque) (n. f.) (all. Muschel).
Mouri : mûre (n. f.) (gre. μουρο).
Mouro : je dépouille (hérisson, poule,...) (v.) (i-a. mundayati).

Mousi : bras / manche de vêtement (n. f.) (i-a. musti).
Moutar : urine (vulgaire) (n. m.) (i-a. mūtra).
Moutrédo : souillé par l'urine (adj.) (i-a. mūtra).
Moutro : j'urine (v.) (i-a. mūtra).
Moutso : je fais la bise (v.) (all. mucksen).
Mouzéta : musette (sacoche) (n. f.) (als. Müsettla).
Mouzika : musique (n. f.) (all. Musik).
Mouzikánto : musicien de bal (n. m.) (all. Musik).

N

Na : ne pas (adv.) (i-a. mā) / non (adv.) (i-a. na).
Nabla : nombril (n. f.) (all Nabel).
Nachdino : évadé (adj.) (i-a. naś).
Nachédo : perdu (adj.) (i-a. naś).
Nachépèn : course (n. m.) (i-a. naś).
Nacho : je cours (v.) (i-a. naś).
Nacho mángé : je m'enfuis (v.) (i-a. naś / i-a. aham).
Nachro : je perds (v.) (i-a. naś).
Nachta : branche (n. f.) (all. Ast).
Nachti : verbe " pouvoir " (i-a. śakti).
Nachti gar : verbe " ne pas pouvoir " (i-a. śakti / all. gar).
Naglo : clou (n. m.) (all. Nagel) / je cloue (v.) (all. nageln).
Naglo tsou : je ferme en clouant (v.) (all. nageln / all. zu).
Naï : ongle / griffe (n. m.) (i-a. nakha).
Naïchirgo : curieux (adj.) (all. neugierig).
Naïda : colère (n. f.) (all. Neid).
Naïdégo : têtu (adj.) (all. neidisch).
Naïo : non (i-a. na + als. jo).
Naïoro : nouvel an (n. m.) (all. Neujahr).
Naïrhézla : écureuil (n. f.).
Nak : nez (n. m.) (i-a. nāka).
Nakégo : curieux (adj.) (i-a. nāka).
Nakéskri : tabac à priser (n. f.) (i-a. nāka).
Nako : je passe (v.) (i-a. nāknā).
Nakval : curieux (adj.) (i-a. nāka).

Nángo : nu (adj.) (i-a. nagna).
Narfa : nerf (n. f.) (all. Nerv).
Narh : bouffon (n. m.) (all. Narr).
Narhtigalo : rossignol (n. m.) (all. Nachtigall).
Narvélo : fou (adj.) (all. Narr).
Narvémèn : énervé (adj. inv.) (fr. énerver) (v. s.).
Narvo : j'énerve (v.) (fr. énerver) (v. s.).
Naséli : enceinte (euphémisme) (adj. f.) (i-a. mā + i-a. bala).
Nasélo : malade (adj.) (i-a. mā + i-a. bala).
Nasiona : nation (n. f.) (all. Nation) (h. s. / p. s.).
Nasknorho : os central du nez (n. m.) (all. Nase + all. Knochen).
Naslépèn : maladie (n. m.) (i-a. mā + i-a. bala).
Nastourho : mouchoir (n. m.) (all. Nase + all. Tuch).
Nébla : brouillard (n. f.) (all. Nebel).
Néboudo : cousin (n. m.) (i-a. napāt).
Néboutsa : cousine (n. f.) (i-a. napāt).
Néchta : nid (n. f.) (all. Nest).
Néfrétsa : nièce (n. f.) (all. Neffe).
Néfro : neveu (n. m.) (all. Neffe).
Négarétsa : négresse (n. f.) (all. Neger).
Négari : nègre (n. m.) (all. Neger).
Néro : je nourris (v.) (all. nähren).
Néro mán : je me nourris (v.) (all. nähren / i-a. aham).
Nétéla : petite quantité (n. f.).
Nétsa : filet (n. f.) (all. Netz).
Névo : nouveau (adj.) (i-a. navā).
Névo Téstaménto : Nouveau Testament (n. m.) (i-a. navā / all. Testament).
Nich : souvenir (n. m.) (i-a. cihna).
Nichta : broussaille (n. f.) (all. Nest).
Nidrémèn : soumis (adj. inv.) (all. nieder-).
Nidro mán : je me prosterne (v.) (all. nieder- / i-a. aham).
Nigar : jamais (adv.) (all. nie + all. gar).
Niglo : hérisson (n. m.) (all. Igel).
Niïal : été (n. m.) (i-a. ni + i-a. kāla).
Niïalé : en été (i-a. ni + i-a. kāla).
Nimour léva : jamais de la vie (all. nie in meinem Leben).
Nina : aussi (adv.) (gre. νύν).

Niréla : rein (n. f.) (all. Niere).
Nirhtar : à jeun (adj. inv.) (all. nüchtern).
Nirhtrémèn : détruit (adj. inv.) (all. vernichten).
Nirhtro : je détruis (v.) (all. vernichten).
Nit : ne pas (adv.) (all. nicht).
No gar : pas encore (adv.) (all. noch / all. gar).
Norh : encore (adv.) (all. noch).
Norh foun : près de (loc.) (all. noch / all. von).
Norhédar : plus près (all. noch).
Norvégari : Norvégien (n. m.) (all. Norweger).
Nota : besoin (n. f.) (all. Not).
Notwéndégès : nécessaire (adv.) (all. notwendig) (p. s.).
Notwéndégo : nécessaire (adj.) (all. notwendig) (p. s.).
Noudli : pâtes / nouilles (pl.) (all. Nudel).
Noumar : seulement (adv.) (all. nur).

O

O : le / les (art.) (i-a. ó).
Ochtra : Pâques (n. f.) (als. Oschtra).
Odra : tympan (n. f.) (all. Ohr).
Ofitsiro : officier (n. m.) (all. Offizier).
Oft : souvent (adv.) (all. oft).
Oïé : " Jésus ! " (interj.) (i-a. ó + all. Jesus).
Oïézous : " Jésus ! " (interj.) (i-a. ó + all. Jesus).
Oïzénándar : séparé (adj. inv.) (all. auseinander).
Oïzénari : séparé (adj.) (all. Äußere).
Oïzira : extérieur (n. f.) (all. Äußere).
Okso : bœuf / taureau / insecte volant (n. m.) (all. Ochse).
Ola : anguille (n. f.) (all. Aal).
Oliva : olive (n. f.) (all. Olive).
Olivtiko rouk : olivier (n. m.) (all. Olive / i-a. rūkh).
Opfra : sacrifice (n. f.) (all. Opfer).
Opfrari : sacrificateur (n. m.) (all. Opfer).
Opmano : chef (n. m.) (all. Hauptmann).
Orchmaltsari : perce-oreille (n. m.) (all. Ohrwurm).

Orh : oh (interj.) (all. ach).
Ortounga : discipline (n. f.) (all. Ordnung).
Otar : ou (conjonct.) (all. oder).
Oufro : rivage (n. m.) (all. Ufer).
Oufro án : j'appelle (téléphone) (v.) (all. rufen / all. an).
Ouméglarh : impossible (adj. inv.) (all. unmöglich).
Oun : et (conjonct.) (all. und).
Oun palé : et ensuite (conjonct.) (all. und / i-a. para).
Oun palé tsou : au retour (all. und / i-a. para / all. zu).
Ouna : sans (prép.) (all. ohne).
Ounchouldigo : innocent (n. m.) (all. Unschuldige).
Oundar : tellement (adv.) (all. und).
Oundéchida : différence (n. f.) (all. Unterschied).
Ounédégès : vulgaire / vulgairement (adv.) (all. unedel).
Ounédégo : vulgaire (adj.) (all. unedel).
Oungándélo : désobéissant (adj.) (all. ohne + i-a. kāna).
Oungándépèn : désobéissance (n. m.) (all. ohne + i-a. kāna).
Oungarétsa : Hongroise / Tsigane (femme) originaire des pays de l'Est de l'Europe (n. f.) (all. Ungar).
Oungari : Hongrois / Tsigane (homme) originaire des pays de l'Est de l'Europe (n. m.) (all. Ungar).
Oungartikès : hongrois (langue) / langue des Tsiganes originaires des pays de l'Est de l'Europe (n. m.) (all. Ungarisch).
Ounpatchlo : païen (évangélisme) (n. m.) (all. ohne + i-a. pratyaya).
Oura : montre (n. f.) (all. Uhr).
Ourmarhari : horloger (n. m.) (all. Uhrmacher).
Outsébaskro : moqueur (n. m.) (als. ützа).
Outso mán : je me moque (v.) (als. ütza / i-a. aham).
Outso mán vri : je me moque à mon aise (v.) (als. ütza / i-a. aham / i-a. bahih).
Ova : oui (adv.) (i-a. vā).
Ovélèn : si (adv.) (i-a. vā).
Ovérna : Auvergne (n. f.) (fr. Auvergne).
Ovéta : soirée (n. f.) (als. Oowa).
Ovétakro : dans la soirée (als. Oowa).
Owa : oui (adv.) (i-a. vā).

P

Paba : pomme (n. f.) (i-a. phala) (p. s.).
Pabtiko rouk : pommier (n. m.) (i-a. phala / i-a. rūkh).
Pach : chez / vers (prép.) / demi (adj. inv.) / moitié (n. m.) (i-a. pās).
Pach chtounda : demi-heure (n. f.) (i-a. pās / all. Stunde).
Pach divès : midi (i-a. pās / i-a. divasa).
Pach rat : minuit (i-a. pās / i-a. rātri).
Pacho : je couche (v.) (i-a. pās).
Pacho mán : je me couche (v.) (i-a. pās / i-a. aham).
Pachtéltsa : bergeronnette (n. f.) (all. Bachstelze).
Pachtéta : quiche (n. f.) (p. s.).
Pachto : couché (adj.) (i-a. pās).
Pada : bain (n. f.) (all. Bad) (b. s. / h. s. / p. s.).
Padrépèn : baignade (n. m.) (all. baden).
Padro : je baigne (v.) (all. baden).
Padro mán : je me baigne (v.) (all. baden / i-a. aham).
Pagari : casseur (travaillant dans une casse) (n. m.) (i-a. bhañj).
Pagébaskro : casseur (travaillant dans une casse) (n. m.) (i-a. bhañj).
Pagépèn : vol important (argot) (n. m.) (i-a. bhañj).
Pagi : tribunal (n. f.) (i-a. bhañj).
Pago : cassé (adj.) / je casse (v.) (i-a. bhañj).
Pago télé : complètement cassé (adj.) (i-a. bhañj / i-a. tala).
Païtcha : fouet (n. f.) (all. Peitsche).
Païtcho : je fouette (v.) (all. peitschen).
Paka : paquet (n. f.) (all. Paket).
Pako pré : j'emballe (v.) (all. packen / i-a. ūpar).
Pako tsou : je ferme (paquet) (v.) (all. packen / all. zu).
Pakovo : four (n. m.) (all. Backofen).
Pal : après / derrière (prép.) (i-a. para) / planche (n. f.) (i-a. phalaka).
Pal án : derrière (adv.) (i-a. para / all. an).
Pal mitago : après-midi (n. m.) (i-a. para / all. Mittag).
Pal taïsa : après-demain (i-a. para / gre. ταχυα).
Palal : par derrière (i-a. para).
Palánkana : cuvette (n. f.) (esp. palangana) (v. s.).

Palasta : palais (édifice) (n. f.) (all. Palast) (g. s.).
Palé : en arrière / en retour (adv.) / ensuite (conjonct.) (i-a. para).
Palé tchido : pour un Sínto, fait d'être exclu temporairement du groupe auquel il appartient suite à la violation d'un tabou (consommation de viande chevaline, contact impur avec une Síntétsa,...) (adj.) (i-a. para / i-a. ksip).
Palma : palmier (n. f.) (all. Palme).
Pándébaskro : bretelle (n. m.) (i-a. bandh).
Pándo : attaché (adj.) / j'attache (v.) (i-a. bandh).
Pándo pré : je délie (v.) (i-a. bandh / i-a. ūpar).
Pándo tsou : j'attache en fermant (v.) (i-a. bandh / all. zu).
Pani : eau (n. m.) (i-a. pānīya).
Paniéskro : pivert (surnom) (n. m.) (i-a. pānīya).
Pánsa : ventre (n. f.) (all. Pansen).
Pántchti : cinquième (vitesse sur un véhicule) (n. f.) (i-a. pañca).
Pántsnari : gilet (n. m.) (all. Panzer).
Papéltiko rouk : peuplier (n. m.) (all. Pappel / i-a. rūkh).
Papi : oie (n. f.) (gre. πάπια) (p. s.).
Papïakri téïa : menthe sauvage (n. f.) (all. Tee).
Papiro : papier (n. m.) (all. Papier).
Paplari : bavard (n. m.) (als. Bàbbler).
Paplébaskri : commère (n. f.) (als. Bàbbler).
Paplépèn : bavardage (n. m.) (als. Bàbbler).
Papou : grand-père (n. m.) (gre. παππούς).
Papsé : de nouveau (adv.) (i-a. para).
Pardo : plein (adj.) / plein de (adv.) (i-a. pūrna).
Parha : rivière (n. f.) (all. Bach).
Parhéto : édredon (n. m.).
Parho : glace (n. m.) (gre. πάγος).
Parhouno : menton (n. m.) (gre. πηγούνι).
Parhtouno : duvet à l'intérieur d'un édredon (n. m.).
Pario : j'éclate (v.) (i-a. pat).
Pario pré : je crève (v.) (i-a. pat / i-a. ūpar).
Parizari : Parisien (n. m.) (all. Pariser) (h. s.).
Parkro mán (+ ablatif) : je remercie (v.) (i-a. prati-kāra / i-a. aham).

Parmiso : conte (n. m.) (gre. παραμυθι).
Parné : langes (pl.) (i-a. pāndu).
Parné bouké : poumons (pl.) (i-a. pāndu / i-a. būkkā).
Parni kaféïa : café au lait (n. f.) (i-a. pāndu / all. Kaffee).
Parno : blanc (adj.) (i-a. pāndu).
Parno kiral : fromage blanc (n. m.) (i-a. pāndu / i-a. kilāta).
Paro : je fais du commerce / je change de l'argent (v.) (i-a. pari) / paire (n. m.) (all. Paar).
Parta : ruban (n. f.) (all. Borte).
Pasébaskro : surveillant (n. m.) (all. passen).
Paséla : ça convient (all. passen).
Paské : parce que (conjonct.) (fr. parce que).
Paskrémèn : enterré (adj. inv.) (i-a. patākā).
Paskro : j'enterre (suivi de l'incendie de la caravane) (v.) (i-a. patākā).
Paso pré : je surveille (v.) (all. passen / i-a. ūpar).
Patch : claque (n. m.) (all. patschen).
Patchédo : confiant (adj.) (i-a. pratyaya).
Patchéno : digne de confiance (adj.) (i-a. pratyaya).
Patchépèn : claquement (n. m.) (all. patschen) / confiance (n. m.) (i-a. pratyaya).
Patchlo : croyant (évangélisme) (n. m.) (i-a. pratyaya).
Patcho : je crois (v.) (i-a. pratyaya).
Patcho mán : je suis sûr de moi (v.) (i-a. pratyaya / i-a. aham).
Patél mán : je sers (v.) (all. bedienen / i-a. aham).
Patéla : ça sert (all. bedienen).
Patéva : chaussette (n. f.) (i-a. patava).
Patri : feuille d'arbre / feuille de papier (n. f.) (i-a. pattra).
Péchtéla : ça empeste (all. verpesten).
Péfrémèn : poivré (adj. inv.) (all. Pfeffer).
Péfro : poivre (n. m.) (all. Pfeffer).
Péïna : tourment / souffrance physique (n. f.) (all. Pein).
Péïno : je souffre physiquement / je souffre moralement (v.) (all. Pein).
Pékari : boulanger (n. m.) (all. Bäcker).
Pékéba : cuisson (n. m.) (i-a. pāka).
Pékla : paquet de cigarettes (n. f.) (als. Pakla).
Péko : cuit (adj.) / je fais cuire (v.) (i-a. pāka).

Pélari : bicyclette (n. m.) (i-a. pelaka) / imbécile (n. m.) (sín. pélo).
Pélo : sexe masculin (vulgaire) (n. m.) (i-a. pelaka).
Pélso : peau / fourrure (n. m.) (all. Pelz).
Pélso télé : je dépouille (v.) (all. Pelz / i-a. tala).
Péltiké : champignons (peupliers) (pl.) (als. Pàppla).
Pélto : peuplier (n. m.) (als. Pàppla).
Pén : sœur (n. f.) (i-a. bhaginī).
Péndérha : noisette (n. f.) (gre. φουντούκι).
Péndo : dit (adj.) (i-a. bhan).
Péno : je dis (v.) (i-a. bhan).
Pénslo : pinceau (n. m.) (all. Pinsel).
Pépa : bouillie à base de farine (n. f.) (als. Babbala).
Pépégo : pâteux (adj.) (als. Babbala).
Pépo : je tâte (v.) (als. Babbala).
Pèr : ventre (n. m.) (i-a. pēt).
Pérédo : tombé (adj.) (i-a. pad).
Péréla : il arrive (quelque chose) (i-a. pad).
Péréla pani : il pleut (i-a. pad / i-a. pānīya).
Pérha : enclos (n. f.) (all. Pferch).
Périrhil : persil (als. Peterla).
Pérnitsa : oreiller (n. f.) (ser. перо).
Péro : je tombe (v.) (i-a. pad).
Péro mángé : je me retrouve (v.) (i-a. pad / i-a. aham).
Péro télé : je chute (v.) (i-a. pad / i-a. tala).
Péro troumal : je me renverse (v.) (i-a. pad / i-a. dūram).
Pérsigé : pêches (pl.) (all. Pfirsich).
Pérsigtiko rouk : pêcher (n. m.) (all. Pfirsich / i-a. rūkh).
Pés : difficile (adj. inv.) (all. böse).
Péso : gros (adj.) (i-a. pustānga).
Pétlada : sommier (lit) (n. f.) (all. Bett + all. Lade).
Pétlémano : mendiant (n. m.) (all. Bettelmann).
Pétréba : prière (n. m.) (all. beten).
Pétro (+ datif) : je prie (v.) (all. beten).
Pétsiklo : personnage de Noël (n. m.) (als. pfatza).
Pétso : je pince / je griffe (v.) (als. pfatza).
Pfaïfa : pipe / sifflet (n. f.) (all. Pfeife).
Pfaïfépèn : sifflement (n. m.) (all. pfeifen).

Pfaïfo : je siffle (v.) (all. pfeifen).
Pfana : poêle (n. f.) (all. Pfanne).
Pibèn : boisson (n. m.) (i-a. pā).
Pibli : veuve (n. f.) (i-a. vidhavā).
Pichtola : pistolet (n. f.) (all. Pistole).
Piko : épaule (n. m.) (i-a. pīth).
Pikslo : boîte de conserve (n. m.) (all. Büchse).
Pilo : bu / saoul (adj.) (i-a. pā).
Pimaskri : cigarette (n. f.) (i-a. pā).
Pimaskro : buveur / fumeur (n. m.) (i-a. pā).
Píndla : paquet (n. f.) (all. Bündel).
Pínsa : jonc (n. f.) (all. Binse).
Pio : je bois / je fume (v.) (i-a. pā).
Pipémaskro : " touche à tout " (n. m.) (ser. пипати).
Pipili : pommes de terre (pl.).
Pipla : gland (fruit) (n. f.) (als. Bibbala).
Pipltiko rouk : chêne (n. m.) (als. Bibbala / i-a. rūkh).
Pipo : je tâte (v.) (ser. пипати).
Pipra : soufflette (n. f.) (all. Piper).
Piránglo : " nu-pieds " (adj.) (sín. piro + sín. nángo).
Pirdo : homme ne faisant pas partie de la communauté des Sínté mais de celle dite des gens du voyage (péjoratif) (n. m.) (sín. piro).
Pirédo : amoureux (n. m.) (sín. pirno).
Piréskro : policier / garde (n. m.) (i-a. pad).
Piri : pot (n. f.) (i-a. pithara).
Pirno : fiancé (n. m.) (i-a. priyā).
Piro : je marche (v.) / libre (adj.) / pied (n. m.) (i-a. pad).
Pisla : peu (adv.) (als. betzala).
Plana : plan (n. f.) (all. Plan).
Plarhta : drap (n. f.) (ser. плахта).
Plarhtarida : papillon (n. f.) (gre. πεταλούδας) (p. s.).
Plasirémèn : placé (adj. inv.) (all. Platz).
Plasiro : je place (v.) (all. Platz).
Platántiko rouk : platane (n. m.) (all. Platane / i-a. rūkh).
Platégi kourha : galette (n. f.) (all. Kuchen) (p. s.).
Plato : assiette (n. m.) (all. Platte) / plat / à plat (adj.) (als. Blàtt).

Platsa : place (n. f.) (all. Platz).
Plérho : tôle (n. m.) (all. Blech).
Plésrémèn : payé (adj. inv.) (ser. платити).
Plésro : je paye (v.) (ser. платити).
Plétcho : j'applaudis (v.) (all. plätschern).
Plézira : plaisir (n. f.) (fr. plaisir) (b. s. / p. s. / v. s.).
Ploïma : prune (n. f.) (all. Pflaume).
Ploïmtiko rouk : prunier (n. m.) (all. Pflaume / i-a. rūkh).
Ploko : bloc de bois (n. m.) (all. Block).
Plotra : cloque (n. f.) (als. Bloodra).
Plougari : laboureur (n. m.) (all. Pflüger).
Plougo : charrue (n. m.) (all. Pflug).
Pochta : poste (n. f.) (all. Post).
Pochtari : postier (n. m.) (all. Post).
Pochti : coins d'une caravane (pl.) (all. Pfoste).
Podchtéko : bâton servant à réaliser le fond d'un panier (n. m.) (all. Boden + all. Stock).
Podja : pan de chemise (n. f.) (gre. ποδιά).
Podo : fond (panier) (n. m.) (all. Boden).
Poïtiko : rustique (adj.) (all. Bauer).
Pokévo : je gambade (v.) (all. bocken).
Poko : bouc (n. m.) (all. Bock) / je cabre (v.) (all. bocken).
Polako : Polonais (n. m.) (all. Polacke).
Polo : piquet (n. m.) (als. Pfohl).
Pomada : pommade (n. f.) (all. Pomade).
Popo : homme malheureux / femme malheureuse / insecte noir (nourriture du hérisson) / crotte de nez (n. m.) (all. Popel).
Por : plume (n. f.) (i-a. parna).
Porédo : qui a des plumes (adj.) (i-a. parna).
Pori : queue (n. f.) (i-a. pāyu).
Poro : poireau (n. m.) (all. Porree).
Portougizo : Portugais (n. m.) (all. Portugiese) (p. s.).
Posita : poche (n. f.) (i-a. pāśa).
Potchafta : message (n. f.) (all. Botschaft).
Potémèn : interdit (adv.) (all. verboten).
Potso : épouvantail (n. m.) (als. Butzamummel).
Pouchka : fusil (n. f.) (ser. пушка).
Pouchoum : puce (n. f.) (i-a. plusi).

Poukémèn : baissé / plié en deux (adj. inv.) (all. bücken).
Poukla : bosse (déformation vertébrale) (n. f.) (all. Buckel).
Pouklégo : bossu (adj.) (all. Buckel).
Poukni : enflure / urticaire (n. f.) (i-a. phumkā).
Pouko mán télé : je me baisse (v.) (all. bücken / i-a. aham / i-a. tala).
Poukrédo : dénoncé (adj.) (i-a. brū).
Poukrémaskro : dénonciateur / pintade (surnom) (n. m.) (i-a. brū).
Poukro : je dénonce (v.) (i-a. brū).
Poukso : buis (n. m.) (all. Buchs).
Poukstiko kacht : buis (bois) (n. m.) (all. Buchs / i-a. kastha).
Poump : pus (n. m.) (i-a. pūya).
Poumpélo : couvert de pus (adj.) (i-a. pūya).
Pounto : livre (½ kilogramme) (n. m.) (all. Pfund).
Poup : terre (i-a. bhūmi).
Poupa : poupée (n. f.) (all. Puppe).
Poupléhano : crête (coq) (n. m.) (all. Puppe + all. Hahn).
Pourdari : trompette (n. m.) (i-a. sphūrj).
Pourdéla : ça souffle (vent) (i-a. sphūrj).
Pourdéskro : musicien (instrument à vent) (n. m.) (i-a. sphūrj).
Pourdo : je souffle (v.) (i-a. sphūrj).
Pourédar : plus vieux (i-a. purāna).
Pourépèn : vieillesse (n. m.) (i-a. purāna).
Pourès : vieux (adv.) (i-a. purāna).
Pouro : vieux (adj.) (i-a. purāna).
Pouroum : oignon (n. f.) (i-a. palāndu).
Pous : paille (n. m.) (i-a. bāspa).
Pouséno : en paille (adj.) (i-a. bāspa).
Poutro : beurre (n. m.) (all. Butter) (g. s.).
Poutsédo : nettoyé (adj.) (all. putzen).
Poutso : bouton (n. m.) (als. Butza) / je nettoie / j'épluche (v.) (all. putzen).
Pouvéngré : pommes de terre (pl.) (sín. poup).
Povari : paysan (n. m.) (all. Bauer).
Povro : je bâtis (v.) (all. bauen).
Povrounga : construction (n. f.) (all. bauen).
Praïso : prix (n. m.) (all. Preis) / Prussien (n. m.) (all. Preuße).

Praïstiko : prussien (adj.) (all. preußisch).
Praïstiko Sínto : Sínto originaire d'Alsace-Lorraine (n. m.) (all. preußisch / i-a. sindhu).
Praïzémèn : glorifié (évangélisme) (adj. inv.) (all. preisen).
Praïzo : je glorifie (évangélisme) (v.) (all. preisen).
Pral : en haut / au-dessus (adv.) (i-a. ūpar) / frère (n. m.) (i-a. bhrātr).
Pral mándé : au-dessus de moi (i-a. ūpar / i-a. aham).
Pral télé : de haut en bas (i-a. ūpar / i-a. tala).
Praltouno : du dessus (i-a. ūpar).
Prasdino : pour un Sínto, fait d'être déconsidéré par les membres du groupe auquel il appartient (retrouvera son honneur en vengeant ses parents et défunts insultés) (adj.) (i-a. bharts).
Prasépèn : insulte (n. m.) (i-a. bharts).
Praso : j'insulte (v.) (i-a. bharts).
Pré : dessus / particule verbale correspondant à " auf " en allemand. Marque l'action de monter, l'action d'ouvrir (adv.) (i-a. ūpar).
Pré tchíndo : ouvert avec un couteau (adj.) (i-a. ūpar / i-a. chid).
Préfirounga : attitude (n. f.) (all. rügen) (g. s.).
Prétla : biscuit (n. f.) (g. s.).
Príntsésa : princesse (n. f.) (all. Prinzessin).
Príntso : prince (n. m.) (all. Prinz).
Proba : épreuve / Tribulation (évangélisme) (n. f.) (all. Probe) (h. s.).
Proféto : prophète (n. m.) (all. Prophet) (g. s.).
Protokola : procès (n. f.) (all. Protokoll).
Proviro : j'essaye (v.) (all. probieren).

R

Rabari : râpe (n. m.) (all. reiben).
Rabémèn : râpé (adj. inv.) (all. reiben).
Rabo : je râpe (v.) (all. reiben).
Rachaï : prêtre (catholicisme) (n. m.) (i-a. rtvij).

Rachani : sœur religieuse (catholicisme) (n. f.) (i-a. rtvij).
Rada : roue (n. f.) (all. Rad).
Rado : renversé (adj.) (ser. рвати).
Raï : riche propriétaire (masculin) / monsieur (n. m.) (i-a. rāja) / tant pis (interj.).
Raïfi : cintres (pl.) (all. Reif).
Raïlépèn : élégance (n. m.) (all. reinlich).
Raïlo : élégant (adj.) (all. reinlich).
Raïn : pur (adj. inv.) (all. rein).
Raïnarto : aubépine (n. m.) (all. Rain).
Raïnédar : plus pur (all. rein).
Raïno : talus (n. m.) (all. Rain).
Raïso : je déchire (v.) (all. reißen).
Raïso dourch : je fends en déchirant (v.) (all. reißen / all. durch).
Raïso pré : j'ouvre en déchirant (v.) (all. reißen / i-a. ūpar).
Raïso télé : je déchiquette (v.) (all. reißen / i-a. tala).
Raïso vri : j'arrache / je cueille (v.) (all. reißen / i-a. bahih).
Raïza : voyage (n. f.) (all. Reise).
Raïzla : brindille (n. f.) (als. Riser).
Raïzo : je voyage (v.) (all. reisen).
Raïzo : riz (n. m.) (all. Reis).
Rajémèn : enragé (adj. inv.) (fr. enragé) (v. s.).
Raka méngé vri : nous parlons à n'en plus finir (i-a. vac / i-a. aham / i-a. bahih).
Rakébaskro : parleur (n. m.) (i-a. vac).
Rakédo : parlé / raconté (adj.) (i-a. vac).
Rakémaskro : téléphone (n. m.) (i-a. vac).
Raképèn : langage / parole (n. m.) (i-a. vac).
Rakli : jeune fille ne faisant ni partie de la communauté des Sínté, ni de celle dite des gens du voyage (n. f.) (i-a. toka).
Raklo : jeune garçon ne faisant ni partie de la communauté des Sínté, ni de celle dite des gens du voyage (n. m.) (i-a. toka).
Rako : je parle (v.) (i-a. vac).
Rako ap (+ datif) : je critique (v.) (i-a. vac / i-a. upari).
Rako ap komonésté : je critique quelqu'un (i-a. vac / i-a. upari / i-a. kaścit).
Rán : canne à pêche (n. f.) (i-a. danda).

Ránbránto : bâton servant à tuer les hérissons (n. m.) (sín. rán + sín. bránto).
Ránda : instant (n. f.) (all. rannte).
Rándél mán : ça me gratte (i-a. rās / i-a. aham).
Rándéla : ça gratte (i-a. rās).
Rándjémèn : déshabillé (adj.) (all. transchieren).
Rándjiro : je range / je répare (v.) (all. transchieren).
Rándjo mán vri : je me déshabille (v.) (all. transchieren / i-a. aham / i-a. bahih).
Rándjo vri : j'enlève (vêtement) (v.) (all. transchieren / i-a. bahih).
Rándo : je gratte (v.) (i-a. rās).
Ránga : rang (n. f.) (all. Rang).
Rani : faucheux (arachnide aux longues pattes) / riche propriétaire (féminin) / dame (n. f.) (i-a. rājñī).
Rántségo : rance (adj.) (all. ranzig).
Rántsiro : j'empoche (v.) (all. Ranzen).
Rántsla : poche faite dans la doublure d'une veste (n. f.) (all. Ranzen).
Rapani : rave (n. f.) (gre. ραπάνι).
Rara : longtemps (adv.) (per. همیشه).
Rarédar : plus longtemps (per. همیشه).
Rarépèn : longueur (temps) (n. m.) (per. همیشه).
Rarha : palais (anatomie) (n. f.) (all. Rachen).
Rasa : race (n. f.) (all. Rasse).
Rat : sang (n. m.) (i-a. rakta) / soir / nuit (n. f.) (i-a. rātri).
Rata : conseil (formation) (n. f.) (all. Rat).
Ratéskro : vétérinaire (n. m.) (i-a. rakta).
Rati : pendant la nuit (i-a. rātri).
Ratmoïzo : rat (n. m.) (all. Ratte + all. Maus).
Rato : je saigne (v.) (i-a. rakta).
Ravo : je verse / je renverse (v.) (ser. рвати).
Razira : rasoir (n. f.) (all. Rasiermesser).
Razirémèn : rasé (adj.) (all. rasieren).
Raziro : je rase (v.) (all. rasieren).
Raziro mán : je me rase (v.) (all. rasieren / i-a. aham).
Réba : vigne (n. f.) (all. Rebe).
Rébari : vigneron (n. m.) (all. Rebe).

Réchpékta : respect (n. f.) (all. Respekt).
Réchpéktiro : je respecte (v.) (all. respektieren).
Régaïza : chevreuil (n. f.) (all. Reh + als. Gaiss).
Régébogo : arc-en-ciel (n. m.) (all. Regenbogen).
Réglo : je règle (v.) (all. regeln).
Réhuniona : réunion (évangélisme) (n. f.) (fr. réunion) (h. s.).
Réïbari : bandit (n. m.) (all. Räuber).
Réïbo : je frotte (v.) (all. reiben).
Réïbo mán : je me frotte (v.) (all. reiben / i-a. aham).
Réïnlánto : Rhénanie (n. m.) (all. Rheinland) (g. s.).
Réïtchoula : manège (n. f.) (all. Reitschule).
Rémari : Romain (n. m.) (all. Römer) (g. s.).
Rénémèn : avec précipitation (adv.) (all. rennen).
Réniémèn : nettoyé (adj. inv.) (all. reinigen).
Réniо : je nettoie (v.) (all. reinigen).
Réno : je me précipite (v.) (all. rennen).
Répchéra : sécateur (n. f.) (sín. réba + sín. chéra).
Répsa : colza (n. f.) (all. Raps).
Rérhto : droit (n. m.) (all. Recht).
Réta : râteau (n. f.) (all. Rechen).
Rétari : sauveur (religieux) (évangélisme) (n. m.) (all. Retter).
Rétcha : canard (n. f.) (ru. жаба).
Rétchébaskri : femme bavarde (n. f.) (ru. жаба).
Rétchéngri blouma : marguerite (n. f.) (ru. Жаба / all. Blume).
Rétémèn : sauvé (religieux) (évangélisme) (adj. inv.) (all. retten).
Réto : je sauve (religieux) (évangélisme) (v.) (all. retten).
Rétounga : salut (n. f.) (all. Rettung).
Rhabèn : manger / nourriture (n. m.) (i-a. khād).
Rhaïéria : argent (monnaie) (pl.) (i-a. rājata).
Rhaïmédé : argent (monnaie) (pl.) (i-a. rājata).
Rhalédjidé : champignons (lactaires) (pl.) (sín. rhalo + sín. djido).
Rhali : femme ne faisant ni partie de la communauté des Sínté, ni de celle dite des gens du voyage / maladie qui " mange " le corps (cancer, gangrène,…) (n. f.) (i-a. khād).

Rhalo : homme ne faisant ni partie de la communauté des Sínté, ni de celle dite des gens du voyage (n. m.) / mangé / usé (adj.) (i-a. khād).
Rhamaskri : table à manger (n. f.) (i-a. khād).
Rhamaskro : mangeur (n. m.) (i-a. khād).
Rhándjébouïa : fruits d'églantier (pl.) (i-a. rās + i-a. yābha).
Rhándjéla : ça démange (arm. կորելը).
Rhántch : démangeaison (n. f.) (arm. կորելը).
Rharhéské : pour rire (i-a. hāsya).
Rharhi : " tu blagues ! " (interj.) / semblant (adv.) (i-a. hāsya).
Rharo : épée (n. m.) (i-a. khadga).
Rhas : toux (n. m.) (i-a. kāsa).
Rhasépèn : grippe / bronchite (n. m.) (i-a. kāsa).
Rhaso : je tousse (v.) (i-a. kās).
Rhatchébaskro : carburant (n. m.) (gre. κατασκευαζω).
Rhatchédi : eau-de-vie (n. f.) (gre. κατασκευαζω).
Rhatchédo : brûlé (adj.) (gre. κατασκευαζω).
Rhatchéla : ça brûle (v.) (gre. κατασκευαζω).
Rhatcho : je brûle (v.) (gre. κατασκευαζω).
Rhatcho mán : je me brûle (v.) (gre. κατασκευαζω / i-a. aham).
Rhélédo : amant (n. m.) (i-a. krīdā).
Rhép : sexe féminin (vulgaire) / trou (n. f.) (i-a. kuhara).
Rhíndégo : emmerdé (moralement) (vulgaire) (adj.) (gre. χύνω).
Rhíndo : souillé (vulgaire) (adj.) (gre. χύνω).
Rhíndokor : Chinois (surnom) (n. m.) (sín. rhíndo + sín. kor) (v. s.).
Rhinépèn : diarrhée (vulgaire) (n. m.) (gre. χύνω).
Rhino : je défèque (vulgaire) (v.) (gre. χύνω).
Rhino mán : je me lâche (diarrhée) (vulgaire) (v.) (gre. χύνω / i-a. aham).
Rho : je mange / je dépense / je subis (coup, procès,...) (v.) (i-a. khād).
Rho garn : je mange volontiers (v.) (i-a. khād / all. gern).
Rho mán ap komonésté : je mange sur quelqu'un (je ne le laisse pas en paix) (v.) (i-a. khād / i-a. aham / i-a. upari / i-a. kaścit).
Rho vèk : je mange entièrement (v.) (i-a. khād / all. weg).
Rhoïémèn : en colère (adj.) (gre. χολή).
Rholébránto : caleçons longs (pl.).

Rholep : pantalon (n. m.).
Rholi : colère (n. f.) (gre. χολή).
Rhorhéno : menteur (adj.) (i-a. khakh).
Rhorhépèn : mensonge (n. m.) (i-a. khakh).
Rhorho : je mens (v.) (i-a. khakh).
Rhorhotch : maïs (i-a. kodro).
Rhosa : tranchée (n. f.) (arm. խոր).
Rhoumar : mie de pain (n. m.) (arm. խմոր).
Rhourhour : champignon (n. m.) (i-a. khūkhdī).
Rhulo : homme ne faisant pas partie de la communauté des Sínté mais de celle dite des gens du voyage (péjoratif) (n. m.) (i-a. gūtha).
Ribèn : costume (n. m.) (i-a. vr).
Ribla : farine cuite (sèche ou avec du lait) (n. f.).
Richétounka : direction (n. f.) (all. Richtung).
Richtari : juge (n. m.) (all. Richter).
Richtémèn : chargé (adj. inv.) (all. rüsten) / grillé (adj. inv.) (all. rösten).
Richtémèn pouroum : oignon grillé (n. f.) (all. rösten / i-a. palāndu).
Richto : je charge (arme) (v.) (all. rüsten) / je fais griller (v.) (all. rösten).
Rido : habillé (adj.) (i-a. vr).
Riéngro : péteux (n. m.) (i-a. ric).
Riflémèn : loupé (adj. inv.) (all. verfehlen).
Riflo : je loupe (v.) (all. verfehlen).
Rik : côté (n. f.) (i-a. dhig).
Riklévo : je remue (v.) (all. rücken).
Riko : je garde (v.) (i-a. raks).
Riko ap : je tiens à (sentiment) (v.) (i-a. raks / i-a. upari).
Riko mán : je fais attention (v.) (i-a. raks / i-a. aham).
Rima : courroie (n. f.) (all. Riemen).
Rín : pet (vulgaire) (n. f.) (i-a. ric).
Ríndra : écorce (n. f.) (all. Rinde).
Ríngla : rondelle / pleine lune (n. f.) (all. Ring).
Rínglémèn : entortillé (adj. inv.) (all. ringeln).
Ringlo : j'entortille (v.) (all. ringeln).

Rínglo mán : je m'entortille / je tourne en rond (v.) (all. ringeln / i-a. aham).
Rino : je coule (v.) (all. rinnen).
Ripa : barre de renfort (guitare) / côte (anatomie) (n. f.) (all. Rippe).
Ripi chtángo : colonne vertébrale (pl.) (all. Rippe / all. standhaft).
Ripla : nervure (n. f.) (all. Rippe).
Riplésal : osier avec nervures (all. Rippe).
Rirhto : je juge (v.) (all. richten).
Riro : je remue (v.) (all. rühren).
Risédo : tourné / changé (adj.) (i-a. vrt).
Risédo thout : lait tourné (n. m.) (i-a. vrt / i-a. dugdha).
Riskéro : je risque (v.) (all. riskieren).
Riso : je tourne (v.) (i-a. vrt).
Riso mán : je me tourne / je me transforme (v.) (i-a. vrt / i-a. aham).
Riso mán palé : je me retourne (v.) (i-a. vrt / i-a. aham / i-a. para).
Riso mángé foun komonéstar : je me détourne de quelqu'un (i-a. vrt / i-a. aham / all. von / i-a. kaścit).
Ritari : chevalier (n. m.) (all. Ritter).
Rivo : je prends (habit) (v.) (i-a. vr).
Rivo mán : je m'habille (v.) (i-a. vr / i-a. aham).
Rizémèn : rusé (adj. inv.) (sín. rizo).
Rizo : géant (n. m.) (all. Riese).
Robèn : pleur / chagrin (n. m.) (i-a. rud).
Rochta : rouille (n. f.) (all. Rost).
Rochtégo : rouillé (adj.) (all. rostig).
Rochto : grille (n. m.) (all. rösten) (p. s.) / je rouille (v.) (all. rosten).
Rodémèn vri : choisi (adj. inv.) (i-a. ruh / i-a. bahih).
Rodino : recherché (adj.) (i-a. ruh).
Rodo : je cherche (v.) (i-a. ruh).
Rodo vri : je choisis (v.) (i-a. ruh / i-a. bahih).
Roï : cuillère (n. f.) (i-a. dōī).
Roïmo : décharge (n. m.) (all. Raum).
Roïpa : chenille (n. f.) (all. Raupe).

Roïrhéla : ça fume (all. rauchen).
Roïrho : fumée (n. m.) (all. Rauch).
Roka : veste (n. f.) (all. Rock).
Rokïa : robe (n. f.) (ru. юбка).
Rolari : lynx (n. m.) (als. rolla).
Rom : homme (faisant partie de la communauté des Sínté) / mari / Tsigane (homme) originaire des pays de l'Est de l'Europe (n. m.) (i-a. ramana).
Roma : mon mari (i-a. ramana).
Romalé : messieurs (i-a. ramana).
Romdino : marié (adj.) (i-a. ramana).
Romdiro mán : je me marie (v.) (i-a. ramana / i-a. aham).
Roménépèn : langue des Tsiganes (n. m.) (i-a. ramana).
Roménès : à la manière des Sínté (adv.) / langue des Tsiganes (n. m.) (i-a. ramana).
Roméno : à la manière des Sínté (adj.) (i-a. ramana).
Roméno charh : colza (n. m.) (i-a. ramana / i-a. śāka).
Roméno gap : village où les Sínté se sentent bien (n. m.) (i-a. ramana / i-a. grāma).
Roméno lap : surnom (utilisé au sein de la communauté des Sínté et de celle dite des gens du voyage) (n. m.) (i-a. ramana / i-a. lapa).
Roméno pous : fougère (n. m.) (i-a. ramana / i-a. bāspa).
Roméno rouk : hêtre (n. m.) (i-a. ramana / i-a. rūkh).
Romni : femme (faisant partie de la communauté des Sínté) / épouse (n. f.) (i-a. ramana).
Ropari : celui qui déchiquète le pain (n. m.).
Ropo : je déchiquète (v.).
Roro : tuyau (n. m.) (all. Rohr).
Roro vri : je fais reposer (v.) (i-a. bahih).
Rosmarino : romarin (n. m.) (all. Rosmarin) (p. s.).
Roto : je rote (v.) (fr. roter) (v. s.).
Rotoïba : gardon (n. f.) (all. Rotauge).
Rotrana : betterave rouge (n. f.) (als. Rotrànn).
Rotsa : morve (n. f.) (all. Rotz).
Rotségo : culotté (adj.) (all. rotzfrech).
Rotsénas : morveux (adj. inv.) (all. Rotz + all. Nase).
Rouchta : orme (n. f.) (als. Rüaschta).

Rouchtiké : champignons poussant sous les ormes (pl.) (als. Rüaschta).
Rouha : tranquillité (n. f.) (all. Ruhe).
Rouho : je repose (v.) (all. ruhen).
Rouho mán : je me repose (v.) (all. ruhen / i-a. aham).
Rouk : arbre (n. m.) (i-a. rūkh).
Rouma : réputation (n. f.) (all. Ruhm).
Roundi goï : saucisse (n. f.) (all. rund / i-a. gol).
Roundi korba : panier rond (n. f.) (all. rund / all. Korb).
Roundo : rond (adj.) (all. rund).
Rountségo : ridé (adj.) (all. runzlig).
Roup : argent (métal) (n. m.) (i-a. rūpana).
Roupéno : en argent (métal) (adj.) (i-a. rūpana).
Rousa : suie (n. f.) (all. Ruß).
Rouslánto : Russie (n. m.) (all. Russland).
Rouso : Russe (n. m.) (all. Russe).
Roustikès : russe (langue) (n. m.) (all. Russisch).
Routa : giboulée (n. f.) (als. Kurtza).
Routcha : rebord (fond du panier) (n. f.) (als. Rutscha).
Routcho : je glisse (v.) (all. rutschen).
Routro : je rame (v.) (all. rudern).
Rouvégo : calme (adj.) (all. ruhig).
Rovo : je pleure (v.) (i-a. rud).
Roza : rose (n. f.) (all. Rose).
Roztiko rouk : rosier (n. m.) (all. Rose / i-a. rūkh).

S

Sabèn : rire (n. m.) (i-a. has).
Saïako : limace (n. m.) (gre. σάλιο).
Salada : salade (n. f.) (all. Salat).
Sali : saules (pl.).
Samaria : Samarie (n. f.) (all. Samaria) (h. s.).
Samaritari : Samaritain (n. m.) (all. Samariter) (g. s. / h. s.).
Samaskro : rieur (n. m.) (i-a. has).
Samastago : samedi (n. m.) (all. Samstag).

Sángst : sinon (conj.) (all. sonst).
Sani korba : panier fantaisie (n. f.) (i-a. śānita / all. Korb).
Sano : frêle / fragile (adj.) (i-a. śānita).
Sap : serpent (n. m.) (i-a. sarpa).
Sapénès : mouillé (adv.) (i-a. pānīya).
Sapéno : mouillé (adj.) (i-a. pānīya).
Sapouni : savon (n. m.) (gre. σαπούνι).
Sarsténgro : ferrailleur (n. m.) (i-a. śastra).
Sastar : fer / ferraille (n. m.) (i-a. śastra).
Sastépèn : santé (n. m.) (i-a. sthāna).
Sasto : en bonne santé (adj.) (i-a. sthāna).
Sastréni : locomotive (n. f.) (i-a. śastra).
Sastréno : en fer (adj.) (i-a. śastra).
Savoïa : Savoie (n. f.) (all. Savoyen).
Savoïari : Savoyard (n. m.) (all. Savoyer) (p. s.).
Sérviéta : serviette (n. f.) (all. Serviette).
Sidlounga : lotissement (n. f.) (all. Siedlung).
Sido : cousu (adj.) (i-a. sīv).
Sigo : bientôt / presque (adv.) (i-a. śīghra).
Sik : vite (adv.) (i-a. śīghra).
Sikédar : plus vite / d'abord (i-a. śīghra).
Siképèn : vitesse / course de vitesse (n. m.) (i-a. śīghra).
Siklépèn : apprentissage / habitude (n. m.) (i-a. śiks).
Siklo : habitué / dressé (adj.) / j'apprends / j'étudie (v.) (i-a. śiks).
Siklo mán : je m'apprends (v.) (i-a. śiks / i-a. aham).
Sikro : je montre (v.) (i-a. śiks).
Sikro tchi vri : je ne laisse rien paraître (v.) (i-a. śiks / i-a. kucha / i-a. bahih).
Sila : violence (n. f.) (ser. силом).
Silara : de force (ser. силом).
Simaskri : couturière (n. f.) (i-a. sīv).
Síntétsa : Tsigane (femme) originaire des pays de l'Ouest de l'Europe (n. f.) (i-a. sindhu) (g. s. / h. s. / p. s.).
Síntikès : langue des Tsiganes originaires des pays de l'Ouest de l'Europe (n. m.) (i-a. sindhu) (g. s. / h. s. / p. s.).
Sínto : Tsigane (homme) originaire des pays de l'Ouest de l'Europe (n. m.) (i-a. sindhu) (g. s. / h. s. / p. s.).

Siri : ail (n. f.) (i-a. laśuna).
Sivo : je couds (v.) (i-a. sīv).
So : je ris (v.) (i-a. has) / trop (adv.) (all. zu).
So án : je souris (v.) (i-a. has / all. an).
So bout : trop (adv.) (all. zu / i-a. bahútitha).
So foun : je me moque (v.) (i-a. has / all. von).
So fous : à pied (adv.) (all. zu Fuß).
Sobèn : sommeil (n. m.) (i-a. svap).
Sonékaï : or (n. m.) (i-a. suvarna).
Sonékángré : pièces d'or (pl.) (i-a. suvarna).
Sonékaskro : en or (adj.) (i-a. suvarna).
Sonékaskro gap : Saint-Laure (village situé dans le département du Puy-de-Dôme en Auvergne) (surnom) (n. m.) (i-a. suvarna / i-a. grāma) (v. s.).
Sonékaskro tchirklo : chardonneret (n. m.) (i-a. suvarna / i-a. cirilla).
Sosa : sauce (n. f.) (all. Soße).
Soungo : je flaire (v.) (i-a. śiñj).
Souno : rêve / songe (n. m.) (i-a. svāpa).
Soup : aiguille (n. f.) (i-a. sūcī).
Soursa : source (n. f.) (fr. source) (b. s. / v. s.).
Souto : endormi (adj.) (i-a. svap).
Souto drèn : engourdi (adj.) (i-a. svap / i-a. antar).
Sovo : je dors (v.) (i-a. svap).
Sovo drèn : je m'endors (v.) (i-a. svap / i-a. antar).
Stofdo : tissu (n. m.) (all. Stoff).
Straïfo : rayure (n. m.) (all. Streifen).
Strasbourgari : Strasbourgeois (n. m.) (all. Straßburger) (p. s.).

T

Ta : zut (interj.).
Tafa : placard (n. f.) (all. Tafel).
Tafla : pancarte (n. f.) (all. Tafel).
Taïar : cher (adj. inv.) (all. teuer).
Taïarédar : plus cher (all. teuer).

Taïarépèn : cherté (n. m.) (all. teuer).
Taïgo : pâte (n. m.) (all. Teig).
Taïl : des / quelques (art.) (als. dail).
Taïl moli : peut-être (adv.) (als. dail / als. mol).
Taïl rándi : de temps en temps (loc.) (als. dail / all. rannte).
Taïlándari : Thaïlandais (n. m.) (all. Thailänder).
Taïlo : je partage (v.) (all. teilen) / part (n. m.) (all. Teil).
Taïsa : demain / hier (n. f.) (gre. ταχυα).
Taïsa rati : hier soir (gre. ταχυα / i-a. rātri).
Taka : rythme (n. f.) (all. Takt).
Takso : blaireau (n. m.) (all. Dachs).
Tala : enfoncement / vallée (n. f.) (all. Tal).
Támpa : vapeur (n. f.) (all. Dampf).
Támpémèn drèn : à la vapeur (adj. inv.) (all. Dampf / i-a. antar).
Tana : sapin (n. f.) (all. Tanne).
Tané chwém : champignons poussant sous les sapins (pl.) (all. Tanne / all. Schwamm).
Tántsa : danse (n. f.) (all. Tanz).
Tántspodo : piste de danse (n. m.) (all. Tanz + sín. podo).
Tarbari : Tarbais (n. m.) (fr. Tarbes) (v. s.).
Tarha : toit (n. f.) (all. Dach).
Tarnédar : plus jeune (i-a. taruna).
Tarnépèn : jeunesse (n. m.) (i-a. taruna).
Tarno : jeune (adj.) (i-a. taruna).
Tarno bakro : agneau (n. m.) (i-a. taruna / i-a. bakrā).
Tarto : je remarque (v.) (all. betrachten).
Tas té (+ subjonctif) : au lieu de (conjonct.) (all. dass / i-a. te).
Tasédo : étranglé / noyé (adj.) (i-a. hasta).
Taso : j'étrangle / je noie (v.) (i-a. hasta).
Taso mán : je me noie (v.) (i-a. hasta / i-a. aham).
Tata : papa (n. m.) (i-a. tata).
Tatchémèn : réchauffé (adj. inv.) (i-a. tap).
Tatcho : je chauffe (v.) (i-a. tap).
Tatcho mán : je me chauffe (v.) (i-a. tap / i-a. aham).
Tatépèn : chaleur (n. m.) (i-a. tapta).
Tatès : chaud / chaudement (adv.) (i-a. tapta).
Tato : chaud (adj.) (i-a. tapta).
Tawa : rosée (n. f.) (all. Tau).

Tchadépèn : vomissement (n. m.) (i-a. chrd).
Tchado : je vomis (v.) (i-a. chrd).
Tchaï : fille (n. f.) (i-a. sūnu).
Tchakémèn pré : découvert (adj. inv.) (i-a. chad / i-a. ūpar).
Tchakémèn tsou : recouvert (adj. inv.) (i-a. chad / all. zu).
Tchako mán tsou : je me couvre / je m'abrite (v.) (i-a. chad / i-a. aham / all. zu).
Tchako pré : je découvre / j'enlève la couverture (v.) (i-a. chad / i-a. ūpar).
Tchako tsou : je couvre / j'abrite (v.) (i-a. chad / all. zu).
Tchalépèn : satiété (n. m.) (i-a. khād).
Tchalès : à satiété (adv.) (i-a. khād).
Tchalo : je touche (v.) (i-a. sprś) / rassasié / généreux (adj.) (i-a. khād).
Tchalo mán : je me régale / je me rassasie (v.) (i-a. khād / i-a. aham).
Tchám : joue (n. f.) (i-a. jambhá).
Tchamalarha : mâchoire (n. f.) (i-a. jabadā).
Tchámdini : gifle (n. f.) (i-a. jambhá).
Tchamédo : je gifle (v.) (i-a. jambhá).
Tchamo : je mâche (v.) (i-a. cab).
Tcháng : genou (n. f.) (i-a. janghā).
Tchaplaro : serveur (restaurant) (n. m.) (i-a. carú).
Tchar : cendre (n. m.) (i-a. chār).
Tcharo : bol (n. m.) (i-a. carú).
Tcharo drèn : je verse (v.) (i-a. carú / i-a. antar).
Tchatchépèn : vérité (n. m.) (i-a. satya).
Tchatchi ránda : bon moment (n. f.) (i-a. satya / all. rannte).
Tchatchi rik : droite (n. f.) (i-a. satya / i-a. dhig).
Tchatcho : droit (morale) / vrai (adj.) (i-a. satya).
Tchavéngro chpilo : jeu d'enfant (n. m.) (i-a. chavanā / all. Spiel).
Tchavo : fils / enfant (n. m.) (i-a. chavanā).
Tchélès : totalement (adv.) (ser. Цело).
Tchélo : tout / tous (adj.) (ser. Цело).
Tchi : rien (pron. ind.) (i-a. kucha).
Tchibèn : lit (n. m.) (i-a. śayyā).
Tchido : mis (adj.) (i-a. ksip).

Tchik : boue / saleté (n. f.) (i-a. cikhalla).
Tchikélépèn : saleté (n. m.) (i-a. cikhalla).
Tchikélès : sale / salement (adv.) (i-a. cikhalla).
Tchikélo : sale (adj.) (i-a. cikhalla).
Tchikoria : chicorée (n. f.) (all. Zichorie).
Tchilatchi : mauvaise (s'intéresse aux hommes) (adj.) (i-a. kucha + i-a. laksana).
Tchilatcho : mauvais (s'intéresse aux femmes) (adj.) (i-a. kucha + i-a. laksana).
Tchíndo : coupé (adj.) (i-a. chid).
Tchinépaskro : personne se battant avec un couteau (n. m.) (i-a. chid).
Tchinépèn : coupure (n. m.) (i-a. chid).
Tchíngrédo : querellé (adj.) (i-a. cītkāra).
Tchíngrémaskro : personne querellant beaucoup (n. m.) (i-a. cītkāra).
Tchíngrépèn : querelle (n. m.) (i-a. cītkāra).
Tchíngro : je querelle (v.) (i-a. cītkāra).
Tchíngro mán : je me querelle (v.) (i-a. cītkāra / i-a. aham).
Tchino : je coupe (v.) (i-a. chid).
Tchino dourch : je fends (v.) (i-a. chid / all. durch).
Tchino pré : j'ouvre en coupant (v.) (i-a. chid / i-a. ūpar).
Tchino vri : je découpe (v.) (i-a. chid / i-a. bahih).
Tchip : langue (anatomie) (n. f.) (i-a. jihvā).
Tchir : toujours (adv.) (i-a. cira).
Tchirklo : oiseau (n. m.) (i-a. cirilla).
Tchiro : patience / temps / saison (n. m.) (gre. καιρος).
Tchisasto : malsain (adj.) (i-a. kucha + i-a. sthāna).
Tchitchéské : en vain (i-a. kucha).
Tchitchéskro : bon à rien (n. m.) (i-a. kucha).
Tchivélo : parleur / curieux (adj.) (i-a. jihvā).
Tchivo : je mets (v.) (i-a. ksip).
Tchivo ap o vélto : j'enfante (v.) (i-a. ksip / i-a. upari / i-a. ó / all. Welt).
Tchivo kéténé : j'assemble (v.) (i-a. ksip / i-a. ekathā).
Tchivo mán : je me mets (v.) (i-a. ksip / i-a. aham).
Tchivro : je jette (v.) (i-a. ksip).
Tcho : je reste / je me tiens (v.) (i-a. rch).

Tcho pré : je me lève (v.) (i-a. rch / i-a. ūpar).
Tchomoni : quelque chose (pron.).
Tchón : lune / mois (n. m.) (i-a. candra).
Tchor : barbe (n. f.) (i-a. kūrca).
Tchorébaskro : voleur (n. m.) (i-a. cora).
Tchorédo : volé (adj.) (i-a. cora).
Tchorélès : d'aspect misérable (adv.) (i-a. ksudra).
Tchorélo : pauvre (adj.) (i-a. ksudra).
Tchorélo khér : assistance sociale (n. m.) (i-a. ksudra / i-a. grha).
Tchorélo rido : habillé pauvrement (i-a. ksudra / i-a. vr).
Tchoréngro : barbu (n. m.) (i-a. kūrca).
Tchorépèn : vol (n. m.) (i-a. cora).
Tchorha : robe (n. f.) (gre. τσόχα).
Tchoro : je vole (v.) (i-a. cora).
Tchoro drèn : je verse (v.) (i-a. chod / i-a. antar).
Tchoum : baiser (n. m.) (i-a. cumb).
Tchoumédo : embrassé (adj.) (i-a. cumb).
Tchoumépèn : baiser (n. m.) (i-a. cumb).
Tchoumo : j'embrasse (v.) (i-a. cumb).
Tchoungra : crachat / bave (n. f.) (i-a. thūk).
Tchoungro : je crache / je bave (v.) (i-a. thūk).
Tchourdini : coup de couteau (n. f.) (i-a. churikā).
Tchourdino : coupé avec une lame (adj.) (i-a. churikā).
Tchouri : couteau (n. f.) (i-a. churikā).
Tchova : mon fils / mon ami (i-a. chavanā).
Tchovalé : mes enfants (garçons) / mes amis (i-a. chavanā).
Tchovarhani : sorcière (n. f.) (arm. ճակատագիր).
Tchovarhémèn : ensorcelé / enchanté (adj. inv.) (arm. ճակատագիր).
Tchovarho : j'ensorcelle (v.) (arm. ճակատագիր).
Té (+ indicatif) : si (conjonct.) (i-a. te).
Té (+ subjonctif) : pour (prép.) (i-a. te).
Téïa : thé (n. f.) (all. Tee).
Téïtiko rouk : tilleul (n. m.) (all. Tee / i-a. rūkh).
Téka : couverture (n. f.) (all. Decke).
Tékla : couvercle (n. f.) (all. Deckel).
Tél : sous (prép.) (i-a. tala).

Tél án : en dessous (loc.) (i-a. tala).
Télal : d'en bas (loc.) (i-a. tala).
Télal tsou : au fond (loc.) (i-a. tala / all. zu).
Télari : plat / saladier (n. m.) (all. Teller).
Télé : en bas / particule verbale correspondant à " ab " en allemand. Marque la séparation, l'action de descendre (adv.) (i-a. tala).
Télé briédo : bouilli (adj.) (i-a. tala / all. brühen).
Télé chlaïfédo : usé (couteau ayant perdu son tranchant) (adj.) (i-a. tala / all. schleifen).
Télé molémèn : photographié (adj. inv.) (i-a. tala / all. malen).
Téléviziona : télévision (n. f.) (fr. télévision) (b. s. / p. s. / v. s.).
Téltouno : du dessous (i-a. tala).
Témplo : temple (n. m.) (all. Tempel) (g. s.).
Téngrél mán : je me rappelle (all. denken / i-a. aham).
Téngro : je pense (v.) (all. denken).
Téngro mán : je réfléchis (v.) (all. denken / i-a. aham).
Tépégo : tapis (n. m.) (all. Teppich).
Térla : petite porte (n. f.) (all. Tür).
Téstaménto : testament (n. m.) (all. Testament).
Thap : fil (n. m.) (per. رشته).
Thém : pays / région (n. m.) (gre. θεμα).
Thobèn : lavage (n. m.) (i-a. dhāv).
Thodé Sínté : Sínté ayant abandonné langue et coutumes (pl.) (i-a. dhāv / i-a. sindhu).
Thodo : lavé (adj.) (i-a. dhāv).
Thoulépèn : graisse (n. m.) (i-a. thūlā).
Thoulo : gras (adj.) (i-a. thūlā).
Thout : lait (n. m.) (i-a. dugdha).
Thoutéskro pani : petit-lait (n. m.) (i-a. dugdha / i-a. pānīya).
Thoutéskro rhabèn : bouillie au lait (n. m.) (i-a. dugdha / i-a. khād).
Thovo : je lave (v.) (i-a. dhāv).
Thovo mán : je me lave (v.) (i-a. dhāv / i-a. aham).
Tibétari : Tibétain (n. m.) (all. Tibeter).
Ticha : table (n. f.) (all. Tisch).
Tif : profond (adj. inv.) (all. tief).
Tifa : profondeur (n. f.) (all. Tiefe).

Tifédar : plus profond (all. tief).
Tifépèn : profondeur (n. m.) (all. tief).
Tigari : tigre (n. m.) (all. Tiger).
Tiïo : mot enfantin pour " toutchi " (n. m.) (sín. toutchi).
Tikno : petit (adj.) (i-a. tīksna).
Tila : planche (n. f.) (all. Diele).
Tilpodo : plancher (n. m.) (all. Diele + sín. podo).
Tímlé vétra : temps d'orage (n. f.) (all. Donner + all. Wetter).
Tímléla : il tonne (all. Donner).
Tín : petite / petites (adj.) (sín. tikni) / petits (adj.) (sín. tikné).
Tín tchaï : fillette (n. f.) (sín. tikni / i-a. sūnu).
Tínta : encre (n. f.) (all. Tinte).
Tiro : le tien (pron.) / ton (adj. pos.) (i-a. terā).
Titi : mot enfantin pour " toutchi " (n. f.) (sín. toutchi).
Todélada : cercueil (n. f.) (all. Totenlade).
Tofa : baptême (évangélisme) (n. f.) (all. Taufe).
Tofédo : baptisé (évangélisme) (adj.) (all. taufen).
Tofo : je baptise (évangélisme) (v.) (all. taufen).
Toftir : revenant qui se manifeste la nuit (croyance qui tend à disparaître depuis le réveil évangélique au sein de la communauté des Sínté) (n. m.) (all. Dorf + all. Tier).
Togéla : il faut (all. taugen).
Toïba : pigeon (n. m.) (all. Taube).
Toïchano : acte de baptême / acte de naissance (n. m.) (all. Taufschein).
Toïfébaskro : celui qui baptise (n. m.) (all. taufen).
Toïfémèn : baptisé (adj. inv.) (all. taufen).
Toïfo : baptême (n. m.) (all. Taufe) / je baptise (v.) (all. taufen).
Toïmo : pouce (n. m.) (all. Daumen).
Tomata : tomate (n. f.) (all. Tomate).
Topfa : fromage blanc (n. f.) (all. Topf).
Toplémèn : double (adj. inv.) (all. doppelt).
Toplérín : bordure du panier (partie du haut / partie du bas) (all. doppelt + all. Riemen).
Toplo : je frappe à la porte (v.) (als. bobbla).
Topo : patte (animal) (n. m.) (als. Doba).
Toubaka : tabac (n. f.) (all. Tabak).
Toubaskri : cigarette (n. f.) (i-a. dhūma).

Toubéla : ça enfume (i-a. dhūma).
Toubéli : tabac (n. f.) (i-a. dhūma).
Touchni : bouteille (n. f.) (i-a. trsa).
Toufta : brume (n. f.) (als. Duft).
Touftégès : étouffant (adv.) (als. Duft).
Touftégo : étouffant (adj.) (als. Duft).
Toulka : choucas (n. f.) (all. Dohle).
Toulpa : tulipe (n. f.) (all. Tulpe).
Toumaro : le vôtre (pron.) / votre (adj. pos.) (i-a. tumarā).
Toumbila : automobile (n. f.) (fr. automobile) (b. s. / v. s.).
Toumlo : j'hâte (v.) (all. tummeln).
Toumlo mán : je me hâte (v.) (all. tummeln / i-a. aham).
Toun : petit (adj.) (sín. tikno).
Toun tchavo : garçonnet (n. m.) (sín. tikno / i-a. chavanā).
Tounk : sombre (adj. inv.) (all. dunkel).
Tounkédar : plus sombre (all. dunkel).
Tounkémèn : trempé (adj. inv.) (all. tunken).
Tounklébèn : ténèbres (pl.) (all. dunkel).
Tounklo mán : je m'obscurcis (v.) (all. dunkel / i-a. aham).
Tounko : je trempe (v.) (all. tunken).
Toup : fumée (n. m.) (i-a. dhūma).
Tour : ton / ta / tes (adj. pos.) (sín. tiro).
Toura : tour (moment) (n. f.) (als. Düra).
Tourlipsa : betterave (n. f.).
Tourmo : tour (édifice) (n. m.) (all. Turm).
Toutchi : sein / tétine (n. f.) (i-a. cūlika).
Toutra : trompette (n. f.).
Toutrari : trompettiste (n. m.).
Tovar : hache (n. m.) (per. تبر).
Trabo : je trotte (v.) (all. traben).
Trach : peur (n. f.) (i-a. trāsa).
Trachéno : peureux (adj.) (i-a. trāsa).
Tracho : j'ai peur (v.) (i-a. trāsa).
Tradéno : renvoyé (adj.) (i-a. tarj).
Traditsiona : tradition (n. f.) (all. Tradition).
Trado : je renvoie (v.) (i-a. tarj).
Trado fort : je fais partir (v.) (i-a. tarj / all. fort).
Tragépèn : traduction (n. m.) (all. tragen).

Trago : je traduis (v.) (all. tragen).
Traï : fidèle (adj. inv.) (all. treu).
Traïbémèn : renvoyé (adj. inv.) (all. treiben).
Traïbo : je renvoie (v.) (all. treiben).
Traïbo vri : je mets à la porte (v.) (all. treiben / i-a. bahih).
Traïfous : trépied (all. Dreifuß).
Trapa : trot (n. f.) (all. Trab).
Trapélo : attrapé (adj.) (all. ertappen).
Trapo : j'attrape (v.) (all. ertappen).
Travégo : concernant le temps atmosphérique, situation incertaine avec l'arrivée de nuages (adj.) (all. trüb).
Travo : j'ose (v.) (all. trauen).
Travra : deuil (n. f.) (all. Trauer).
Tréfél pès : il se trouve (all. treffen).
Tréfo : je touche de façon incorrecte (v.) (all. treffen).
Trégari : bretelle (n. m.) (all. Träger).
Tréna : larme (n. f.) (all. Träne).
Trichpoto : agent municipal (n. m.) (all. Trift + all. Bote).
Trichta : communal (n. f.) (all. Trift).
Trikari : accélérateur (véhicule) (n. m.) (all. Drücker).
Trikéla : ça serre (all. drücken).
Trikémèn : serré (adj. inv.) (all. drücken).
Trikmèn : démon (n. m.) (all. drücken).
Triko : j'appuie fort / je serre (v.) (all. drücken).
Triko drèn : j'enfonce (marteau) (v.) (all. drücken / i-a. antar).
Triko vèk : je débranche (v.) (all. drücken / all. weg).
Triko vri : je presse dans le but de faire sortir quelque chose (v.) (all. drücken / all. weg).
Trilipsa : betterave (n. f.).
Trínko : je fais boire (v.) (all. trinken).
Trínti : troisième (vitesse sur un véhicule) (n. f.) (i-a. trīn).
Trogo : auge (n. m.) (all. Trog).
Trona : trône (n. f.) (all. Thron).
Tropo : niais (n. m.) (all. Tropf).
Trota : fil de fer (n. f.) (als. Droht).
Trouch : soif (n. f.) (i-a. trsā).
Trouchélo : assoiffé (adj.) (i-a. trsā).
Trouha : coffre (n. f.) (all. Truhe).

Trouk : sec / maigre (adj. inv.) (all. trocken).
Troumal : autour (adv.) / autour de (prép.) (i-a. dūram).
Troumla : tambour (n. f.) (all. Trommel).
Troupa : troupe (n. f.) (all. Truppe).
Troupo : dos (n. m.) (ser. труп).
Tsaïdigo : mûr (adj.) (all. zeitig).
Tsaïgépèn : témoignage (évangélisme) (n. m.) (all. zeigen).
Tsaïgo : je témoigne (v.) (all. zeigen) / témoin (n. m.) (all. Zeuge) / tissu (n. m.) (all. Zeug).
Tsaïgro : j'annonce (v.) (all. zeigen).
Tsaïgro án : j'annonce un décès (v.) (all. zeigen / all. an).
Tsaïrhi : touffes d'herbes placées aux intersections de routes (indique la voie empruntée par les caravanes lors d'un déplacement) (pl.) (all. Zeichen).
Tsaïrho : je trace (v.) (all. zeichnen) / signe de croix (n. m.) (all. Zeichen).
Tsaïro : j'excuse (v.) (all. zeihen).
Tsaïro mán : je m'excuse (v.) (all. zeihen / i-a. aham).
Tsaïro mán télé : je me pardonne (v.) (all. zeihen / i-a. aham / i-a. tala).
Tsaïro télé : je pardonne (v.) (all. zeihen / i-a. tala).
Tsalo : chiffre (n. m.) (all. Zahl).
Tsam : cultivé / apprivoisé (adj. inv.) (all. zahm).
Tsamépèn : douceur (n. m.) (all. zahm).
Tsánga : pince (n. f.) (all. Zange).
Tsapo : sexe féminin (vulgaire) (n. m.) (i-a. sarpa).
Tsara : nerf (viande) (n. f.) (all. zäh).
Tsardari : démarreur (véhicule) (n. m.) (i-a. trā).
Tsardémaskro : tireur / lance-pierre (n. m.) (i-a. trā).
Tsardéno : tiré (adj.) (i-a. trā).
Tsardo : je tire (v.) (i-a. trā).
Tsardo pré : j'éduque (v.) (i-a. trā / i-a. ūpar).
Tsarla : matin (n. f.) (gre. ταχυα).
Tsé : tenace (adj. inv.) (all. zäh).
Tsébo : orteil (n. m.) (all. Zehe).
Tséka : tique (n. f.) (all. Zecke).
Tsélémèn : compté (adj. inv.) (all. zählen).
Tsélo : je compte (v.) (all. zählen).

Tsélta : tente (n. f.) (all. Zelt).
Tséntra : tonne (n. f.) (all. Zentner).
Tséro vri : je dépéris (v.) (all. zehren / i-a. bahih).
Tsétla : billet de banque (n. f.) (all. Zettel).
Tsiblésoup : soupe à l'oignon (n. f.) (all. Zwiebelsuppe).
Tsibroun : puits (n. m.) (all. Ziehbrunnen).
Tsidari : cèdre (n. m.) (all. Zeder).
Tsiganari : Tsigane (n. m.) (fr. Tsigane) (b. s. / g. s. / p. s.).
Tsigara : cigare (n. f.) (all. Zigarre) (g. s. / p. s.).
Tsigla : tuile (n. f.) (all. Ziegel).
Tsiglari : tuilier (n. m.) (all. Ziegler).
Tsilo : but (n. m.) (all. Ziel).
Tsilto : briquet (n. m.) (all. Zünder).
Tsímla : sourcil (n. f.) (ser. обрва).
Tsímra : chambre (n. f.) (all. Zimmer).
Tsíndro án : j'allume (v.) (all. zünden / all. an).
Tsíngari : clignotant (n. m.) (all. zünden).
Tsíngo : zinc (n. m.) (all. Zink).
Tsirha : édredon (n. f.) (als. Ziech) / housse de couette (n. f.) (all. Zier).
Tsirka : cirque (n. f.) (all. Zirkus).
Tsirkari : artiste de cirque (n. m.) (all. Zirkus).
Tsitari : cithare (n. m.) (all. Zither).
Tsitra : cidre (n. f.) (all. Zider).
Tsitro : je tremble (v.) (all. zittern).
Tsitrona : citron (n. f.) (all. Zitrone).
Tsitróntiko rouk : citronnier (n. m.) (all. Zitrone / i-a. rūkh).
Tsogémèn korba : panier tressé (9 brins) (n. f.) (all. zügeln / all. Korb).
Tsogo : je lace (v.) (all. zügeln).
Tsoïmo : bride (n. m.) (all. Zaum).
Tsoïpa : prostituée (vulgaire) (n. f.) (als. Zûpp).
Tsopo : nœud / natte (n. m.) (all. Zopf).
Tsotla : lambeau / torchon (n. f.) (all. Zottel).
Tsou : fermé / particule verbale correspondant à " zu " en allemand. Marque la fermeture, la croissance (adv.) (all. zu).
Tsou chlislémèn : fermé à clef (adj. inv.) (all. zu / all. Schlüssel).

Tsougo : bouffée de cigarette / train (n. m.) (all. Zug).
Tsoukémèn : blotti (adj. inv.) (all. zucken).
Tsouko : je frissonne (v.) (all. zucken).
Tsouko mán : je me blottis (v.) (all. zucken / i-a. aham).
Tsoukrémèn : sucré (adj. inv.) (all. Zucker).
Tsoukro : je sucre (v.) (all. zuckern) / sucre (n. m.) (all. Zucker).
Tsoulégéba : fermeture (panier) (n. m.) (all. zu).
Tsvaka : sécateur (n. f.) (all. zwacken).
Tsvarglo : nain (n. m.) (all. Zwerg).
Tsvilíngo : jumeau (n. m.) (all. Zwilling).
Tsvíngro : je persuade (v.) (all. zwingen).
Tsvitro : " garçon manqué " (n. m.) (all. Zwitter).
Tswaïfl : doute (n. m.) (all. Zweifel).
Tswaïflo : je doute (v.) (all. zweifeln).

V

Vafa : arme (n. f.) (all. Waffe).
Vafémèn : armé (adj. inv.) (all. Waffe).
Vagéskro : garagiste (n. m.) (all. Wagen).
Vago : voiture / caravane (n. m.) (all. Wagen).
Vaïa : buse (n. f.) (all. Weihe).
Vaïántédar : plus vaillant (fr. vaillant) (v. s.).
Vaïánto : vaillant (adj.) (fr. vaillant) (b. s. / p. s. / v. s.).
Vaïda : brin d'osier / pâturage (n. f.) (all. Weide).
Vaïdémèn : rassasié d'herbe (adj. inv.) (all. weiden).
Vaïdo : je pais (v.) (all. weiden).
Vaïkaï : à cause de (prép.) (all. wegen).
Vaïla : moment (n. f.) (all. Weile).
Vaïlar : en attendant (adv.) (all. Weile).
Vaïnarhta : Noël (n. f.) (all. Weihnachten).
Vaïrh : mou (adj. inv.) (all. weich).
Vaïrhédar : plus mou (all. weich).
Vaïrhémèn : tendre (adj. inv.) (all. weichen).
Vaïrho : j'amollis (v.) (all. weichen).

Vaïza : accent (n. f.) (all. Weise).
Vakéso : voyou (n. m.) (als. Wàckes).
Vaksa : cire (n. f.) (all. Wachs).
Vakséla : ça pousse (herbe) (all. wachsen).
Vaksémèn : développé (corpulence) (adj. inv.) (all. wachsen).
Vakso : je grandis (v.) (all. wachsen).
Vala : vague (n. f.) (all. Welle).
Valchi : France (n. m.) (all. walisisch).
Valchtikès : français (langue) (n. m.) (all. Walisisch).
Valchtiko : français (adj.) (all. walisisch).
Valchtiko Sínto : Sínto originaire de France (Savoie, Pyrénées-Atlantiques,…) (n. m.) (all. walisisch / i-a. sindhu).
Valfarta : pèlerinage (n. f.) (all. Wallfahrt).
Valfartari : pèlerin (n. m.) (all. Wallfahrt) (p. s.).
Valizari : Gallois (n. m.) (all. Waliser) (p. s.).
Valslo mán : je me vautre (v.) (all. wälzen / i-a. aham).
Valtméchtar : aspérule (plante) (n. m.) (all. Waldmeister).
Valtsari : valse (n. m.) (all. Walzer).
Vamchto : tricot (n. m.) (als. Wàmscht).
Vándla : endroit éloigné (n. f.) (all. wandeln).
Vándlébaskro : vagabond (n. m.) (all. wandeln).
Vándlo : je me promène (v.) (all. wandeln).
Vándlo mán : je me transforme (v.) (all. wandeln / i-a. aham).
Vándloza : punaise (n. f.) (all. Wand + all. Laus).
Vánta : paroi (n. f.) (all. Wand).
Vara : marchandise (n. f.) (all. Ware).
Varanouga : avertissement (n. f.) (all. Warnung).
Varha : garde (militaire) / veillée (rite funéraire) (n. f.) (all. Wache).
Varho : je veille (quelqu'un) (v.) (all. wachen).
Varnémèn : averti (adj. inv.) (all. warnen).
Varno : j'avertis (v.) (all. warnen).
Vartsla : verrue (n. f.) (all. Warze).
Vaséfala : cascade (n. f.) (all. Wasserfall).
Vast : main (n. m.) (i-a. hasta).
Vata : ouate (n. f.) (all. Watte).
Vatro (+ datif) : j'attends (v.) (all. warten).
Vavar : autre (pron. ind.) (i-a. apara).

Vavartchándès : différent (adv.) (i-a. apara).
Vavartchándi : enceinte (euphémisme) (adj. f.) (i-a. apara).
Vavartchándo : différent (adj.) (i-a. apara).
Vavété : ailleurs (adv.) (i-a. apara).
Véch : forêt (n. m.) (per. جنگل).
Vécha : lavoir / linge (n. f.) (all. Wäsche).
Véchéskro : chrysomèle (insecte vivant dans les bois) / garde forestier (n. m.) (per. جنگل).
Véchkorp : corbeille à linge (n. m.) (all. Wäsche + all. Korb).
Véchlo : gilet (n. m.) (all. Weste).
Véchloumpo : torchon (n. m.) (all. Wäsche + all. Lumpen).
Véglémèn : bercé (adj. inv.) (all. Waage).
Véglo : je berce (v.) / poussette (n. m.) (all. Waage).
Véïfich : poisson blanc (morue, merlu,…) (n. m.) (all. Weißfisch).
Véïrémèn : béni (adj. inv.) (all. weihen).
Véïrha : flanc (anatomie) (n. f.) (all. weich).
Véïrho : étang (n. m.) (all. Weiher).
Véïro : je bénis (v.) (all. weihen).
Véïs : blanc (adj. inv.) (all. weiß).
Véïsépèn : blancheur (n. m.) (all. weiß).
Véïzo : froment / blé (n. m.) (als. Waiza).
Vèk : particule verbale correspondant à " weg " en allemand. Marque le départ, la séparation (adv.) (all. weg).
Vèk chwíndlémèn : disparu (adj. inv.) (all. weg / all. schwinden).
Véka maro : petit pain (n. f.) (all. Wecke / i-a. mandaka).
Véksébalko : monstre (enfant) (n. m.) (all. Wechselbalg).
Véla : botte (osier, foin,…) (n. f.) (als. Wall).
Véla vri : ça sort (i-a. āyā / i-a. bahih).
Vélto : monde (n. m.) (all. Welt).
Véndérín : lierre (utilisé en cas de brûlures) (all. Wende + all. Ring).
Véndri : chambre à air (n. f.) (i-a. antra).
Véndriïa : entrailles / intestins (pl.) (i-a. antra).
Vénigar : moins (adv.) (all. weniger).
Vént : hiver (n. m.) (all. Winter).
Vénté : pendant l’hiver (all. Winter).

Vérchafta : valeur (n. f.) (all. Wert).
Vérgal : de l'autre côté (adv.).
Vérgi : œuvres (pl.) (all. Werk).
Véro (+ datif) télé : je sépare (antagonistes) (v.) (all. wehren / i-a. tala).
Véro (+ datif) vri : j'évite (v.) (all. wehren / i-a. bahih).
Véro : je défends (parole) (v.) (all. wehren).
Véro mán : je me défends (parole) (v.) (all. wehren / i-a. aham).
Vért : qui vaut la peine (adv.) (all. wert).
Vèrtsaïgo : instrument (musique) (n. m.) (all. Werkzeug).
Vétra : orage / temps (météorologie) (n. f.) (all. Wetter).
Vétré gar : non plus (adv.) (all. weiter / all. gar).
Vétro : je parie (v.) (all. wetten).
Vichta : désert (n. f.) (all. Wüste).
Viga : balance (n. f.) (all. Waage).
Vigo : je pèse (v.) (all. wiegen).
Vikla : lange (n. f.) (all. Windel).
Vikléchtouro : bandage (n. m.) (all. wickeln + all. Tuch).
Viklékínt : enfant emmailloté (n. m.) (all. wickeln + all. Kind).
Viklémèn : enveloppé / emmailloté (adj. inv.) (all. wickeln).
Viklo : j'enveloppe / j'emmaillote (v.) (all. wickeln).
Viksa : cirage (n. f.) (all. Wichsen).
Vila : volonté (n. f.) (all. Wille).
Vinaké : pour faire semblant (i-a. bahānā).
Vinari : Viennois (n. m.) (all. Wiener).
Vínchari : ensorceleur / enchanteur (n. m.) (all. wünschen).
Vínchémèn : ensorcelé (adj. inv.) (all. wünschen).
Vínchépèn : souhait / sort (n. m.) (all. wünschen).
Víncho : je souhaite / j'ensorcelle (v.) (all. wünschen).
Vínchtil : à l'abri du vent (all. Wind + all. still).
Vínko : je fais signe (v.) (all. winken).
Vínta : vent (n. f.) (all. Wind).
Virho : morve (n. m.).
Virta : bar / café (n. f.) (all. Wirt).
Vita : osier (n. f.) (als. Wida).
Vitiko rouk : saule (n. m.) (als. Widabàuim / i-a. rūkh).
Vitsédo : jeté (adj.) (i-a. vrj).
Vitso : je jette (v.) (i-a. vic).

Vitso palé : je rejette (v.) (i-a. vic / i-a. para).
Viza : prairie (n. f.) (all. Wiese).
Vo : je deviens (v.) (i-a. āyā).
Vo : je viens (v.) (i-a. āyā).
Vo án : j'arrive (v.) (i-a. āyā / all. an).
Vo ap o vélto : je nais (v.) (i-a. āyā / i-a. upari / i-a. ó / all. Welt).
Vo baro : je grandis (v.) (i-a. āyā / i-a. vadra).
Vo dourch : je traverse / je passe (v.) (i-a. āyā / all. durch).
Vo hèr : je suis originaire (v.) (i-a. āyā / all. her).
Vo michto án : je suis bien reçu (v.) (i-a. āyā / i-a. mista / all. an).
Vo norh : je m'approche (v.) (i-a. āyā / all. noch).
Vo paï : je parviens (v.) (i-a. āyā / all. bei).
Vo palé : je reviens (v.) (i-a. āyā / i-a. para).
Vo papsé djido : je ressuscite (évangélisme) (v.) (i-a. āyā / i-a. para / i-a. jīv).
Vo pré : je retrouve mes forces (v.) (i-a. āyā / i-a. ūpar).
Vo téfoun : je reviens à moi (v.) (i-a. āyā / all. davonkommen).
Vo télé : je descends (v.) (i-a. āyā / i-a. tala).
Vo tsarlakro : je viendrai le matin (v.) (i-a. āyā / gre. ταχυα).
Volf : bon marché (adj. inv.) (all. wohlfeil).
Volfépèn : prix bon marché (n. m.) (all. wohlfeil).
Volfo : loup (n. m.) (all. Wolf).
Volka : nuage (n. f.) (all. Wolke).
Volo : je vaux (v.) (fr. valoir) (v. s.).
Vono : j'habite (v.) (all. wohnen).
Vorédar : moins (heure) (prép.) (all. vor).
Voucht : lèvres (pl.) (i-a. ósthā).
Voudar : porte (n. m.) (i-a. dvār).
Voula : foire / brocante (n. f.) (all. wühlen) / laine (n. f.) (all. Wolle).
Voulégo : laineux (adj.) (all. Wolle).
Voulémèn : fouillé (adj. inv.) (all. wühlen).
Vouléno : en laine (adj.) (all. Wolle).
Voulo : je m'agite / je fouille (v.) (all. wühlen).
Voundra : miracle (n. f.) (all. Wunder).
Voundréla mán : ça m'étonne (all. wundern / i-a. aham).

Voundro : j'étonne (v.) (all. wundern).
Vount : à vif (adj. inv.) (all. wund) / irritation (n. m.) (all. Wunde).
Vourdoum : caravane (n. f.) (i-a. vāha).
Vourha : semaine (n. f.) (all. Woche).
Vourtsla : racine (n. f.) (all. Wurzel).
Vouvlémèn : agité (adj. inv.) (all. wühlen).
Vozo : je vacille (v.) (it. vacillare).
Vri : dehors / particule verbale correspondant à " aus " en allemand. Marque le passé, l'action d'éteindre (adv.) (i-a. bahih).
Vri kérdo : rusé (adj.) (i-a. bahih / i-a. kr).
Vri ladémèn : déchargé (adj. inv.) (i-a. bahih / all. laden).
Vri lézémèn : libéré (adj. inv.) (i-a. bahih / all. lösen).
Vri lino : délivré (adj.) (i-a. bahih / i-a. labh).
Vri raïsémèn : déraciné (adj. inv.) (i-a. bahih / all. reißen).
Vri rhalès : complètement usé (i-a. bahih / i-a. khād).

Z

Zafta : jus (fruit) (n. f.) (all. Saft).
Zaïlégo : saoul (adj.) (all. selig).
Zaïta : corde (instrument de musique) (n. f.) (all. Saite).
Zaïtiko : soyeux (adj.) (all. seidig).
Zaïto : soie (n. m.) (all. Seide).
Zala : salle (n. f.) (all. Saal).
Zalba : pommade (n. f.) (all. Salbe).
Zaltsémèn : salé (adj. inv.) (all. Salz).
Zaltskroumpir : pommes de terre au sel (pl.) (all. Salz + als. Grundbeera).
Zaltso : je sale (v.) (all. salzen).
Zamétiko : de velours (adj.) (all. Samt).
Zaméto : velours (n. m.) (all. Samt).
Zamlémèn : rassemblés (adj. pl.) (all. sammeln).
Zamlo : j'assemble (v.) (all. sammeln).
Zamlounga : réunion (évangélisme) (n. f.) (all. Sammlung).

Zánta : sable (n. f.) (all. Sand).
Zarko : cercueil (n. m.) (all. Sarg).
Zatla : selle (n. f.) (all. Sattel).
Zatlégo : rondelet (adj.) (all. Sattel).
Zatsa : marc (café) (n. f.) (all. Kaffeesatz).
Zéga : scie (n. f.) (all. Säge).
Zégo : je scie (v.) (all. sägen).
Zégo télé : j'abats (v.) (all. sägen / i-a. tala).
Zéïdigo : mûr (adj.) (all. zeitig).
Zéla : âme (n. f.) (all. Seele).
Zélbar : personnellement (adv.) (all. selber).
Zélégo : défunt (n. m.) (all. selig).
Zéltsam : rare (adj.) (all. selten).
Zéltsamédar : plus rare (all. selten).
Zémfta : moutarde (n. f.) (all. Senf).
Zénélo : vert (adj.) (ser. зелена).
Zénglési : orties (pl.) (sín. zénlépèn + als. Brännässla).
Zénglo : fou (adj.) (als. Senn).
Zénlépèn : verdure / légumes verts (n. m.) (ser. зелена).
Zérbès : à gauche (adv.).
Zérbo : gauche (adj.).
Zéro : lac (n. m.) (all. See).
Zétsa : loi (n. f.) (all. Gesetz) / tige d'osier dont on se sert pour la réalisation d'un panier (n. f.) (all. setzen).
Zétsari : compositeur (n. m.) (all. Setzer).
Zétso : je monte (panier) (v.) (all. setzen).
Zïán : soupçon / crédit (n. f.) (i-a. jiyān).
Ziga : passoire (n. f.) (all. Sieb).
Ziglari : passette à café (n. m.) (all. Sieb).
Zigo : je filtre (v.) (all. sieben).
Zila : bricole (cheval) (n. f.) (all. Siele).
Zilbépèn : jalousie (n. m.) (gre. ζήλια).
Zilbo : je jalouse (v.) (gre. ζήλια).
Zimla : sciure (n. f.) (all. Sägemehl).
Zínda : péché (n. f.) (all. Sünde).
Zíndari : pécheur (n. m.) (all. Sünde).
Zíndro : je pèche (v.) (all. Sünde).

Zíngémèn télé : complètement enfoncé (adj. inv.) (all. sinken / i-a. tala).
Zínko : j'enfonce (v.) (all. sinken).
Zínko mán : je m'enfonce (v.) (all. sinken / i-a. aham).
Zirhar : assurément (adv.) (all. sicher).
Zirhla : faucille (n. f.) (all. Sichel).
Zirho vri : je dépéris (v.) (all. zehren / i-a. bahih).
Zis : sucré (adj. inv.) (all. süß).
Zoïbar : propre (adj. inv.) (all. sauber).
Zoïbarédar : plus propre (all. sauber).
Zoïbrépèn : propreté (n. m.) (all. sauber).
Zoko : chaussette (n. m.) (all. Socke).
Zola : semelle (n. f.) (all. Sohle).
Zoma : semence (n. f.) (all. Samen).
Zomari : semeur (n. m.) (all. Säer).
Zomémèn : semé (adj. inv.) (all. säen).
Zomo : je sème (v.) (all. säen).
Zor : force (n. f.) (i-a. sāra).
Zorélédar : plus fort / plus solide (i-a. sāra).
Zorélo : fort / solide (adj.) (i-a. sāra).
Zorga : inquiétude (n. f.) (all. Sorge).
Zota : colza (n. f.) (all. Saat).
Zou : sou (n. m.) (als. Süü).
Zoudlégo : dégoûtant (adj.) (all. Sudler).
Zouglari : buveur (n. m.) (all. saugen).
Zouglo : je suce (v.) (all. saugen).
Zoumélès : mou / de façon molle (adv.) (gre. ζουμί).
Zoumélo : mou (adj.) (gre. ζουμί).
Zoumi : soupe (n. f.) (gre. ζουμί).
Zoumpa : marécage (n. f.) (all. Sumpf).
Zoumpégo : marécageux (adj.) (all. sumpfig).
Zoumpo drèn : je m'enlise (v.) (all. Sumpf / i-a. antar).
Zouna : soleil (n. f.) (all. Sonne).
Zoura : vibration / ronronnement (moteur) (n. f.) (all. surren).
Zourho : je goûte (v.) (all. suchen).
Zouro : je vibre (v.) (all. surren).

NOMBRES

Ïék : 1 (i-a. eka).
Douï : 2 (i-a. dva).
Trín : 3 (i-a. trīn).
Chtar : 4 (i-a. caturas).
Pántch : 5 (i-a. pañca).
Chop : 6 (i-a. sad).
Éfta : 7 (gre. εφτά).
Orhto : 8 (gre. οχτώ).
Énïa : 9 (gre. εννιά).
Déch : 10 (i-a. daśa).
Déch ïék : 11 (i-a. daśa / i-a. eka).
Bich : 20 (i-a. bīs).
Bich ïék : 21 (i-a. bīs / i-a. eka).
Triánda : 30 (gre. τριάντα).
Douï bich : 40 (i-a. dva / i-a. bīs).
Pach chél : 50 (i-a. pās / i-a. śata).
Trín bich : 60 (i-a. trīn / i-a. bīs).
Trín bich té déch : 70 (i-a. trīn / i-a. bīs / i-a. te / i-a. daśa).
Chtar bich : 80 (i-a. caturas / i-a. bīs).
Chtar bich té déch : 90 (i-a. caturas / i-a. bīs / i-a. te / i-a. daśa).
Chél : 100 (i-a. śata).
Chél té pach : 150 (i-a. śata / i-a. te / i-a. pās).
Douï chél : 200 (i-a. dva / i-a. śata).
Pach toïsto : 500 (i-a. pās / all. Tausend).
Toïsto : 1000 (all. Tausend).
Toïsto té pach : 150 (all. Tausend / i-a. te / i-a. pās).
Douï toïsti : 2000 (i-a. dva / all. Tausend).

Érchto : 1er (all. Erste).
Douïto : 2ème (i-a. dva).
Trínto : 3ème (i-a. trīn).
Chtarto : 4ème (i-a. caturas).
Pántchto : 5ème (i-a. pañca).

HEURES

Ïékaké : 1^{h} (i-a. eka).
Douïéngé : 2^{h} (i-a. dva).
Trínéngé : 3^{h} (i-a. trīn).
Chtaréngé : 4^{h} (i-a. caturas).
Pántchéngé : 5^{h} (i-a. pañca).
Chovéngé : 6^{h} (i-a. sad).
Éfténgé : 7^{h} (gre. εφτά).
Orhténgé : 8^{h} (gre. οχτώ).
Énïéngé : 9^{h} (gre. εννιά).
Déchéngé : 10^{h} (i-a. daśa).
Déch ïékaké : 11^{h} (i-a. daśa / i-a. eka).
Mitago : 12^{h} (all. Mittag).

Bibliographie

Vocabulaire des Manouches d'Auvergne, Joseph Valet, 2ème édition, 1986.

Fiches d'Informations sur l'Histoire des Roms, Projet Éducation des Enfants Roms en Europe, Conseil de l'Europe, 2006.

Origine du Manouche, Joseph Valet, 2007.

Grammaire du Manouche tel qu'on le parle en Auvergne, Joseph Valet, 1984.

Les Tziganes, Jean-Paul Clébert, Arthaud, 1961.

Nous, On N'en Parle Pas - Les vivants et les morts chez les Manouches - , Patrick Williams, Éditions de la Maison des sciences de l'homme, 1993.

Parlons Tsigane - Histoire, Culture et Langue du peuple tsigane - , Vania de Gila-Kochanowski, L'Harmattan, 1994.

Une autre approche sur l'histoire de la migration des ancêtres des Roms, Sinté et Kalé, Élisabeth Clanet dit Lamanit, Études Tsiganes, 2009.

Questions et hypothèses sur la migration des Rroms depuis l'Inde, Éric Meyer, 1999.

Sinti and Roma - Gypsies in German-Speaking Society and Literature - , Susan Tebbutt, Susan Tebbutt, 1998.

Clefs pour la Linguistique, Georges Mounin, Seghers, 1968.

La Linguistique, Jean Perrot, Presses Universitaires de France, 18ème édition, 2010.

Glossaire de Gadškeno manuš, Daniel Jean, Études Tsiganes, 1970.

Roms et Gens du voyage, Élisabeth Clanet dit Lamanit, Cned, 2006.

An East Anglian Romani Vocabulary Of 1798, John Sampson, Journal Of The Gypsy Lore Society, 1930.

U latscho lab u Jesus Christusestar, Romanes-Arbeit, 1999.

Grosses Wörterbuch der Zigeunersprache, Wolf, 1960.

Har i menschi an u phuro tsiro ap u Debleskro drom djan, Romanes-Arbeit, 2001.

Les Tsiganes - une destinée européenne - , Henriette Asséo, Gallimard, 1994.

Roms et Tsiganes, Jean-Pierre Liégeois, La Découverte, 2009.

Langues
aux éditions L'Harmattan

INITIATION À L'ARABE PARLÉ AU MAROC (Nouvelle édition)
Jalaly Az Eddine
Vous projetez d'apprendre l'arabe parlé au Maroc, niveau de langue employé pour les besoins de la vie de tous les jours (on parle d'arabe dialectal) ; l'objet de ce manuel est l'initiation à ce niveau. Pour le non-arabophone, l'apprentissage des deux niveaux (littéral et dialectal), bien entendu en fonction de ses besoins, s'impose comme une évidence. Destiné aux arabisants, étudiants ou confirmés, aux populations issues de l'immigration, aux expatriés européens, il permet également un travail en autoapprentissage. (CD inclus).
(35.00 euros, 288 p.) *ISBN : 978-2-296-96810-3*

GUIDE DE CONJUGAISON EN FANG
Akomo-Zoghe Cyriaque Simon-Pierre - Préface de Claver Bibang
Ce livre est un précis qui tente de simplifier l'art de conjuguer en fang. Il répond parfaitement à l'exigence qui consiste à mettre en place une série d'ouvrages scolaires et parascolaires dans le but de vulgariser la langue fang et la rendre plus accessible auprès des locuteurs. Voici un document pionnier dans les études linguistiques relatives à la langue fang en Afrique centrale.
(Coll. Harmattan Cameroun, 14.00 euros, 130 p.) ISBN : 978-2-296-99263-4

ENSEIGNEMENT (L') DES LANGUES VERNACULAIRES : DÉFIS LINGUISTIQUES, MÉTHODOLOGIQUES ET SOCIO-ÉCONOMIQUES
Sous la direction d'El Mountassir Abdallah, Dorais Louis-Jacques
Cet ouvrage dessine les grands défis auxquels se voit partout confronté l'enseignement de langues minoritaires et vernaculaires telles le catalan, l'amazigh, le wolof, le kanak, l'inuit... Au-delà de la situation particulière de chacune d'entre elles, les langues vernaculaires participent toutes d'un même destin : continuer à transmettre l'identité d'un peuple malgré les assauts d'une globalisation langagière qui cherche à les étouffer.
(30.00 euros, 294 p.) *ISBN : 978-2-296-99261-0*

PARLONS SHOR – Langue turcique de Sibérie
Daniyarova Saodat, Daniyarova Barchinoy, Daniyarov Shodiyor
Le peuple shor fait partie de la grande famille turque. Il habite la Sibérie orientale, à l'est du lac Baïkal, dans l'important district de Kemerovo, au Kuzbass. Le nombre de locuteurs est de l'ordre de 15 000 personnes, soit 0,4% de la population du district. Cet ouvrage est le premier en français sur ce peuple qui mérite d'être mieux connu.
(Coll. Parlons..., 19.00 euros, 192 p.) *ISBN : 978-2-296-96497-6*

PARLONS BOURIATE – Russie-Baïkal
Druon Galina
La Bouriatie est l'une des 21 républiques de la Fédération de Russie. Elle est située autour du célèbre lac Baïkal. Le bouriate, langue proche du mongol, parlé par 28 % de la population d'environ un million d'habitants, est menacé par le russe, également officiel au sein de la République. Toutefois, un renouveau d'intérêt pour la culture et les traditions bouriates est nettement perceptible depuis quelques décennies.
(19.00 euros, 190 p.) *ISBN : 978-2-296-56994-2*

GRAMMAIRE DU MASHI
Phonologie, morphologie, mots grammaticaux et lexicaux
Bashi Murhi-Orhakube Constantin
Le mashi est une langue bantoue parlée en République Démocratique du Congo dans la province du Sud-Kivu. Le nombre de locuteurs, estimé à 5000 en 1975 a certainement doublé, voire triplé en 30 ans dans cette région la plus peuplée du pays. Cette langue constitue un moyen de communication intra-ethnique, familiale, des masses populaires les moins scolarisées et les moins urbanisées. Par elles passent les relations entre l'administration locale et la population.
(17.00 euros, 176 p.) *ISBN : 978-2-296-56828-0*

ALBANAIS (L'), UNE LANGUE EN MOUVEMENT
Dynamique de la variation sociolinguistique
Haxhiaj Lianda - Préface de Jean-François P. Bonnot
Le chaos politique et économique de l'Albanie postrévolutionnaire a agi comme un révélateur d'inégalités sociales. Les anciens principes qui structuraient l'État ayant été mis à bas, les références comportementales ont commencé à faire défaut, créant une situation d'instabilité à tous les niveaux, en particulier sur le plan de l'usage linguistique. Cet essai s'attache donc à mettre en lumière les modalités du changement phonético-phonologique appréhendé dans sa dimension sociolinguistique.
(27.50 euros, 266 p.) *ISBN : 978-2-296-97010-6*

L'HARMATTAN, ITALIA
Via Degli Artisti 15; 10124 Torino

L'HARMATTAN HONGRIE
Könyvesbolt ; Kossuth L. u. 14-16
1053 Budapest

ESPACE L'HARMATTAN KINSHASA
Faculté des Sciences sociales,
politiques et administratives
BP243, KIN XI
Université de Kinshasa

L'HARMATTAN CONGO
67, av. E. P. Lumumba
Bât. – Congo Pharmacie (Bib. Nat.)
BP2874 Brazzaville
harmattan.congo@yahoo.fr

L'HARMATTAN GUINÉE
Almamya Rue KA 028, en face du restaurant Le Cèdre
OKB agency BP 3470 Conakry
(00224) 60 20 85 08
harmattanguinee@yahoo.fr

L'HARMATTAN CAMEROUN
BP 11486
Face à la SNI, immeuble Don Bosco
Yaoundé
(00237) 99 76 61 66
harmattancam@yahoo.fr

L'HARMATTAN CÔTE D'IVOIRE
Résidence Karl / cité des arts
Abidjan-Cocody 03 BP 1588 Abidjan 03
(00225) 05 77 87 31
etien_nda@yahoo.fr

L'HARMATTAN MAURITANIE
Espace El Kettab du livre francophone
N° 472 avenue du Palais des Congrès
BP 316 Nouakchott
(00222) 63 25 980

L'HARMATTAN SÉNÉGAL
« Villa Rose », rue de Diourbel X G, Point E
BP 45034 Dakar FANN
(00221) 33 825 98 58 / 77 242 25 08
senharmattan@gmail.com

L'HARMATTAN TOGO
1771, Bd du 13 janvier
BP 414 Lomé
Tél : 00 228 2201792
gerry@taama.net

656136 - Mai 2016
Achevé d'imprimer par

1livre.com
du rêve à la réalité !

17755478R00145

Printed in Great Britain
by Amazon